일요일의 역사가

일요일의 역사가

주경철의 역사산책

현대문학

차 례

개정증보판 서문

세상 모든 사람들이 그러하듯 역사가도 일요일에는 다른 일 하고 다른 꿈을 꾸고 싶다. 적어도 일주일에 한 번은 고색창연한 사료, 장부책처럼 메마른 논문 대신 풍요로운 문학과 예술의 세계를 기웃거려보고 싶다. 역사가들은 흔히 천형天刑처럼 얹어걸린 자기 전문 분야에서 평생 꼼꼼하고 치밀한 분석을 하며 지내지만, 마음속으로는 아름답고 명랑한 시심詩心을 간직하지 말라는 법이 없다. 사실 겉으로만 많이 달라 보일 뿐이지 역사와 문학은 본래 같은 부류다. 사람들이 살아가는 흔적들을 천착하여 인간과 사회의 큰 흐름을 짚어보는 동시에 그 내밀한 속사정을 읽으려 하는 점에서 분명 서로 상통한다. 히스토리history 역시 스토리story의 일종인 것이다.

그런 생각을 하고 있던 차에 마침 『현대문학』에서 좋은 자리를 마련해주었다. 2012년 6월호부터 '역사산책'이라는 이름으로 문학·예술의 텍스트들과 역사학의 중요한 성과를 연결하여 살펴보는 글들을 연재할 기회를 얻었다. 그 '산책'은 때로 향기로운 봄 동산을 거닐 듯, 솔바람 소리 시원한 가을 산행하듯 한 적도 있지만, 때로는 천둥벼락 사나운 험난한 길이기도 했다. 인간들이 지내온 지난 길들이 아름답기도 하고 혐오스럽기도 한 것이야 당연한 일이다.

그렇게 쓴 글 열한 편을 묶어서 출판했다가 이번에 네 편을 더해서 새로이 재판을 내놓게 되었다. 길가메시의 서사시에서부터 시작하여 카사노바의 정열적인 사랑 이야기를 거쳐 홀로코스트 영화에 대한 비판적 성찰과 68운동이라는 상상력의 혁명까지 다양한 접근을 시도한 결과다. 일단은 역사학의 관습대로 이 글들을 얼추 시대별로 배열해보았다. 그렇다고 한들 이 책 전체가 하나의 일관된 체계하에 인류 역사의 흐름을 일목요연하게 제시하는 건 아니다. 그보다는 인간과 사회의 다양한 스펙트럼의 일부를 보이는 짧은 단면들 같은 느낌을 준다. 사람들이 살아가며 지어내는 경험 세계를 여러 각도에서 본다는 의미 정도라 할 것이다. 그래도 굳이 이렇게 묶는 일이 어떤 의미를 띨지 한번 생각해보았다.

17세기 네덜란드의 화가 요하네스 베르메르의 그림을 떠올려보자.*

베르메르는 밝고 정밀靜謐한 실내 정경을 그린 매력적인 작품들을 남겼다. 그는 곡선 형태의 물체를 그리고 그 표면에 주변 사물들이 비치도록 하는 방식을 즐겨 이용했다. 대표적인 사물이 진주 귀고리다. 그가 남긴 그림 중 적어도 여덟 점에서 진주 귀고리를 한 여인이 등장한다. 이 귀고리에는 그 여인들이 살고 있는 방의 형태를 짐작할 수 있는 희미한 형상과 윤곽이 나타난

* 티머시 브룩, 『베르메르의 모자, 베르메르의 그림을 통해 본 17세기 동서교류 문명사』, 추수밭, 박인균 옮김, 2008, pp. 46-47.

다. 그의 걸작으로 손꼽히는 「진주 귀고리를 한 소녀」 역시 마찬가지다. 그림 속 소녀는 이례적으로 큰 진주 귀고리를 하고 있는데, 그 귀고리의 표면에는 소녀가 입고 있는 옷의 동정과 터번, 왼쪽으로 소녀의 모습이 비치는 창문, 그리고 소녀가 앉아 있는 방의 어렴풋한 모습이 보인다. 그는 이런 방식을 통해 눈앞에 펼쳐져 있는 현실 너머의 모습을 제시한다.

세상만사가 모두 연결되어 있다는 것을 불교에서는 '인드라의 그물망'으로 표현한다. 인드라가 이 세상을 창조할 때 모든 만물이 서로 엮인 하나의 그물처럼 만들었는데, 그 그물의 매듭 하나하나마다 진주가 꿰여 있다. 그 진주는 현재 존재하거나 과거에 존재했던 모든 것, 우리가 생각할 수 있는 모든 개념들을 나타낸다. 모든 진주는 다른 모든 진주와 연결되어 있고, 또 모든 진주의 표면에는 다른 모든 진주의 모습이 반영되어 있다. 그렇게 세상 만물은 다른 만물을 비추고 있다.

역사와 문학이 공들여 빚어서 제시하는 이야기도 그런 것이 아닐까. 머나먼 과거로부터 오늘 우리에게까지 존재의 사슬이 이어져 있다. 과거의 어느 작은 사건 하나라도 우리와 무관치 않고, 오늘 우리의 머리를 스치는 생각이 지난 시대 인류의 정신과 통한다. 작은 구슬 하나에 인류의 지나온 삶의 흔적들이 아롱거리며 빛나고 있다. 말하자면 이런 마음으로 열다섯 개의 구슬을 모아보았다.

이 책을 보는 '일요일의 독자들' 역시 마찬가지의 심정을 느낄

때가 있으리라. 우리는 '지금 여기'에 굳건히 발붙이고 살아야 하지만, 이렇게 살아가는 게 전부는 아니다. 우리는 때로 홀연히 딴 곳으로 떠나고 싶어 한다. 우리의 정신은 이븐 바투타를 따라 광대한 초원을 좇아갈 수도 있고, 18세기 파리의 인쇄 골목에서 밤새 고양이 소리를 내며 사장을 괴롭히는 악동들을 응원할 수도 있고, 근대 초 이탈리아의 산골 마을에서 엉뚱한 우주론을 설파하는 기인의 이야기에 귀 기울일 수도 있다. 너무나도 다른 세상 이야기지만 또한 충분히 공감이 가는 일이기도 하다. 그렇게 우리는 무변광대의 세상을 잠시라도 느끼고 올 수 있으리라.

이 책이 나오기까지 수고로운 일을 해준 『현대문학』의 편집자들, 그리고 평생 멋진 여행을 함께 해온 가족들에게 감사드린다.

2024년 1월

새해 첫 일요일 오후에

주경철

01

길가메시

: 삶과 죽음을 관조하는 최초의 서사시

파리 루브르 박물관의 메소포타미아 관에 있는 「사자를 제압하는 영웅」은 통상 길가메시라고 추측한다. 설화석고alabaster로 만든, 높이 5.5미터의 거대한 상은 보는 사람을 압도하는 명품이다. 신新아시리아의 사르곤 2세 시대(기원전 721~705)에 만들어진 이 작품은 원래 왕궁을 지키는 수호신 역할을 했다. 오른손에 쥐고 있는 것은 하프라고 불리는, 왕실에서만 사용한 의례용 무기였다. 이 신상神像은 짧은 치마(튜닉)에 술 장식이 있는 숄을 두르고, 한쪽 다리는 옷 뒤에 가려진 채 다른 다리를 내민 자세로 앞을 보고 있다. 이렇게 정면으로 보는 상은 아시리아에서 드문 작품이라고 하는데, 이는 마술 역할을 하는 조각상에 한한다. 이 상은 그저 장식으로 있는 게 아니었다. 방문객들과 아

「사자를 제압하는 영웅」

이 콘택트를 하도록 두상을 둥글게 만들어서 누구나 이 앞을 지나면 신상의 눈과 마주치게 되고, 또 걸음을 옮겨가도 계속 나를 쳐다보는 것처럼 보인다. 현재는 지워졌으나 원래 이 상 전체에 색이 칠해져 있고, 무엇보다 눈에 밝은 색칠이 되어 있어서 그 눈이 보는 사람에게 최면을 건다. 길가메시는 아마도 기원전 2650년경 고대 왕국 우루크Uruk의 실존 국왕이며, 당시 발음으로는 '빌가메스'에 가깝다고 한다. 실존 인물이었던 길가메시는 이처럼 마술적 힘을 지닌 전설적인 영웅으로 극화되었다. 지상 최고의 힘과 권위를 가진 영웅 길가메시는 누구일까? 그의 이야기는 어떤 메시지를 전하는 걸까?

영생을 찾으러 떠난 길가메시

길가메시 이야기는 인류 최초의 서사시이다. 12개의 서판을 메운 3,000행의 시구가 우루크의 왕 길가메시의 영웅적 모험담을 그린다. 이 서사시는 대략 기원전 2100년경, 그러니까 지금부터 약 4,000년 이전에 기록되었지만, 그 이전이든 이후든 중동 각 지역에 구전 설화로 혹은 문자 기록으로 널리 퍼져 있었다.

서판이 처음 세상에 알려진 때는 19세기 중반, 오늘날 이라크 북부 모술 근처의 고대 도시 니네베에 있는 아슈르바니팔 도서관에서 고고학자들이 처음 발견했다. 이것이 소위 스탠더드 판본이다. 그 후 다른 서판 10여 종을 발견했는데, 내용은 대부분 스탠더드 판본의 이야기를 비슷하게 옮긴 것들이다. 다만 더 오래된 다른 판본들에서는 부분적으로 약간 상이한 이야기 요소들을 포함하기도 한다. 2003년 앤드루 조지Andrew George라는 연구자가 여러 판본들을 정밀하게 분석하고 재편집하여 이제 이 이야기에 대해 더 상세하게 알 수 있게 되었다.

처음에 서사시의 화자는 우리에게 우루크의 성벽에 올라가서 이 도시의 찬란한 모습을 보고, 삼나무 궤 안에 있는 청람석 석판 위에 새겨진 길가메시 이야기를 읽어보라고 말한다.

"우루크의 성벽을 올라 이리저리 거닐어라.
토대를 살펴보고 조적造積 작업을 점검하라.
벽돌은 가마에서 구워지지 않았던가.
일곱 현인이 그 토대에 깃들이지 않았던가……

삼나무 궤짝을 찾아
청동 걸쇠를 빼라.
비밀의 뚜껑을 열라.
길가메시의 노고를, 그가 겪은 갖은 일들을 낭독하라."

시인은 길가메시 이야기를 시작하면서 왜 먼저 성벽 이야기를 꺼냈을까?

우루크의 왕 길가메시는 2/3가 신이고 1/3이 인간인 영웅hērōs(고대 그리스어로 반신반인半神半人을 나타내는데 이것이 영어 'hero'의 어원이다)이지만 처음에는 폭군으로 등장한다. 젊은 남자들은 모두 전쟁터로 끌려가서 고통을 겪었고, 많은 처녀들은 혼인 전에 그에게 몸을 바쳐야 했다. 압제에 시달리던 사람들이 끝내 하늘에 탄원했다. 우루크의 신 아누는 탄원을 듣고 창조의 여신 아루루를 불러 이 문제를 해결해보라고 지시했다. 여신은 길가메시와 싸워 지지 않을 정도로 강한 인간 엔키두를 만들어 지상으로 보내서 길가메시를 진압하려 했다.

아직 자신의 미션이 무엇인지 모르던 시기에 엔키두는 온몸에 털이 나 있고 머리카락을 길게 늘어뜨린 모습으로 영양 떼를 가족 삼아 들판에서 뛰어놀았다. 그러던 어느 날, 사냥꾼이 엔키두를 보고는 질겁하고 길가메시 왕에게 이 사실을 알렸다. 길가메시는 그가 인간인지 동물인지 알아보기 위해 신박한 꾀를 냈다. 샴하트라는 매춘부를 보내 엔키두를 유혹하도록 한 것이다. 샴하트가 옷을 벗어 보이자, 아니나 다를까 엔키두는 넋을 잃고 보다가 그녀에게 달려들어 엿새 낮 이레 밤 동안 포옹했다. 그렇게 일주일 동안 쾌락을 만끽한 후 엔키두가 다시 동물들에게 가려 하니 동물들은 더 이상 가까이 오지 않고 도망가버렸다. 이렇게 하여 엔키두는 원시의 순수함을 상실한 대신 '이성과 넓은 이해력'을 얻었다. 자연의 존재가 문명화된 것이다. 샴하트는 엔키두에게 더 이상 동물들과 지내지 말고 우루크로 가서 길가메시라는 폭군과 싸우라고 재촉했다.

엔키두가 도시로 오는 동안 이상한 꿈을 꾼 길가메시는 어머니 닌순 여신에게 그 의미를 물었다. 여신은 이곳으로 오고 있는 사람은 길가메시의 친구가 되어 그의 삶을 바꿀 것이라고 말해주었다. 엔키두가 우루크시에 들어오자, 길가메시는 그와 하루 종일 싸움을 벌였지만 막상막하 끝내 승패를 가리지 못했다. 싸움을 중단하고 두 영웅은 친구가 되었다. 이후 본격적으로 이들의 모험담이 시작된다.

어느 날, 길가메시는 엔키두에게 서쪽 세계 끝에 있는 신성한 삼나무 숲으로 가서 나무를 베어오는 모험을 제안했다. 사막을 건너 산을 넘어 서쪽 끝의 세계로 가니 거대한 삼나무 숲이 있다(오늘날 레바논산맥의 숲을 가리킨다). 이 숲에는 신들이 살고, 훔바바라는 괴물이 신들의 나무를 지키고 있다. 여기까지 오는 동안 길가메시는 여러 차례 악몽을 꾸고는 불길한 느낌이 들어 모험을 그만두자고 말하지만, 엔키두가 용기를 북돋우어 모험을 지속했다. 둘은 끝내 훔바바를 죽이고 거대한 삼나무들을 베어서 유프라테스강을 통해 우루크로 날라 왔다.

도시로 귀환하자 이 도시 국가의 수호신인 이슈타르가 길가메시의 수려한 모습에 반해 구혼했다. 그러나 길가메시는 지난 날 여신의 남성 편력을 들먹이며 거절했다. 격분한 여신은 신들에게 이 사실을 고해 하늘의 황소를 땅으로 보내 둘을 공격하게 만들었다. 하늘의 소는 강력한 힘을 뿜어댔으나 길가메시와 엔키두는 힘을 합쳐 소를 죽이고, 심지어 엔키두는 소의 살을 잘라 여신에게 던졌다. 이슈타르는 '발을 동동 구르면서 비통하게 울었다.' 두 영웅의 오만한 행위는 분명 선을 넘었다. 분개한 신들이 모여 재판을 한 결과 둘 모두에게 유죄 판결을 내렸다. 그런데 어쩐 일인지 신들은 논의 끝에 엔키두의 죄가 더 크다고 판단하여 엔키두만 목숨을 잃었다.

길가메시는 엄청난 상심에 빠졌다. 친한 친구의 죽음을 차마 받아들이지 못해서 제대로 장사를 지내지도 않고 시신을 지켜보며 애도했다. 6일 낮 7일 밤을 그렇게 하자 결국 엔키두의 코에서 벌레가 나오는 지경이 되었다. 그때 가서야 길가메시는 장례를 치르기는 했으나, 그들을 갈라놓은 죽음에 대해 두려움을 피할 수 없었다. 비록 그가 부분적으로 신이지만 인간이기도 하므로 죽음을 피할 수는 없기 때문이다. 정녕 죽음을 이기는 방법은 없단 말인가? 그는 어떻게 해서든 영생불사의 비밀을 알아내겠다고 결심했다.

길가메시는 세계의 동쪽 끝에 우트나피시팀이라는 노인이 죽음을 모르고 영생의 삶을 산다는 이야기를 듣고 그 노인을 찾아가기로 결심한다. 세상 끝을 향해 가는 여정은 온갖 역경의 연속이지만, 길가메시는 신적인 능력을 가졌기에 그와 같은 모험이 가능했다. 하늘에 닿는 산을 지나고 어두운 터널을 지나 '해 뜨는 쌍둥이 산'에 이르렀다. '꼭대기는 하늘의 구조를 지탱하고 바닥은 저승까지 내려가는' 산의 입구에는 반은 사람이고 반은 전갈인 '전갈 인간'이 지키고 있다. 이곳을 지나 '죽음의 강'을 건너니 드디어 세상의 끝 가까이에 다다랐다. 이곳에서 시두리라는 여인이 그를 맞이하여 위로의 말을 해주었다. 영생의 꿈을 접고 대신 일상의 행복을 찾으라는 것이다. 잘 먹고 좋은 옷 입고 가족을 이루고 아이를 키우는 기쁨을 누리면 족하지 않겠는가.

길가메시는 이런 세속적 지혜에 만족하는 대신 원래 결심한 대로 영생의 비밀을 찾아 다시 떠나기로 결심하고는 우르-샤나비라는 뱃사공의 배에 올라타서 바다를 건너갔다. 바다를 건너기에 장대의 수가 모자라자 길가메시는 돛을 발명하여 계속 나아갔고, 드디어 바다 한가운데 있는 섬으로 가서 우트나피시팀을 만났다. 이 노인과 부인은 신들에게 영생을 약속받고 오랜 세월을 살아가고 있었다. 바로 이 점이 문제였다. 이 부부가 영생을 누리는 까닭은 신의 축복을 받았기 때문이니, 그렇지 못한 길가메시에게는 아무런 소용이 없었다.

대홍수

우트나피시팀이 길가메시에게 전해준 신의 축복의 비밀은 대홍수와 관련이 있다.

유프라테스 강변의 위대한 도시 슈루파크에는 한때 신들이 모여 있었다. 어느 날 신들은 인간을 몰살하고자 대홍수를 내려보내기로 결정했다. 이때 여신 에아Ea가 우트나피시팀에게만 홍수를 피하는 법을 가르쳐주었다. 그는 여신이 시킨 대로 큰 방주를 만들고 그 안에 가족과 온갖 가축을 실었다. 세상에는 7일 동안 바람이 불고 비가 내려 온 세상이 물바다가 되었고 '사람들이 물고기 떼처럼 바다에 꽉 찼다'. 우트나피시팀의 방주는 표류하며 이 재앙을 피했다. 7일째 되는 날 드디어 폭풍우가 멈추자 그는 창을 열고 밖을 내다보았다. 세상은 모두 물에 잠겨 있고 사람들은 진흙으로 변해 있었다. 세상으로 나가도 될지 알아보기 위해 그는 비둘기를 날려 보냈다. 앉을 자리를 찾지 못한 비둘기는 다시 돌아왔다. 다시 제비를 날려 보냈지만 역시 돌아왔다. 얼마 후 까마귀를 날려 보냈는데 다시 돌아오지 않았다. 물이 마른 것을 알게 된 우트나피시팀은 가족과 가축을 데리고 땅에 내려와 신께 기도를 올렸다. 이후 신들이 모여 논쟁을 벌였다. 모든 신들이 홍수를 일으킨 신 엔릴Enlil을 비난하자 엔릴은 마지막 살아남은 우트나피시팀에게 영생을 약속했다. 그리하여 우트나피시팀과 부인이 탄 방주를 먼 섬으로 데리고 가서 그곳에서 영생을 누리도록 했다.

길가메시 서사시에 나오는 이 이야기는 다른 서사시 「아트라하시스Atrahasis」를 차용하여 삽입한 것으로 알려져 있다. 여기에서 신들의 왕 엔릴은 시끄럽고 수선스러운 인간들을 홍수로 쓸어내버리려 했으나, 여신 에아가 아트라하시스와 그의 가족들을 구원하기로 결정하여 큰 배를 만들라고 지시한 것으로 나온다. 이 서사시에서 홍수 부분은 더욱 절절하게 서술되어 있다.

"6일 낮 7일 밤 폭풍우가 몰아쳤다.
안주Anzû(거대한 새)가 발톱으로 하늘을 찢으니 대홍수가 일었다.
잔혹함이 전쟁처럼 인간들 위로 덮쳤다.
살육의 현장에서 아무것도 보이지 않고, 아무도 알아볼 수 없었다.
대홍수는 소처럼 큰 울음소리를 냈다.
바람은 독수리 날아가는 소리를 내고
뚫고 지나갈 수 없는 암흑 속에 태양은 보이지 않았다.
(……)

일곱 번째 날이 왔다.
전쟁 갈던 폭풍우는 잠잠해졌다.
물 덩어리는 평온해졌고
아이 낳는 여인처럼 울부짖던 광풍도 멈췄다.
대홍수가 끝났다."

사실 대홍수 이야기는 중동 지역에 널리 퍼져 있는 설화이며, 우리에게 익숙한 성경의 '노아의 방주' 이야기와도 (일부 디테일의 차이 외에) 기본 구조가 같다. 어느 날 여호와는 인간의 악행에 분노하여, 세상을 리셋reset하기로 결정한다. "내가 창조한 사람을 내가 지면에서 쓸어버리되 사람으로부터 가축과 기는 것과 공중의 새까지 그리하리니 이는 내가 그것들을 지었음을 한탄함이니라 하시니라."(창세기 6:5-7) 오직 선량한 노아만 선택받아 방주를 짓고 짐승들 한 쌍씩 태워 재앙을 피했다. 40일이 지나 노아가 새들을 날려 보내서(이번에는 까마귀, 비둘기 순으로) 땅이 마른 것을 확인하고 방주에서 나와 제단을 쌓고 번제燔祭를 드렸더니 "내가 다시는 사람으로 말미암아 땅을 저주하지 아니하리니…… 내가 전에 행한 것 같이 모든 생물을 다시 멸하지 아니하리니" 하는 약속을 받았다.

성경의 노아나 우트나피시팀 같은 존재들은 모두 신의 선택을 받은 인간이다. 영생을 얻은 것은 오직 신들의 약속 때문이며, 다른 사람들은 죽음의 운명을 피할 수 없다. 도저히 그 사실을 받아들일 수 없는 길가메시는 계속 영생의 비밀을 찾겠다고 고집을 피웠다. 그러자 우트나피시팀은 그것이 얼마나 무모한 일인지 가르쳐주기 위해 만일 그가 '작은 죽음', 곧 잠을 피할 수 있다면 진짜 죽음도 피할 수 있으니 시험해보라고 말한다. "누가 그대를 위해 신들의 회합을 소집하고 / 그대가 구하는 삶을 얻을 수 있으리오? / 여섯 날과 이레 동안 자지 않고 지내보게!" 그렇지만 피곤했던 길가메시는 잠을 이기지 못하고 7일 낮밤을 자고 말았다. 그가 잔 사실을 증거로 보여주기 위해 노인 부부는 하룻밤 잘 때마다 빵을 구워 그 옆에 두었다. 길가메시가 잠에서 깨어보니 빵 덩어리들은 말랐거나 곰팡이가 피어 있었다.

길가메시가 크게 낙담하는 것을 본 우트나피시팀의 부인이 이 사람을 빈손으로 돌려보낼 수는 없으니 대신 다른 보상을 해주자고 제안했다. 우트나피시팀은 젊음을 되찾을 수 있는 풀이 바닷속에 있다는 것을 가르쳐주었다. 길가메시는 바닷속에 들어가 회춘의 풀을 얻은 후 고향을 향해 갔다. 가는 도중 시원한 연못을 발견하여 물속에 들어가 멱을 감았다. 그때 뱀 한 마리가 풀의 향을 맡고 다가와 그 풀을 먹더니 허물을 벗었다. 영생도 회춘도 불가능하게 된 길가메시는 허망한 마음으로 뱃사공 우루-샤나비와 함께 고향 우루크로 돌아갔다.

빈손으로 돌아오기는 했으나 이제 길가메시는 지혜를 얻었고, 그리하여 과거의 폭군이 아니라 현명한 왕이 되었다. 불멸에 이르는 길은 그가 행한 위업을 이야기로 만들어 후대에 전하고 또 그것을 기념하는 건조물을 세우는 것임을 알게 되었다. 길가메시는 높은 성벽을 쌓고 우르-샤나비를 불러 성벽에 올라가 이 이상적인 도시의 장관을 보도록 한다.

"우르-샤나비여, 우루크 성벽에 올라가 이리저리 거니시오!
그 토대를 살피시오, 벽돌 작업을 점검해보오!
벽돌은 가마에서 구워지지 않았던가?
일곱 현자가 그 기초를 놓은 것이 아닌가?

도시는 1사르sar(약 250헥타르), 대추야자 숲이 1사르, 점토 채취장이 1사르, 이슈타르 신전이 반 사르, 우루크는 3.5사르 뻗어 있소."

다시 말해 우루크는 네 부분으로 나뉘는데, 한 구역은 시민들 거주지이고, 한 구역은 과실수와 채소가 자라는 곳이며, 다른 구역은 도기를 비롯한 물품을 만드는 곳이고, 또 한 구역은 이슈타르 여신의 지성소가 있는 곳이다. 성벽이 이 도시를 지키고 있다. 이렇게 해서 이야기는 원래 출발점인 도시 성벽으로 되돌아왔다.

이상적인 도시국가를 지켜주는 탄탄한 성벽이 말하는 바는 무엇일까? 개인은 모두 죽을 운명이지만, 인류 전체로 보면 신으로부터 영속성을 허락받았다는 것이다. 신들도 인간이 세계 질서의 영속성을 보존하는 데 도움을 준다는 교훈을 얻었다. 이런 영속성의 기본 틀은 도시, 다시 말해 문명이다. 도시-문명을 지어 올리는 벽돌은 영생과 신성함을 지키는 보루가 된다. 왕은 불로 벽돌을 정화하고 기름으로 축성한다. 진흙으로 첫 벽돌을 만드는 것은 왕의 배타적 권리였다. 진흙으로 도시를 이루는 것은 왕의 마술과도 같다. 이렇게 문명을 건설하고 그런 사실을 이야기로 만들어 후세에 전함으로써 왕과 시민은 영원한 삶을 누린다.

서사시의 발전 그리고 문명의 발전

길가메시 이야기는 원래 중동 지역 여러 곳에 널리 퍼져 있던 구전 이야기였다. 우르Ur시 궁정에서 처음 문자로 기록되었는데,

길가메시 서사시의 내용이 담긴 석판

이 수메르 판본이 일종의 '원본' 역할을 하며 사방으로 확산했다. 이때 단순 번역에 그치지 않고 여러 이야기 요소들이 추가되면서 다양한 판본들이 형성되었다. 특히 함무라비 왕 시대(기원전 1792~1750)에 특기할 만한 일이 일어났다. 권력의 정점이면서 동시에 문예부흥기였던 이 시기에 글로벌하게 확산하는 고전 판본이 형성된 것이다. 이때 제목은 '슈튜르 엘리 샤리šūtur eli šarrī'(다른 왕들보다도 우월한 존재)였다. 이 판본이 정치적, 문화적 지배력이 강한 아카드어(메소포타미아 셈계 언어)로 되어 있다는 점이 중요하다. 아카드어는 광대한 지역에서 외교 언어로 널리 쓰였고 동시에 문화를 전파하는 역할도 맡았다. 그래서 더욱이나 길가메시 이야기가 사방으로 널리 확산하고 발전했다. 아나톨리아 중부 지역에 위치한 히타이트의 하투사 왕궁이나 지중해 연안에 위치한 우가리트 왕궁에까지 이야기가 전해진 것이 이런 연유다.

결정적으로 기원전 1300~1200년경 일종의 '최종 완성본'이 형성되기에 이른다. 제목은 '샤 나크바 이무루Sha naqba īmuru'(앎의 근원을 본 존재) 혹은 간략하게 '이쉬카르 길가메시'(길가메시 시리즈)다. '최종 완성본'의 저자는 '신-레키-운닌니Sîn-lēqi-unnini(신이시여 제 탄원을 들으소서)'로 알려져 있다. 위대한 지식인인 저자는 길가메시 서사시의 아버지라 불러 마땅하다. 그가 정확하게 언제 살았던 인물인지 밝히기는 힘들지만, 후대의 기록으로 판단하건대 기원전 1000년대 말기로 추산한다.

그는 스탠더드 판본의 줄거리를 잡고, 에피소드들의 순서를 정했으며, 이것들을 더 큰 전체 이야기의 틀 속에 집어넣었다. 그 전체 틀은 부분적으로 그의 창작이다. 특히 서론과 결론 부분을 만들어 넣었고, 그럼으로써 이 이야기에 보편적이고도 결정적인 의미를 부여했다. 그 이전에 길가메시 이야기는 단지 모험 이야기 혹은 무훈시 수준이었고, 따라서 전반적인 성격도 낙관적이었다. 그런데 그의 손을 거치면서 인간의 숙명에 관한 성찰을 담은 서사시로 격상했다. 이런 변화는 이 시대 메소포타미아의 지적 성숙을 반영한다. 무려 2,000년에 이르는 기간 동안 지속된 서사시의 편집 과정이 마침내 마무리되었다.

다른 한편, 길가메시 이야기는 문자 텍스트만 있는 게 아니라 넓은 지역에 걸쳐 구술문화 판본들도 다수 존재했다. 입에서 입으로 전해지는 이 옛날이야기들은 석판에 새겨진 내용과는 달리 여전히 먼 옛날 왕들의 이야기, 전설적인 괴물들, 신비의 나라 같은 내용을 담고 있다. 문자 텍스트와 구술문화 텍스트는 서로 영향을 미친 듯하다. 구전 이야기들은 이후에도 오랜 기간에 걸쳐 지속적으로 광범위한 지역에 전파되면서 다양하게 가지를 쳤다. 예컨대 사해死海 지역 쿰란 동굴에서 나온 기원전 2세기경의 『거인 이야기』에서는 대홍수 이전에 존재했던 길가메시와 '호바비쉬'라는 이름의 거인들이 등장한다. 이 이야기는 서기 3세기 이란의 마니교도들에게도 영향을 미쳤다. 이것이 오래 잔존하여 15세기 이슬람의 악마 이야기에서는 '질자미쉬'라는 악마가 등장한다. 서기 2세기 그리스-로마 문명의 영향을 받아 저술된 『동물론』이라는 저서에서는 바빌론을 통치한 '길가모스'가 나온다. 서기 8세기 기독교의 한 분파인 네스토리우스파의 작가는 대홍수 이전 왕들 가운데 '가미고스'와 '간마고스'를 언급한다.

길가메시 이야기는 인류 문명의 가장 중요한 텍스트 중 하나다. 다양한 판본들을 통해 이 서사시의 발전 과정을 분석해보면 이 이야기가 문명의 확대 발전을 증언한다는 사실을 알 수 있다. 우선 이 이야기는 문명권(도시)과 야만 지역(스텝과 산)이라는 두 세계의 대립을 말한다. 엔키두가 처음에 영양 무리와 함께 풀을 뜯고 야생 동물 젖을 먹으며 살아간 지역은 문명권 변방으로서 동물의 세계, 사냥꾼과 유목민의 세계다. 문명권에서는 이런 지역 사람들의 공격을 두려워했다. 두려움을 불러일으키는 이러한 지역은 괴물, 악마, 귀신, 환상적 동물의 세계로 묘사되곤 한다. 변방 지역은 어디까지 펼쳐져 있는 걸까? 서쪽 끝에 훔바바가 지키는 거대한 숲이 있다면, 동쪽 끝에는 전갈 인간이 지키는 지역이 있다. 이곳에는 쌍둥이 산이 있는데 그 가운데에서 해가 뜬다. 다시 말해 타우루스Taurus와 자그로스Zagros 산악 지역, 즉 이라크와 이란 경계의 지역을 가리킨다.

그런데 후대로 갈수록 세계의 끝이 점차 더 먼 곳까지 확대되는 것을 알 수 있다. 기원전 3000년대 중엽 판본에서 동쪽 변경은 이란 변경의 산악 지역이었다. 그로부터 1,000년 후 신-레키-운닌니의 시대에 변경 지역은 더 먼 곳으로 확산해서, 이란의 산들을 지나고 큰 바다와 죽음의 물에 이르며, 이곳을 지나 바다 건너에 세상의 끝이 존재한다. 세상 끝까지 가는 모험의 과정에서 길가메시는 생존을 위해 스텝 지역에서는 우물을 파고 바다에서는 돛을 발명한다. 이 과정을 보면 이 모험 자체가 일종의 문명화 사업이라는 느낌을 준다. 변경 지역의 사막과 깊은 숲에 대해 문명권 사람들은 이중의 감정을 지닌다. 사회에 불가결한 자원을 제공하는 점에서 이 지역은 문명과 완전히 단절된 곳은 아니다. 레바논 숲에서 가지고 오는 삼나무가 대표적이다. 길가메시는 유프라테스강을 통해 가지고 온 삼나무로 거대한 성문을 만든다. 변방은 한편으로 두려운 곳이지만 동시에 매력적인 곳이기도 하다. 문명은 계속 그런 곳을 끌어들이며 확대해갔다.

길가메시 이야기는 지리적인 의미의 문명 확산과 동시에 내적 성숙을 이루어가는 인간 내면의 문명화 과정 또한 이야기한다. 수메르학자 야콥센은 이 이야기가 어린이에서 어른으로 이행하는 성숙의 과정을 말한다고 해석한다. 젊은이들은 처음에 불가능한 꿈을 추구하지만 결국은 그것이 무망함을 깨닫는 대신 현명함을 얻는다. 무엇보다 죽음의 공포를 이겨내고, 살아 있는 동안 의미 있는 위업을 이루며 자신만의 세계를 만들어가는 것이 중요하다. 그런 깨달음은 덜 시적이지만 분명 더 성숙한 내용이다.

인류 최초의 서사시 길가메시 이야기는 우리 자신이, 그리고 우리의 문명이 어떻게 성장해왔는지 증언하는 흥미진진한 텍스트가 아닐 수 없다.

02

신의 무지 인간의 체념

: 에우리피데스의 『바카이』

디오니소스

디오니소스(로마 신화의 바쿠스) 신화는 매우 다양하지만 널리 알려진 판본에 의하면 그는 제우스 신과 인간 세멜레 사이에서 잉태되었다. 늘 그렇듯 문제의 근원은 제우스의 바람기였다. 올림포스의 주신主神이자 우주를 주관하는 신들의 신이라지만 평소 제우스가 즐겨 하는 일은 성희롱, 성폭력이었다. 틈만 나면 천상에서 지상 세계를 내려다보다가 어여쁜 처녀를 보면 채신머리없이 소, 거위, 독수리, 심지어 개미로 변신하여 접근했다. 테베의 국왕 카드무스의 딸 세멜레 역시 그렇게 제우스가 덜컥 임신시킨 많은 여인 중 하나였다.*

* 제우스가 왜 그토록 여색을 밝혔는지 의문이 들지 않을 수 없다. 한 가지 설명은 이러하다. 원래 그리스 세계에는 수많은 부족이 있고 거기에는 모두 주신과 여신이 있었다. 산

「바쿠스」(미켈란젤로 메리시 다 카라바조 作).
그리스의 디오니소스와 달리 로마의 바쿠스는
신적인 광폭함보다는 도취와 유흥의 속성이 강해졌다.

그러다 보니 제우스의 아내 헤라 여신의 주요 임무는 제우스와 사랑을 나눈 여자를 악착같이 찾아내서 사납게 응징하는 일이었다. 이번에도 이상한 낌새를 감지한 헤라가 노파로 변신, 세멜레에게 접근하여 살살 구슬렸다. "그래, 아기 아빠는 누구야?" 역시나 아이 아빠가 제우스라는 답이 돌아왔다. 헤라는 교묘한 책략을 써서 복수를 했다. "거짓말도 유분수지, 남자친구가 어떻게 제우스라는 거야? 진짜 제우스가 맞다면 헤라 여신과 만날 때의 본모습을 보여달라고 해봐."

세멜레는 갑자기 의심이 들었다. 사실 그녀의 언니들도 제우스의 아이를 가졌다는 것을 믿지 않고 조롱하던 참이었다. 그래서 다시 제우스를 만났을 때 "자기, 부탁이 하나 있는데 진짜 날 사랑한다면 꼭 들어줘야 해" 하고 우격다짐을 했다. 제우스가 꼭 들어주겠다며 스틱스강을 걸고 맹세까지 한 후 부탁이 뭐냐 물으니 한다는 말이 본모습을 보여달란다. 원래 남자의 본모습이란 봐야 좋은 일 하나 없는 법이다. 제우스는 '이 미련한 인간아' 하며 할 수 없이 신의 형상을 드러냈다. 천둥 번개 치는 제우스의 형상은 인간으로서는 감당할 수 없는 것이어서 세멜레는

하나 넘으면 신이 있고 강 하나 건너면 또 다른 신이 있는 셈이다. 이런 상황에서 부족들 간에 전쟁이 일어나 한 부족이 다른 부족을 지배하면 신들의 세계에도 교통정리가 필요했다. 원래 악마는 남의 종교의 신이라 하지 않던가. 정복당한 부족의 신은 대개 사악한 역할을 떠맡게 되는 것이 당연한 이치다. 문제는 여신을 처리하는 방식이었다. 제우스를 주신으로 하는 강력한 부족이 계속 다른 부족을 정복할 때마다 그 여신들은 제우스와 밀회를 즐기다 때로는 벼락을 맞아 죽고, 때로는 구사일생으로 도망치고, 때로는 하늘의 별이 되는 것으로 스토리가 만들어졌다. 제우스가 수많은 여자를 만나는 이면에는 이런 사연이 있다.

제우스가 내뿜는 불에 타 죽고 말았다. 그래도 신의 씨앗이어서 그런지 태아는 멀쩡히 살아 있었다. 제우스는 잿더미 속에서 아직 태아 상태의 디오니소스를 수습하여 자신의 허벅지 안쪽에 심었다. 허벅지를 인큐베이터로 삼은 것은 헤라의 해코지를 막기 위함이었다. 아무리 헤라가 눈을 부릅뜨고 살핀다 해도 설마 남편 허벅지에 다른 여자의 아이가 자라고 있으리라고는 상상 못할 것이기 때문이다.

때가 되자 제우스는 이카리아섬으로 가서 아이를 출산했다. 이렇게 해서 디오니소스는 죽었다가 다시 태어난 신, 혹은 두 번 태어난 신이 되었다. 그러나 헤라의 질시를 받는 그가 올림포스 신들의 궁전에 들어갈 수는 없었다. 그는 헤라의 저주를 받아 광기에 빠져 아시아 세계 각지를 방랑했다. 그를 치유해준 것은 프리기아의 여신 키벨레였다. 생식 능력이 뛰어난 대모신大母神인 키벨레는 디오니소스에게 종교의식도 가르쳐주었다. 그는 문명 세계와 동떨어진 자연에 머무는 동안 포도를 재배하는 법과 포도주 만드는 법도 알아냈다. 그리하여 그는 황야의 신, 초목의 신, 술의 신, 도취의 신이 되었다(너무 많은 속성을 가지고 있어서 때로는 '많은 이름의 신'으로 불리기도 한다). 그 후 디오니소스는 인도를 비롯한 각지로 돌아다니며 술과 함께 자신의 신앙을 전파했다.

그렇다고 디오니소스를 단지 술에 취해 있는 명랑한 신의 모습으로만 그리는 것은 오해의 산물이다. 그는 광기와 극단의 속성 또한 함께 지니고 있다. 원래 음주는 종교제의의 성격을 띠는 것으로, 술을 마시고 취하는 것은 신비의 황홀경을 여행하고 오는 것, 다시 말해 영혼이 내 몸에서 빠져나와 다른 어떤 세계를 경험하는 엑스타시스ékstasis였다. 초기 기독교에서 음주를 막으려 했던 이유도 이것이 고대 이교異教와 관련이 있기 때문이다. 술이 종교적 의미를 띠는 것은 여러 문명에서 나타나는 공통된 일로, 예컨대 아스테카 문명에서는 축제 기간이 아닌 때에 몰래 술을 마시고 취한 상태가 발각되면 사형에 처해졌다. 신의 세계로 향하는 데에 쓰이는 신성한 물질을 다른 용도로 사용했기 때문이다.

디오니소스가 죽음과 부활의 신이라는 점은 초목의 신이라는 점과 통한다. 가을에 모든 잎들이 져서 앙상한 모습으로 서 있는 나무는 마치 죽은 것처럼 보인다. 그렇지만 봄이 되면 다시 생명의 꽃을 피우지 않는가. 그가 가르치는 교리 역시 이와 비슷하여, 현재 이곳에서 고통스럽게 살아가는 삶이 전부가 아니고 죽음 뒤에 부활하여 더 나은 삶을 살 수 있다는 희망을 주었다. 그런 해방의 요소가 있기에 피압박 노예와 여성, 하층민들로부터 열성적인 신도를 모을 수 있었다. 억압받는 이들의 축제인 디오니소스제는 특이한 광기로 널리 알려져 있다. 산속에 모여든 여인들은 술을 마시고 방울을 딸랑거리며 광적인 춤을 추다가 흥분이 절정에 이르면 살아 있는 소에 달려들어 손으로 생살을 찢어 먹었다. 이는 성체성사聖體聖事, Eucharist를 연상시킨다. 신의 영靈이 동물에 들어가고 그것을 사람들이 뜯어 먹음으로써 신과 하나가 되는 것이다.

수많은 여신도를 거느리고 아시아 세계를 떠돌던 디오니소스는 이제 그가 잉태되었던 그리스 세계로 돌아와서 자신의 종교를 전파하려 했다. 그렇지만 그리스의 일부 국가 지도자들은 광기와 취기의 신흥종교가 들어와 기존 질서를 어지럽히는 것을 두려워하여 이를 억압하려 했다. 그중에는 테베의 젊은 왕이며 디오니소스와 사촌간인 펜테우스도 포함되어 있었다. 디오니소스는 그를 굴복시키고자 테베로 들어가려 한다.*

이것이 에우리피데스의 비극 『바카이』의 배경이다.

테이레시아스

『비카이』의 무대는 테베시의 입구다.** 무대 양쪽으로는 멀리 길이 나 있다. 한쪽 길은 키타이론산(황야)으로 이어져 있고, 다른 한쪽 길은 시내(문명)로 이어져 있다. 무대 아래에는 포도 덩굴로 뒤덮인 세멜레의 무덤이 있어서 그 언저리 바위에서 가끔 연기가 피어오른다.

극이 시작되면 짐승 가죽옷에 웃는 마스크를 착용한 배우

* 디오니소스는 그리스 세계에서 지극히 중요한 신이면서도 올림포스 12신의 계보에 들지는 않는다. 디오니소스 신앙은 이집트나 서아시아 등 외지에서 들어왔을 것이다. 다만 아주 일찍 그리스 세계에 들어온 것은 분명하다. 디오니소스는 이미 청동기 시대에 제우스와 연관되어 숭배를 받았다. 발터 부르케르트, 『그리스 문명의 오리엔트 전통』, 남경태 옮김, 사계절, 2008, p. 101.

** 에우리피데스, 『희랍비극 2』, 여석기 외 옮김, 현암사, 1995, p. 377.

가 등장하여 관객에게 자신이 디오니소스 신임을 선언한다. 그는 어머니를 능멸한 사람들에게 복수하고 동시에 자신의 가르침을 전파하기 위해 인간의 형상을 한 채 테베에 왔다는 사실을 장중하게 설파한다. 그가 이제부터 할 일은 사람들을 '미치게' 만드는 것이다. 이는 이성에 매몰되어 신앙을 비웃는 사람들로 하여금 또 다른 세계에 눈뜨게 하는 의미이다. 이 프롤로고스prologos(극의 도입부에 한 인물이 등장하여 앞으로 전개될 상황의 개요를 제시하는 부분) 뒤에 무대 양쪽에서 코러스가 노래하며 입장하는 파로도스parodos가 이어진다. 이 작품에서 코러스는 아시아에서 이곳까지 디오니소스를 따라온 여신도들, 곧 '바카이'를 나타낸다. 이들은 노래와 춤을 통해 극의 분위기를 돋우기도 하고, 때로는 코러스의 리더coryphaeus가 등장인물들과 대화를 나누며 극의 줄거리에 개입하기도 한다. 그리고 이어서 배우들이 등장하여 본격적으로 스토리를 전개하는 에피소디온episodion과 코러스가 노래를 부르는 스타시몬stasimon이 이어진다. 그리스 비극은 대개 네다섯 개의 에피소디온과 스타시몬을 통해 스토리를 완결하고, 마지막으로 코러스가 합창을 하며 퇴장하는 엑소더스exodos로 막을 내린다.

첫 번째 에피소디온에서는 늙고 나약한 모습의 카드무스와 테이레시아스가 등장한다. 이들은 테베의 최고 원로들이다. 전왕 카드무스는 연로하여 어린 외손자 펜테우스에게 왕위를 물려주었지만 여전히 최고 권위를 누리는 인물이고, 테이레시아스는 국가의 중대사마다 지혜로운 조언을 해주었던 예언자다. 그런데 이들이 디오니소스 신도의 차림새를 하고 신을 맞이하기 위해 춤을 추며 산으로 가려는 중이다. 두 사람은 이미 늙고 힘없는 존재로 전락했지만, 그래서 오히려 두려운 신의 존재를 알아볼 수 있었다. 나이 들면서 얻은 노인의 지혜가 있기 때문이다.

이때 젊은 국왕 펜테우스가 달려오다가 이들과 마주친다. 그는 이 나라의 여인들이 모두 키타이론산에 올라가서 춤추고 있으며, 그중에는 바로 자신의 어머니인 아가베도 끼어 있다는 소식을 듣고 분개했다. 이 모든 것이 계집애처럼 예쁘장하게 생긴 외국 출신의 젊은 사기꾼 디오니소스에게 속아 넘어간 때문이며, 더 나아가 산으로 간 여자들이 신을 맞이한다는 핑계를 대지만 실제로는 아프로디테를 경배하는 게 틀림없다고 생각한다. 말하자면 모두들 어두운 곳에서 섹스에 탐닉하고 있을 거라 짐작한 것이다. 젊은이다운 순진한 발상이라 하지 않을 수 없다. 그는 문제의 사기꾼 디오니소스를 체포하고 여인들도 모두 처벌하리라 마음먹으며 왕궁으로 가다가, 다름 아닌 자신의 외할아버지와 테이레시아스마저 디오니소스의 신도가 된 것을 알게 된다. 펜테우스는 사슴 가죽옷과 덩굴관으로 치장한 두 노인에게 미친 짓을 그만두라고 소리친다.

테이레시아스는 젊은 왕에게 디오니소스 신의 의미를 설명한다. '인간 세계에 가장 중요한 두 신이 있으니 하나는 데메테르 여신이고 다른 하나는 디오니소스 신이다. 땅의 여신 데메테르는 곡식으로 인간을 채워주지만, 그 여신의 일을 완전하게 하기 위해 디오니소스 신은 포도에서 흘러나오는 수분으로 술을 발견했다. 우리는 물론 밥을 먹어야 하지만 그것만으로 살아가는 것은 아니다. 인간은 동물처럼 단순히 먹고살아가는 당장의 필요에만 매여 사는 존재가 아니다. 이런 점을 이해하지 못하고, 법질서만 강조하며 그것을 지키기 위해 권력을 휘두르는 펜테우스는 전제군주tyranos, 곧 참주僭主이다.' 테이레시아스에 의하면 오히려 그 펜테우스야말로 미친 인간이다.

테이레시아스가 이처럼 신의 뜻을 헤아릴 줄 알게 된 데에는 특이한 사정이 있었다.*

이것 역시 제우스와 헤라 사이의 다툼이 문제였다. 어느 날 제우스와 헤라는 흥미 있는 논쟁을 했다. 사랑할 때 남자가 더 행복한가, 여자가 더 행복한가? 남성 신인 제우스는 여자가 더 행복할 것이리고 주장한 반면, 여싱 신인 헤라는 남자가 더 행복할 것이라고 했다. 오랜 논쟁에도 결판이 나지 않자 제우스는 이 문제에 답을 해줄 수 있는 이는 테이레시아스밖에 없다며 그를 올림포스로 불렀다. 테이레시아스가 다른 인간과는 다른 비범한 능력을 갖추게 된 데에는 사연이 있다.

아직 평범한 남자였던 시절, 테이레시아스는 어느 날 산길을 가다 뱀 두 마리가 엉켜 있는 것을 보고 막대기로 뱀들을 억지

* 주경철, 『테이레시아스의 역사』, 산처럼, 2002, pp. 5-6.

로 떼어놓았다. 사랑을 방해받은 뱀들은 신통력을 발휘해서 테이레시아스를 여자로 만들어버렸다. 몸과 마음 모두 완벽한 여자가 된 테이레시아스는 결혼하여 아이를 낳고 7년을 살았다.

어느 날 다시 산길을 가던 여자 테이레시아스는 또 뱀 두 마리가 엉켜 있는 것을 보았다. 이번에도 다시 막대기로 뱀들을 억지로 떼어놓았고, 그러자 뱀들이 다시 테이레시아스를 남자로 만들어버렸다. 그리하여 그는 인류 역사상 유일하게 남자의 삶과 여자의 삶을 완벽하게 살아본 사람이 되었다. 제우스가 그를 부른 데에는 이런 연유가 있었다.

신들 앞에 불려 온 테이레시아스에게 제우스가 물었다.

"그대는 남자로도 살아보았고 여자로도 살아보았으니 알 것이다. 남자로서 사랑하는 것과 여자로서 사랑하는 것 가운데 어느 편이 더 행복했는가?"

테이레시아스는 이렇게 답했다.

"여자로서 사랑하는 것이 남자로서 사랑하는 것보다 아홉 배 더 행복했나이다."

제우스의 주장에 힘을 실어준 대답이었다. 논쟁에서 지게 된 헤라는 앙심을 품고 테이레시아스의 눈을 멀게 해버렸다. 제우스로서는 난감했으리라. 자기 때문에 불려 왔다가 엉겁결에 장님이 된 테이레시아스를 안쓰럽게 여긴 제우스는 그에게 예언의 능력을 주었다. 육신의 눈을 잃은 대신 영혼의 눈을 열게 된 테이레시아스는 신들이 정해놓은 길을 보게 되었고, 그리스 최고의 예언자가 되었다.

이것이 테이레시아스에 관해 통상적으로 그려지는 이야기이다. 그는 신의 세계와 인간의 세계, 남성의 세계와 여성의 세계를 넘나들며 신이 정한 오묘한 뜻을 받아 인간에게 전해준다. 그로 인해 인간은 선악을 명확하게 구분할 수 있게 되었다. 인간의 도리를 다하려면 테이레시아스의 중재를 통해 신의 뜻을 받아들이면 된다. 소포클레스의 『오이디푸스』나 『안티고네』 같은 작품에 등장하는 테이레시아스가 바로 그런 역할을 하는 존재다. 그가 전하는 신의 예언은 한 치의 오차도 없이 우리에게 현실이 되어 닥쳐온다.

그러나 선배 작가들과 달리 에우리피데스의 작품에 나오는 테이레시아스는 힘없는 허약한 늙은이에 불과하다. 그는 디오니소스가 신이라는 것만 알아볼 뿐, 신의 뜻을 명확하게 전달받지는 못한다. 예언자가 번역해주지 않는 신의 뜻을 우리는 알기 힘들다. 이제 신의 뜻을 알기 위해서는 신 자신에게 직접 듣는 수밖에 없다. 그러나 때론 한없이 자애롭다가도 때로는 지나치게 잔혹한 그 신이 우리에게 무엇을 지시하는지 모호하다. 인간 세계에 '복수'를 하러 온 디오니소스가 바라는 정의가 도대체 무엇이란 말인가. 신의 뜻을 명확히 전하지 못하는 허약한 예언자의 모습은 이 세계의 불확실성과 복잡성을 나타내는 듯하다. 이처럼 에우리피데스가 그리는 우주는 어둡고 혼란스럽다. 그 속에서 인간은 고통을 겪으며 살아갈 뿐이다.

디오니소스와 펜테우스

인간의 형상을 하고 테베에 들어온 디오니소스는 병사에게 사로잡혀 펜테우스 앞에 순순히 끌려온다. 서로를 마주한 사촌 형제는 서로 상극인 듯 다르면서도 어딘지 비슷하다. 디오니소스는 여자처럼 예쁜 얼굴과 탐스러운 몸매를 가진 미소년인 반면, 젊은 '마초'인 펜테우스는 자신의 육체적 힘을 과시하며 디오니소스의 여성스러움을 조롱한다. 국왕 펜테우스는 현실 세계의 지배자이지만 디오니소스는 영적인 영역에 있다. 현세의 권력을 가진 펜테우스가 디오니소스에게 "나는 너보다 더 강하다"고 단언하나 디오니소스는 "너는 네 힘의 한계를 모른다. 너는 네가 하는 것이 무엇인지 모르고, 네가 누구인지도 모른다"고 답한다.

그리스 철학에서 늘 이야기하는 주제가 바로 이것이 아니던가. 너 자신을 알라. 아는 것이 지혜sophia일진대 그중 가장 큰 지혜는 바로 자신을 아는 일이다.* 지혜가 없는 무지의 상태, 그것이 아마티아amathia이다. 펜테우스는 아마티아의 전형이다. 그는 신을 알아보지 못하고 부인하며 디오니소스 신도들이 비합리적이고 무지한 바보들이라고 단언하지만 사실은 그 자신이 그런 상태에 놓여 있다. 지혜가 없는 그는 경솔하고 무모하다. 그의 말과 행동은 늘 분노가 폭발하는 상태이며, 스스로를 통제할 수

* 세상에서 가장 쉬운 일이 무엇인가? 남에게 충고하는 일이다. 그렇다면 세상에서 가장 어려운 일이 무엇인가? 나 자신을 아는 것이다. 고대 그리스의 철학자 탈레스의 말이다.

없는 지경이다. 왕으로서 그는 오만한 폭군이며, 그래서 심지어 신을 응징하겠다고 나선 것이다. 그는 디오니소스의 머리카락을 자르고 지팡이를 빼앗은 다음 감옥에 가두려 한다. 그러나 신성성을 세속의 감옥에 가둘 수는 없는 법, 디오니소스는 병사들이 자신을 옥에 가두자마자 곧 물처럼 빠져나와 오히려 펜테우스의 궁전을 무너뜨린다. 젊은 왕은 디오니소스가 뒤집어씌운 광기 때문에 허깨비를 향해 칼을 휘두르고, 황소를 디오니소스로 착각하여 사슬로 묶으려 한다. 그러나 신과 자연을 어떻게 굴복시킨단 말인가. 그는 자신이 무엇을 상대하는지도 모른 채 애만 쓰다 탈진하고 만다.

그때 사자使者가 등장하여 '미친 여인들'이 산속에서 행하는 일들에 대해 보고한다.

> 여인들은 모두 머리를 어깨 위로 풀어 늘어뜨리고 사슴 가죽 망토를 입었습니다. 그러고는 뺨을 핥고 있는 뱀으로 목을 휘감았습니다. 더러는 산양이나 늑대 새끼에게 사랑스러운 듯 웃으면서 젖을 먹입니다. 한 여인은 지팡이를 들어 바윗돌을 쳐서 맑은 물이 나오게 했고 또 한 여인은 디오니소스의 지팡이로 땅을 쳐서 신께서 주시는 붉은 포도주가 솟아 나오게 했습니다. 어떤 이는 잔디를 살짝 눌러 우유가 쏟아져 나오게도 했습니다. (……) 그러다가 한 여인이 송아지를 산 채로 갈가리 찢고 뜯어서 갈빗대는 날고 살덩이는 나뭇가지에 걸쳐 있고, 붉은 피는 빽빽한 푸른 소

나무 숲속에 비가 되어 내리고 있었습니다.

이런 서술에서 보이는 디오니소스 신도들은 자연의 두 가지 측면을 반영한다. 하나는 우리를 먹여 살리는 자애로운 자연이고, 다른 하나는 지진이나 해일처럼 무지막지한 힘으로 인간 사회를 위협하는 가공할 자연이다.

펜테우스는 여전히 자신만만하게 자신의 힘으로 여인들—그리고 그 뒤에 있는 신과 자연—을 제압하겠다고 선언한다. 과연 그럴까? 사실 겉으로 강한 척하는 인간이 속으로는 한없이 허약한 법이다. 펜테우스의 허약한 부분은 다름 아닌 젊은 청년의 성적 호기심이다. 이를 이용해 디오니소스는 마법처럼 펜테우스의 마음을 지배한다. 산에 가서 광기 어린 여인들의 야릇한 장면을 보고 싶지 않느냐는 한마디에 그는 대뜸 낚이고 만다.

디오니소스의 마법에 빠진 펜테우스는 그의 명령에 그대로 따르게 된다. 산에 가서 여인들을 훔쳐보려면 여자 옷을 입어야 한다고 하자 그는 곧바로 여자 옷으로 갈아입었다. 지배적인 남성, 그중에서도 최고의 권력을 가진 젊고 혈기 왕성한 국왕이 그토록 깔보고 공격하던 여자로 변모한 것이다. 디오니소스는 남성 지배 질서의 수호자를 탈남성화시켜버렸고, 더 나아가서 펜테우스를 곧 짐승으로 격하, 여자들에게 죽임을 당하게 했다. 이제 사냥꾼이 사냥당하게 되리라…….

산으로 간 펜테우스가 여인들을 훔쳐보러 소나무 위에 올라가 있을 때 디오니소스가 여인들에게 그를 가리켜 보였다. 엑스타시스 상태의 여자들은 인간 이상의 힘을 발휘하여 나무를 뿌리째 뽑아버렸다. 이 일에 제일 앞장선 사람은 다름 아닌 펜테우스의 어머니 아가베였다. 땅에 굴러떨어진 펜테우스는 정신이 돌아오자 공포에 휩싸여 어머니가 자신을 알아보기를 바라고 애원하지만 그녀는 끝내 아들을 알아보지 못한다. 결국 펜테우스는 어머니와 이모, 그리고 다른 여인들에 의해 살해되었다.

그의 살은 갈가리 찢겨지고, 그곳의 공기는 죽어가는 사람의 신음 소리와 승리의 즐거움에서 외치는 소리로 가득 차 있었습니다. 한 여인은 팔을, 다른 여인은 발을 쥐고 있고, 맨살이 드러난 허리는 뼈가 드러났는데 피투성이가 된 살덩이를 그녀들은 이리저리 던졌습니다. 그의 몸은 멀리 내던져졌습니다. 산산조각 난 그의 몸은 벼랑에, 혹은 산속에 던져져 찾을 수도 없게 되었습니다. 그의 어머니인 아가베가 그의 머리를 벤 후 마치 사자의 머리를 꿰듯 지팡이 끝에 꿰어 쳐들고 그곳을 떠났습니다.

아직 마법이 풀리지 않은 아가베가 자기가 자식을 죽인 줄도 모른 채 의기양양하게 시내로 행진하는 것으로 극은 클라이맥스로 치닫는다. 마침내 신의 복수가 이루어진 것이다.

그런데 이 부분에서 돌연 극의 분위기가 바뀐다. 이것이 진정 신의 정의란 말인가? 어머니가 아들의 머리를 베어 들고 오는 것이 칭송해 마땅한 일인가? 지금껏 디오니소스를 찬미하고 펜테우스를 비난하던 코러스의 태도도 변한다. 아가베가 '싱싱한 짐승'의 머리라며 아들의 머리를 들고 와서 자랑할 때 코러스의 리더는 탄식한다. "참혹해라! 아, 불행한 이여, 당신이 얻어 온 것을 이 땅의 모든 사람에게 보이시오." 디오니소스의 광신도들마저 이 참혹한 신의 정의 앞에 두려움을 느끼고 희생자를 동정한다. 아가베의 아버지 카드무스가 점차 딸을 제정신으로 돌아오게 만든다. 그다음 부분은 안타깝게도 원본이 유실되어 알 수 없지만 자신이 아들을 죽여 머리통을 들고 있다는 사실을 깨달은 아가베가 비통하게 울부짖었으리라는 것은 분명하다.

무지와 체념

에우리피데스는 그리스 문명에서 젠더gender의 모순과 갈등이 있다는 것을 예리하게 지적한 작가다. 불평등과 억압이야말로 문명의 토대다. 모든 사람이 평등하게 살아가는 조화로운 문명은 아직 이 세상에 건설된 적이 없다. 주인이 노예를 착취하고, 남성이 여성을 억누르고, '우리'가 '이방인'을 멸시한다. 인간이 성취한 훌륭한 문명의 성과는 그런 불평등 위에서 얻어진 것이다. 문명이 온전히 잘 유지되려면 이 모순을 은폐하고 억압을 숨기는 거짓이 필요하다. 지금의 이 상태가 원래의 자연스러운 질서라고 강변하는 논리정연한 설명이 있어야 한다. 누구도 그와 같은 위선에 대해 말하지 않을 때 에우리피데스는 명백하게 이 사실을 환기시킨다.

에우리피데스는 여성들에게 발언권을 준 작가다. 그는 펜테우스로 대변되는 문명의 사악한 측면을 여성들로 하여금 공격하게 만들었다. 디오니소스의 마법에 취한 여성들은 질서와 이성의 과도함에 반격을 가했다. 그 결과 남성이 아닌 여성들, 도시가 아닌 황야, 문명이 아닌 자연, 질서가 아닌 카오스가 승리를 거뒀다. 자연이 젖과 꿀을 주고, 또 그녀들 자신이 산짐승에게 젖을 물리는 그 열락의 세계가 억압적인 그리스 문명 세계를 해체해버린 것이다. 디오니소스는 단지 포도주를 준 신이 아니라 위대하고도 광폭한 자연의 힘 자체이다. 이런 측면을 제대로 이해하지 못한 펜테우스는 짐승으로 몰려 갈가리 찢겨 죽임을 당했다.

그러나 에우리피데스는 여기에서 한 걸음 더 나아가 문명의 억압을 해체하는 디오니소스의 승리 또한 얼마나 참혹한 결과를 낳았는지도 보여준다. 처음에 관객들은 펜테우스의 무지와 독재에 대해 신이 응징하는 이야기에 동참한다. 그러나 그 흐름의 정점에 이르렀을 때 갑자기 의미의 변화가 일어난다. 이 신은 과연 정의로운가? 관객들의 마음에 검은 구름처럼 의심이 일기 시작한다.

마지막 에피소디온에서 디오니소스는 신의 형상으로 되돌아가 구름 위에서 그의 마지막 평결을 내린다. 그가 카드무스와 아가베에게 내리는 저주는 참혹하기 그지없다. "너희들은 뱀으로 변하여 기어다닐 것이다. 너희들은 동쪽의 나라로 가서 미개한 나라를 다스리고 아폴론 신전을 약탈할 테지만 다시 그로 인해 벌을 받아 멸망할 운명을 맞을 것이다. 부녀는 서로 떨어져 각자 저주의 몫을 받으리라."

처음에 아가베는 자신이 신을 못 알아본 죄인임을 고백하며 자비를 구한다. 그러나 디오니소스에게 자비는 없다. 이미 늦었다는 것이다. 아가베는 신에게 이런 질문을 던진다. "신도 인간처럼 행동합니까?" 아가베는 당돌하고도 당당하게 신에게 따지고 있다. 신이 인간과 똑같이 분노하고 인간과 똑같이 보복한단 말인가? 카드무스 역시 신에게 간청을 드리려 하지만, 이제는 아가베가 아버지를 돌려세운다. 신의 응징을 받아들일 수밖에 없다고 판단한 것이다. "예언은 끝났습니다. 이제 우리는 떠나야 합니다."

카드무스와 아가베는 서로를 포옹하며 위로한다. 자신을 위해 슬퍼하고, 서로를 위해 슬퍼하고, 그리고 우리 모두를 위해 슬퍼한다. 그 순간 그곳에 있는 모든 이들은 연민compassion을 느낀다. 그것은 함께com 고통passion을 나누는 것이다. 이것이야말로 인간이 가질 수 있는 가장 큰 미덕이다. 고통을 통해 인간은 서로를 이해하고 사랑하는 지혜를 얻는다. 그럼으로써 돌연 인간은 고귀함을 획득한다. 이것은 동물이나 신은 가질 수 없는 덕성이다. 동물은 단지 고통 속에 희생당할 뿐이며, 신은 아예 고통을 느끼지 않으므로 고귀한 덕성을 알지 못한다. 이제 아마티아, 즉 무지는 디오니소스의 몫이다.

구름 위에서 자못 준열한 목소리로 추방 명령을 내리는 디오니소스는 저 홀로 먼 세상에 고립되었다. 사실 그는 과도한 복수를 한 것이다. 아직 미숙한 젊은 펜테우스를 속여 처벌한 신은 지나치게 가혹했다. 신과 자연의 세계에 대한 무지로 인해 처벌받는 펜테우스나 인간에 대한 무지로 잔혹한 복수를 행하는 디오니소스나 사실 큰 차이가 없다. 그들은 정반대인 듯하면서도 내적으로는 너무나도 유사한 쌍생아 같은 존재들이다.

인간으로서야 달리 어쩌랴, 자신의 운명 앞에 체념할 뿐.*

아가베는 신의 뜻을 받아들이지만 결코 신을 사랑하지는 않는다. 그녀의 마지막 말에는 거의 신에 대한 경멸이 내비친다.

> 저희 자매는 핏빛 키타이론산이 보이지 않는 곳에서 함께 방황하겠나이다. 또한 신의 지팡이도 다시는 보지 않고 노래도 부르지 않겠나이다. 다른 많은 사람이 디오니소스의 신도가 될지라도 나는 꿈에도 그를 숭배하지 않겠나이다.

디오니소스의 잔혹한 정의는 인간을 모멸했지만 놀랍게도 마지막 순간에 인간이 신보다 오히려 더욱 고귀해지고 더 커진다. 그런데 이 연극이 다름 아닌 디오니소스 축제에서 공연된 것임

* '체념諦念'의 사전적 정의는 이러하다. 1) 희망을 버리고 아주 단념함. 2) 도리를 깨닫는 마음. 이를 정리하면, 단념함으로써 더 큰 것을 깨우치는 것이 체념이다.

을 염두에 두자. 디오니소스를 기리는 축제 마당에서 그 신은 홀로 무지의 흙탕물을 뒤집어쓴 것이다!

에우리피데스

『바카이』는 에우리피데스의 마지막 작품이다. 죽기 직전인 기원전 407년에 테베에 머물며 쓴 이 작품은 그의 아들이 아테네에 가져와 기원전 406~405년 초에 초연되었다. 에우리피데스는 생전에는 그리 높은 평가를 받지 못했지만 이 작품으로 디오니소스 축제의 연극 경연에서 1등상을 수상했다(평생 그는 네 번 우승했는데, 이는 선배 작가들에 비하면 그리 뛰어난 성과는 아니다).

그는 흔히 앞선 작가들보다 격이 떨어진다는 평가를 받았다. 아이스킬로스의 『아가멤논』이나 소포클레스의 『오이디푸스』 같은 작품은 완벽한 구조로 인해 찬탄을 불러일으킨다. 장대한 분위기에서 인간의 운명, 신과 인간의 관계 등을 다루는 장중한 서사는 극적인 긴장을 더해간다. 주인공들은 거의 신적인 인물들로서, 대부분의 인간들이 공유하는 약점이 아니라 소위 '비극적 결함'으로 인해 파국을 맞는다. 예컨대 오이디푸스는 자신이 파멸할 것을 알면서도 신의 뜻에 저항하다가 장렬한 최후를 맞이한다. 이에 비해 후배 작가인 에우리피데스의 작품은 구조가 완전치 않고 플롯이 너무 복잡하며 초점이 오락가락한다는 평가를 받는다. 그의 작품이 완벽성 면에서 뒤떨어지는 것은 분명하다. 그의 극에 등장하는 주인공들은 반신반인의 영웅적 풍모를 보이기보다는 흔히 의지가 박약하거나 몽매하거나 사악한 인물들이다. 펜테우스는 미성숙한 애송이 왕이고, 노왕 카드무스는 자신에게 내려진 징벌을 거둬달라는 약한 모습을 보인다. 이처럼 인간적으로 미약한 자들이 등장하는 에우리피데스의 극은 그리스 비극의 전성기를 지나 수준이 격하되고 변질되는 과정에 있다는 평가를 받았다.

그러나 오늘날에 와서는 오히려 이런 점들로 인해 더 주목받기에 이르렀다. 정형화된 영웅 대신 나약한 주인공의 어두운 내면을 그리는 에우리피데스의 작품은 현대의 심리극을 연상시킨다. 사실 타고난 위대함을 뿜어내는 웅혼한 영혼도 좋지만, 고통 속에 몸부림치는 약한 인간들, 사악한 독기를 내뿜는 악당들, 고통스럽게 사랑을 갈구하는 여인들이 우리에게 훨씬 더 가까이 다가온다.

이런 작품들을 통해 에우리피데스는 권력에 의문을 제기한다. 우리가 부딪히는 그 모든 권력이 과연 정당한가를 묻다 보면 결국 우리가 몸담고 살아가는 문명의 기반이 무엇인지 묻지 않을 수 없다. 그는 밑에서 압박받는 주체들인 여성, 외국인, 노예의 세계를 들여다보는 한편, 위에서 우리를 짓누르는 신에게도 도전한 인상을 준다. 분명 이 세계는 정의와는 거리가 멀며, 흔히 악몽으로 변모한다. 신들도 변덕스럽고 잔인하지 않은가. 종교는 독재 정치만큼이나 잔혹하고 억압적일 수 있다.

『바카이』는 그리스 세계의 위대성을 말하지 않는다. 이 복잡한 극은 답을 주기보다 질문을 던지게 만든다. 그의 극에서는 신앙과 회의, 이성과 비합리성, 그리스와 외국, 남성과 여성, 문명과 야만 같은 대립적인 힘들이 명확하게 양분되지 않다가 어느새 합쳐져 카오스로 회귀한다. 에우리피데스는 누구도 묻지 않고 보려 하지 않았던 우리 내면의 어둠, 모순에 가득 찬 문명의 하층, 미분리未分離의 혼돈과 불확실성이 그득한 세계로 우리를 이끌고 가서 공포에 찬 체험을 하도록 만든다.

여느 다른 고대 문명과도 구분되는 그리스 문명의 특질은 우리가 누구이며, 이 우주는 어떻게 돌아가며, 국가와 사회는 어떻게 운영되어야 마땅한지를 캐묻는 데에 있다. 그렇게 묻고 답을 구하는 방식으로 하나씩 쌓아 올려 만들어낸 그 문명은 이제 어디에 와 있는가? 기원전 5세기 말, 그리스 세계가 전성기를 지나 쇠락의 길로 접어들 무렵, 작가들은 또다시 이런 근본적인 질문을 던지고 있다. 지는 노을처럼 쇠락기의 문화가 발하는 찬란한 빛은 때로 두려울 정도로 아름답다. 그것은 시대를 넘어 오늘에까지 영감의 빛을 비추고 있다.

03

이븐 바투타의 주유천하

: 이슬람 초문명권

아부 압둘라 무하마드 이븐 압둘라 알 라와티 알 탄지 이븐 바투타(간략히 이븐 바투타Ibn Battuta라고 부른다)는 모로코 왕국의 이슬람 율법학자 가문에서 1304년에 태어난 학자이자 판관이자 여행자이다. 그는 집안의 전통에 따라 독실한 이슬람 교육을 받으며 자랐고 이슬람법을 공부했다. 공부를 마친 그는 모든 무슬림이 일생에 한 번은 의무적으로 꼭 해야 하는 메카 순례hajj 여행을 떠났다. 그의 나이 22세였던 그해는 서력으로 1325년, 마르코 폴로가 죽은 다음 해였다.

원래 고향을 떠날 때에는 메카만 방문하고 올 예정이었지만 30년 동안 아시아, 아프리카, 유럽의 3대륙에 걸쳐 10만 킬로미터를 돌아다녔다. 필시 그에게는 세상을 두루 알고자 하는 욕망이 지나치게 강했음이 틀림없다. 물론 그 과정에서 이븐 바투타는 이루 말할 수 없이 힘든 역경과 죽을 고비들도 넘겼다. 하지만 당대 이슬람 세계의 거의 전 지역을 돌아다니며 이슬람 명소를 찾고 각지의 정치 지도자와 고승 대덕들을 만났을 뿐 아니라, 더 나아가서는 인도, 중국, 아프리카의 이교도 지역까지 탐방했으니 가히 세계 최고의 여행자라 불러도 손색이 없을 것이다.

그가 보고 온 세상은 어떤 곳일까? 이 역마살 낀 무슬림 여행자의 기록을 통해 14세기 이슬람권과 그 주변 세계의 사정을 살펴보도록 하자.

순례 여행

『이븐 바투타 여행기』(이하 『여행기』)를 우리말로 번역한 정수일 선생이 서문에서 정리한 대로 이 책은 크게 세 부분으로 나뉜다.* 첫째는 25년에 걸친 동행東行으로, 북아프리카·서아시아·중앙아시아·인도·동남아시아를 거쳐 중국의 북경까지 다녀온 왕복 여행이다. 둘째는 2년간의 북행北行으로, 수도 페스를 출발해 지브롤터 해협을 건너 당시 이베리아반도의 마지막 이슬람 왕조인 나스르Nasr조朝의 수도 그라나다까지 갔다가 귀향한 후

* 이븐 바투타, 『이븐 바투타 여행기 1·2』, 정수일 옮김, 창비, 2001.

이어 모로코의 남부 도시 마라케시를 보고 온 여행이다. 마지막 세 번째는 3년간의 남행南行으로, 페스에서 출발해 사하라사막을 횡단하고 아프리카 내륙까지 다녀온 왕복 여행이다.

그가 이처럼 광대한 지역을 여행할 수 있었던 것은 물론 그 자신의 탁월한 능력도 있겠으나, 이슬람권이 쿠란을 기반으로 하나의 세계 공동체로 통합되어 있었던 덕분이기도 하다. 쿠란에 이미 이렇게 쓰여 있지 않은가. "세계를 여행하라, 그리하여 신께서 어떻게 세상을 창조하셨는지를 보라."(쿠란 29:20) 학자와 상인들이 실제로 이 명령에 따라 여행을 많이 했으며, 또 그러다 보니 여행문학 장르가 무척이나 발달했다. 사실 이븐 바투타 역시 그 이전에 쓰인 많은 여행기를 참고하며 여행했고 또 자신의 여행기를 쓸 때에도 그 책들을 참조했을 것으로 보인다.

이 대大여행자도 처음 여행을 떠날 때에는 두려움에 떠는 약한 모습을 보였다. 겨우 튀니지에 도착했을 때의 일인데 열병에 걸려 몸은 아프고 반기는 사람 하나 없다 보니 서러움에 그만 눈물을 보였다.

> 도중에 나는 또 열병에 걸렸다. 몸은 지쳤으나 겁이 나서 말에서 내려 걸을 수는 없기에 말 등에서 떨어지지 않게 머리쓰개로 몸을 안장에 단단히 잡아매었다. (……) 누구 하나 나에게 인사하는 사람은 없었다. 그도 그럴 것이 나하곤 모두가 생면부지生面不知이니까. 나는 서러운 눈물을 걷잡을 수가 없어 끝내 흐느끼고 말

았다. 그러나 내 사정을 측은히 여긴 성지 순례자들이 다가와 인사를 건네면서 친절을 베풀었다.

이처럼 모든 무슬림이 형제라는 의식이 이슬람권 문화의 특징이다. 이후 그는 대규모 순례단에 끼어서 여행을 하게 되었다. 당시 북아프리카에는 기독교도들의 공격과 비적 떼의 약탈이 극심했으므로 이렇게 움직이는 편이 안전했다. 그런데 머잖아 그는 자신의 재능을 발휘하며 집단 내에서 두각을 나타내기 시작했다. 카라반* 내에서 카지qazi, 혹은 qadi(이슬람법의 판관 겸 조언자)가 된 것이다. 샤리아(이슬람 성법聖法)에 정통한 학자였던 그는 여행 중에 이 지식을 가르치고 수행하며 부와 명예를 높여갔다. 이제 그의 여행 패턴은 이런 식이 되었다. 어느 도시에 도착하면 우선 그곳의 고위 성직자들을 만나서 몇 시간 대화를 나눈다. 그리고 지방 유지들을 만나 지금까지 자신이 경험한 것들과 들은 이야기들을 전해주는 동시에 그곳의 정보를 수집한다. 이것이 다음 도시에 가면 유용하게 쓰이는 훌륭한 자산이 되기 때문이다. 이때 이전 도시의 유명한 성직자의 소개장이 중요한 역할을 한다.

그렇지만 항상 이런 방식이 통하지는 않으므로 때로는 순례객들이 머무는 호스텔을 이용하기도 하는데, 이런 시설들은 신

* 사막이나 초원과 같이 교통이 발달하지 않은 지방에서 낙타나 말에 짐을 싣고 떼를 지어 먼 곳으로 다니며 특산물을 교역하는 상인 집단.

심 깊은 이들이 희사하여 운용되는 곳이었다. 성지순례가 모든 무슬림의 의무사항이 되면서 이런 순례자 보호 시스템이 발달했으니, 이것이 이븐 바투타 같은 이들이 안전하게 여행할 수 있는 이슬람권의 인프라 역할을 했다. 마치 우리나라 스님들이 전국 각지의 사찰을 돌아다니며 운수 행각을 하는 것과 유사하되, 그것이 거대한 세계 전체로 확대되어 있다고 보아도 좋을 것이다. 서비스에 대한 밥값은 여행 중에 얻은 정보들을 제공하는 것으로 대신했다. 멀리 스페인부터 중국에 이르는 광대한 지역의 지식인들이 국경 없이 왕래하는 이런 방식은 당시의 열악한 교통·통신 사정하에서 지식과 정보가 소통되는 훌륭한 체제였다.

이슬람법과 종교 원칙은 세계 어느 곳에서나 유사하게 적용된다. 따라서 학식이 높은 여행자들은 때로 여행 중 들르는 곳에서 공직을 얻어 일하기도 한다. 이븐 바투타 역시 일부 지역에서는 단순히 지식을 전해주는 정도를 넘어 직접 법을 집행하는 판관 역할을 수행했다. 예컨대 인도 남쪽의 지바툴 마할 제도(현 몰디브 제도)에서 그가 이슬람법에 따라 절도범의 손목을 자르라고 명령했더니 이 지방 사람들의 심성이 약한지라 현장에 있던 여러 사람이 기절했다는 대목이 나온다.

그는 고결한 율법학자로서 깨끗한 처신을 하며 여행했을까? 본인은 그렇게 생각한 모양이지만, 오늘날 우리의 관점에서 보면 한 가지 마음에 걸리는 점이 있으니, 여행길에서 그가 만난 수많은 여성들과의 관계이다. 이미 여행 초기에 그는 튀니스(튀니지의 수도) 출신 순례객과 친하게 되어 그 딸과 결혼했으나, 다툼이 생기자 곧바로 파혼하고 다시 페스 출신 학자의 딸과 재혼했다. 이런 식으로 그는 여행 중 많은 여자들과 잠깐씩 결혼 내지 동거를 했고, 여자 노예들을 얻어서 즐기다가 버리든지 팔아버리는 행태를 보였다. 그는 자신이 만난 수많은 부인과 첩, 그리고 성적 즐거움의 대상이던 여자 노예 등에 대해 무심히 언급할 뿐 자세한 이야기를 하지 않는데, 아마도 너무나 자연스러운 일이라 굳이 자세히 적을 가치가 없다고 생각했던 것 같다. 그는 단지 여행하는 지방의 관례에 따라 여성을 취했을 뿐이다.

1327년, 그는 여행의 본래 목적지인 메카에 도착했다. 이곳에서는 세계 각지의 교사, 판관, 성직자들을 만나고, 수준 높은 지식들을 접하게 되었다. 과연 메카는 이슬람 세계의 중심지였다. 이곳에서 1년을 머문 후 그는 내친김에 전 세계를 여행하고 싶다는 소망을 품고 다시 길을 떠났다. 그때부터 그의 여행은 호스텔을 찾아가는 방식보다는 한 차원 높은 수준으로 격상해서 주로 왕과 술탄, 귀족들을 상대했다. 그야말로 노는 물이 달라지게 된 것이다. 그는 궁정에 출입하면서 그곳의 생활, 의식, 음악 등을 잘 관찰해두었다가 다음번에 들르는 궁정에서 그런 내용을 전해주며 대접을 받았다. 이런 식으로 수년간 페르시아, 콘스탄티노플, 우즈베키스탄, 아프가니스탄 등지의 궁정을 돌아다닐 수 있었다.

인도 그리고 중국으로

그의 여행의 정점은 델리의 술탄을 찾아간 것이다. 1300년경 강력한 터키계 무슬림 세력이 북부와 중부 인도에 들어와서 힌두 왕조들을 몰아내고 술탄국들을 건설했다. 그 가운데 가장 강력한 곳은 1325년부터 1351년까지 무하마드 이븐 투글루크 Tughluq가 통치하던 델리 술탄국이었다. 투글루크는 이슬람법에 대한 열정을 가지고 있어서 이슬람 세계 전역에서 유명한 학자들을 초빙하는 데에 돈을 아끼지 않았다. 그러던 차에 이븐 바투타가 인도 북서쪽의 힌두쿠시산맥을 넘어 이곳으로 들어왔다. 여행을 시작한 지 8년째였던 그는 1,000마리가 넘는 말과 짐바리 노새 떼에 텐트와 사치스러운 이동식 가구를 싣고 한 무리의 동료, 여자, 노예들과 함께 이동하고 있었다. 돈이 거의 바닥나던 때에 그는 델리에서 샤리아 학자를 잘 모신다는 소식을 듣고 이곳으로 향한 것이다.

낯선 궁정을 찾아가서 그곳 지배자의 환심을 얻는다는 것이 결코 쉬운 일은 아니다. 여기에는 상당히 위험한 도박 요소가 끼어 있다. 아시아의 궁정에서는 비단옷, 보석 장식을 한 무기, 말, 남녀 노예 같은 고가의 선물을 제공하는 것이 필수요건이었다. 더구나 델리 술탄의 환심을 사기 위해서는 보통 사람으로서는 생각하기 힘든 선물을 안기는 것이 중요한 전략이다. 하지만 이븐 바투타는 그럴 돈이 없었으므로 5만 5,000디르함 은화라는 엄청난 빚을 져서 선물을 마련했다. 이렇게 접근한 후 자신의 능력을 발휘하여 술탄의 인정을 받으면 팔자가 피지만 만일 그렇지 못하면 막대한 빚만 떠안고 이국땅에서 파산한 채 오도 가도 못하는 처량한 신세가 될 수도 있다. 다행히 그의 전략이 맞아떨어져서 그는 술탄의 호의를 입어 이 나라의 고위 관직을 차지하였고, 결국 이곳에서 9년을 지냈다.

델리에서 고관이 된 것은 잘된 일일 수도 있겠으나, 달리 보면 지극히 불안한 일이기도 했다. 그 기간 중 델리는 기근, 당파 싸움, 음모 등이 횡행하는 위험천만한 곳이었다. 게다가 술탄 투글루크는 겸허하고 공정하고 너그럽다가도 돌연 피에 굶주린 듯 학살을 일삼는 종잡을 수 없는 통치자였다. 한번은 가뭄이 들어 곡식의 가격이 폭등하여 많은 사람들이 굶어 죽을 지경이 되자 술탄은 국고에서 곡물을 방출하여 시민들에게 6개월치 식량을 무상으로 배급해주었다. 이처럼 인자한 정책을 펴다가도 돌아서서 바로 잔혹한 처벌을 내리곤 했다. 길거리에 허연 덩어리가 있어서 이것이 뭐냐고 동료에게 물으면 “세 토막으로 살육된 사람의 흉부요” 하는 답이 돌아오는 식이다.

술탄은 죄의 경중을 가리지 않고 무차별 엄벌에 처했다. 말 한마디 잘못한 법관은 가슴 위에 벌겋게 달군 철판을 올려놓았다가 떼어서 살갗이 묻어나게 한 다음 그 상처에 오줌과 재를 뿌리는 형벌을 받았다. 모반을 하다가 잡힌 사람은 살인 코끼리에게 던져졌고, 코끼리는 처형자를 긴 코로 감아 공중에 한 번

메카 순례단(13세기 삽화)

던졌다가 땅에 떨어지면 한 발로 가슴을 밟은 다음 이빨에 달린 철판으로 몸을 두 조각냈다. 그렇지 않으면 산 채로 가죽을 벗겨서 개가 뜯어 먹게 하고 벗긴 가죽 속에 짚을 꽉 채워 넣어 저잣거리에서 전시했다. 누가 이런 공포 분위기 속에서 계속 살고 싶겠는가. 이븐 바투타 역시 9일 동안 무장한 감시인들에게 잡혀 있는 경험을 한 후에는 도망갈 궁리를 하지 않을 수 없었다. 그래서 자신은 순례를 계속하고 싶으니 떠나게 해달라는 청원을 했는데 돌아온 답은 쿠빌라이 칸에게 특사로 가라는 명령이었다. 노예와 첩들 그리고 1,000명의 호위 기병을 거느리고 멀리 중국으로 여행 겸 도망을 갈 수 있게 되었으니, 그야말로 전화위복이 된 셈이다.

그러나 이 사절단은 델리를 떠난 직후부터 반란 세력과 비적 떼의 공격을 받았다. 죽을 뻔한 위기들을 넘기며 우여곡절 끝에 이븐 바투타는 동남아시아를 거쳐 중국에 닿았다. 그토록 어렵사리 중국에 도착했지만, 정작 그 이후 여행 기록은 너무나 간소해진다. 육로와 운하로 수천 킬로미터를 여행했다는데 그가 기록하는 내용은 다른 지방에 대한 서술과 비교하면 특기할 사항이 거의 없다. 기껏 기록했다는 게 여행 중에 낯선 음식과 불편한 숙소로 고생했다거나 중국인들이 그를 속였다는 이야기뿐이다. 그에게 이 이교도 국가는 모든 것이 낯설고 불편하고 알 수 없는 세계였던 모양이다. 중국에서 지폐가 쓰인다는 사실도 그에게는 멍청한 관습으로 느껴질 뿐이다.

> 중국 사람들은 디나르나 디르함 같은 금은 경화硬貨를 사용하지 않는다. 금은 경화가 생기기만 하면 주조하여 덩어리를 만든다. 매매는 지폐를 통해 이루어진다. 지폐는 손바닥 크기의 종잇조각인데, 술탄의 옥새가 찍혀 있다. (……) 만일 어떤 사람이 은화나 금화를 가지고 시장에 가서 물건을 사려고 하면 시장에서는 받지도 않거니와 거들떠보지도 않는다.

오늘날 이 중국 여행 자체가 아예 없었던 일이고 단지 주워들은 이야기로 이 부분을 쓴 게 아닐까 의심하는 학자도 많다. 술탄의 임무를 수행하기 위해 공식 사절로 중국에 갔다고 하는데, 중국 측이나 인도 측이나 이와 관련된 기록이 전혀 없기 때문이다. 게다가 그가 직접 보았다는 기록 중에 사실과 맞지 않는 내용도 많다. 예컨대 이런 식이다. "그곳에는 비단이 대단히 흔하다. 누에가 과실에 붙어서 그 과실을 파먹고 살기 때문에 먹이가 별로 필요 없으니 비단이 흔할 수밖에 없다. 비단은 구차한 사람들의 옷감이다. 상인들이 아니었다면 비단은 아무런 가치도 없었을 것이다. 면옷 한 벌에 비단옷 몇 벌을 바꾼다." 이것은 분명 잘못된 정보이다. 그가 정말로 중국에 가기는 했을까? 사실 그의 중국 관련 기록은 그 여행의 중요도에 비하면 분량이 지나치게 적고 서술도 너무나 소략하다. 우리말 번역본의 경우 모두 1,000쪽이 넘는 이 방대한 책에서 중국에 관한 부분은 30쪽이 채 안 된다! 그가 중국에 아예 발을 들여놓지 않았을 수도 있고, 혹은 중국에 갔다 하더라도 그의 사고 체계가 너무나도 이슬람 세계 중심이어서 중국 문명에 대해서는 눈길이 가지 않았을 수도 있다.

장기간의 여행을 마치고 1349년에 고향인 모로코에 돌아왔을 때 그의 나이는 벌써 40대에 들어서 있었다. 어머니는 6개월 전에 흑사병으로 죽었고 고향에는 그를 알아보는 사람이 거의 없었다. 그가 할 수 있는 일은 평생 하던 대로 궁정에 찾아가서 자신을 광고하고 보호를 요청하는 것뿐이었다. 전 세계를 돌며 보고 들은 이야기가 좀 많은가. 그래서 모로코 왕에게 접근했는데, 이게 웬일인가, 왕은 말로 듣기보다는 글로 써 온 것을 읽겠다고 하지 않는가! 그는 꼼짝없이 눌러앉아서 1,000쪽짜리 책을 쓸 수밖에 없었다. 『여러 지방의 기사奇事와 여러 여로旅路의 이적異蹟을 목격한 자의 보록寶錄』을 써 내려가는 작업에 2년 정도의 시간이 소요되었다. 오늘날 그가 쓴 이 원본은 사라지고 전해지지 않는다. 우리가 보는 『여행기』는 당대의 명문장가인 이븐 주자이 알 칼비의 윤문과 요약 작업을 거친 결과물이다.

이슬람 세계의 형성과 팽창

이븐 바투타의 『여행기』에 그려진 세상은 이슬람교로 통합된 거대한 세계다.

이슬람교는 세계의 주요 종교 가운데 가장 늦은 시기인 7세기에 성립되었지만, 성립 이후 동서남북 모든 방향으로 빠르게 퍼져갔다. 그리하여 이븐 바투타가 여행 다니던 무렵 그 영향력은 스페인에서 중국 변경에 이르는 유라시아 대륙 중심부의 광대한 지역에다가 북부아프리카까지 포함된 거대 공간으로 확대되어 있었다. 어떻게 그런 일이 가능했을까? 우선 이 점에 대해 간단히 살펴보도록 하자.

이슬람교의 성립 사정에 대해서는 여러 해석들이 존재한다.

무슬림들의 전통적인 견해는 당연히 마호메트 자신에게서 설명을 구한다. 아라비아 서부의 상인 부족에 속했던 마호메트는 탄생지인 메카 근처의 산에 들어가 명상에 잠기는 일이 많았다. 그러던 어느 날, 그 앞에 천사 가브리엘이 나타나 신의 계시를 알렸다. 그는 곧 사람들에게 신의 뜻을 전하며 다녔다. 무슬림들의 견해에 따르면 마호메트는 아브라함, 모세, 예수를 비롯한 기존의 유대교·기독교 예언자들의 계보를 잇는 존재이지만, 그가 최후의 예언자로서 가장 중요한 메시지를 전달한다(이슬람교에서 보는 예수는 인류 역사상 마지막에서 두 번째 예언자인데, 그가 자신의 미션을 완수하지 못해 알라가 마지막 예언자로 마호메트를 선택한 것이다). 서력 622년 메디나에서 내분이 일어났을 때, 이 지역은 마호메트를 신의 메시지를 전하는 예언자로 받아들이고 그를 초빙하여 분란을 조정해달라고 부탁했다. 그러므로 이 해는 인간 사회가 처음으로 신의 메시지를 받아들여 새로운 공동체 움마Umma를 만든 중요한 해이기 때문에 이슬람력의 원년이 되었다. 그 후 마호메트의 3대 후계자(칼리프)인 우트만Uthman 대에 이르러 그때까지 구전으로 전승되던 마호메트의 가르침들을 모아 편집했으니 이것이 '쿠란'이다. 이런 설명에 따르면 이슬람교의 성립은 당연히 알라의 뜻에 의한 것이다.

19세기 말에 유럽 학자들은 이와 같은 전통적인 이슬람 텍스트에 대해 전혀 다른 해석을 시도했다. 마호메트 탄생 이전인

6~7세기에 메카를 중심으로 원거리 교역이 크게 발전했고, 그 결과 이 지역에 심각한 사회 문제들이 발생했다. 사회·경제적 불평등이 심해졌고 부자들에 대한 빈민들의 예속 현상이 심화되었다. 이런 상황에서 마호메트는 부족적인 단위를 해체하고 유일신이라는 최상의 권위에 근거하여 광범위한 범-아랍 공동체를 만들고자 했다는 것이다. 신 앞에 모든 사람이 평등하다는 원칙을 수용하는 공동체에서는 불평등이 완화되고 모든 종류의 특권이 제거될 수 있었다. 자연히 빈민, 노예, 여성 등 차별받던 사람들부터 새로운 종교에 호응하기 시작했다. 이러한 사회·경제적 해석은 제법 그럴듯해 보이지만 100퍼센트 타당하지는 않다. 당시 메카는 상업 세계의 중심지가 아니라 변방에 불과했다는 점이 밝혀져서 이 해석의 근거가 흔들리게 된 것이다.

최근 제기되는 새로운 해석은 기존의 자료와는 아예 다른 문서들, 즉 그리스, 헤브루, 시리아, 이집트, 아르메니아인 등 비무슬림들의 기록을 이용하여 새로운 내용을 제시한다. 쿠란이나 기타 전통적인 이슬람 내부의 자료보다도 이런 자료들이 오히려 마호메트 당대의 사정을 상세하게 알려줄 수도 있다. 연구 결과는 기존에 알려져 있던 내용과 너무 달라서 때로 충격적이기까지 하다. 메카가 아닌 아라비아 북부에서 이 종교운동이 시작되었으며, 중심지도 메디나가 아니라 팔레스타인이었다는 점 등이 그런 내용이다. 더군다나 이슬람교는 마호메트에 의해 단번에 완성된 형태로 등장한 것이 아니라 그 이전 수 세기 동안 유일신의 믿음 체계가 서서히 진화해오고 있었는데, 여기에는 특히 유대교의 종말론적 사고가 깊은 영향을 끼쳤고 또 아라비아반도의 여러 이교 신앙 요소들이 합쳐졌다는 것도 밝혀냈다.

이렇게 형성된 이슬람교는 아주 빠른 속도로 퍼져나갔다. 이슬람교로 무장한 아랍인들의 정복의 연대기를 보면 놀라움을 감출 수 없다. 이들은 마호메트의 사망(서기 632년) 직후인 634~638년에 시리아를 정복했고 637년에 예루살렘을 정복했다. 640~642년에는 이집트를, 637~638년 페르시아와의 카디시야 전투 승리 이후 메소포타미아를 정복했으며, 니하반트 전투(642년) 이후에는 아랍인들이 이란 고원에 진입해 들어갔다. 그 후 아프리카 북부지역을 정복하고, 여세를 몰아 지브롤터 해협을 넘어 이베리아반도를 정복했다(711~712년). 동쪽에서는 695년과 715년 사이에 트랜스옥사니아(오늘날의 우즈베키스탄과 타지키스탄)와 신드가 정복되었다.

숨 가쁘게 진행되던 아랍의 팽창은 8세기 초에 이르러 정체 단계에 들어갔다. 715년 탈라스 전투에서 아랍군이 중국에 승리를 거두어 동쪽으로는 중국 변경까지 확대된 후 안정되었고, 북쪽으로는 674~678년과 717~718년 두 차례에 걸쳐 콘스탄티노플 공격이 실패로 돌아감으로써 비잔틴 제국이 방어에 성공했다. 서쪽에서는 732년에 푸아티에 전투에서 프랑크족 군대에 패해서 유럽 내의 팽창이 멈추었다. 유럽의 여러 역사학자들은 만일 푸아티에 전투에서 기독교 전사들이 승리하지 못했다면 노트르담 성당 자리에 모스크가 세워졌을 테고 유럽인들은 모두 쿠란을 읽고 있었을 것이라며 가슴을 쓸어내렸다.

8세기 초의 시점에서 보면 스페인으로부터 인더스강 유역과 신장에 이르는 광대한 땅에 3,000만~3,500만 명의 인구가 거주하는 거대한 이슬람 제국이 형성되어 있다(이 인구는 세계 인구의 6분의 1에 해당하는 것으로 추정된다). 이 광대한 제국은 소수의 아랍인 지배자가 나머지 대다수의 사람들을 지배하는 구조였다. 750년 기준으로 보면 대부분 지역에서 10~30퍼센트가 지배자들이고 70~90퍼센트가 피정복민이었다. 고작 수만 명의 전사들에 의해 어떻게 이런 엄청난 정복이 이루어졌을까?

아랍계 무슬림의 정복 및 팽창은 결코 단순한 현상이 아니다. 여기에서 우선 '아랍화'와 '이슬람화'를 구분할 필요가 있다. 아랍화는 아랍인들이 다른 민족을 지배하고 타 민족이 아랍 문화를 받아들이는 현상이고, 이슬람화는 해당 지역의 기존 종교가 이슬람교로 대체되는 현상이다. 이 두 가지가 늘 동시에 일어나는 것은 아니다. 정복 초기에는 시리아, 이라크, 이집트, 그리고 스페인에서 아랍화가 이슬람화보다 선행했다. 예컨대 이집트에서는 12세기 이후 콥트교(이집트 내의 기독교 분파)가 크게 후퇴했지만 그래도 여전히 무슬림만큼이나 기독교도들이 많았다. 스페인에서도 기독교 공동체(모자랍)가 존재하지만 이들의 아랍화가 진행되었다. 다시 말해서 발전된 아랍 문화를 수용하되 이슬람교는 받아들이지 않는 것이다. 반대로 이란에서는 아랍화보다는 이슬람화가 더 진행되었다. 이슬람교는 일찍 받아들였지만 아랍 문화를 곧바로 수용하지는 않고 자신들의 전통문화를 굳게 지켜낸 것이다.

다만 시간이 지나면서 이런 지역들에서 서서히 무슬림이 증가하는 이슬람화 현상이 강화되었다. 서기 1000년 기준으로 이란 인구의 90퍼센트, 시리아와 이라크인의 70퍼센트, 스페인과 이집트인의 50퍼센트 정도가 무슬림으로 추정된다. 여기에서 흥미로운 예외는 이란 지역이다. 이란의 경우 이 광대한 이슬람 제국의 중심부에서 가장 무슬림 인구가 많지만 동시에 아랍화가 가장 덜 된 지역이었다.

이상에서 보았듯이 초기 이슬람교의 확산은 종교운동이자 강력한 군사적 팽창이었다. 그 과정은 처음부터 문제없이 이루어진 것은 아니었다. 초기 형성기에 무슬림 공동체는 사실 매우 취약했다. 신의 계시가 권위의 근간이라는 점부터가 문제였다. 계시를 받았다는 예언자 마호메트가 막강한 권위를 과시하며 이끌어가는 한 문제가 없지만 그가 죽은 뒤에도 계속 같은 권위가 유지될지는 의문이 아닐 수 없었다. 과연 632년 마호메트가 사망했을 때 큰 위기가 닥쳤다. 지난 10년 동안 그의 존재가 강력한 종교적·정치적 리더십을 제공해왔는데 이제는 어떻게 할 것인가? 일부 부족들은 아예 이 공동체에서 빠져나갈 수도 있었고, 일부는 또 다른 예언자를 맞이하려는 움직임도 보였다. 이런 상황에서 첫 번째 후계자인 아부 바크르Abu Bakr는 이 불안한 상태를 완전히 장악하고자 했다. 어떤 부족도 빠져나가지 못하게 강력하게 통제하고, 또 다른 새 예언자를 운위하는 것을 방지하기 위해 마호메트가 마지막 예언자라고 선언했다. 그리고 이런 금지 조치를 위반하는 부족들에 대해 전쟁을 선포했다. 이처럼 외부의 적이 아니라 내부의 아랍 부족들에 대한 전쟁이 먼저 시작된 후 곧 외부 세계로 전쟁이 확대된 것이다. 일단 전쟁이 시작되자 종교적 열정이 지속적으로 타올랐다. 전쟁의 결과 부와 토지가 재분배되면서 종교적 이상을 실현할 수 있다는 확신이 더욱 강해졌다. 이런 강력한 동력이 작동하여 이슬람 세계는 끝없이 확산된 것이다.

초문명권

이븐 바투타가 돌아다닌 세계는 이런 식의 팽창이 어느 정도 완결된, '이슬람의 집(다르 알 이슬람Dār al-Islām)'이라 불리는 초문명이었다. 이 세계는 다르 알-살람Dār al-Islām('평화의 집')이지만 그 바깥의 세계는 다르 알-하릅Dār āl-Harb('전쟁의 집')이다. '이슬람의 집'은 정말로 엄청나게 큰 집이어서, 단지 하나의 문명이 아니라 그것을 초월하는 더 큰 개념으로서 아라비아, 페르시아, 중앙아시아, 동남아시아, 북아프리카 등 여러 문명이 공존하고 있다.

어떻게 여러 문명이 하나의 종교 안에 조화롭게 자리를 잡을 수 있었을까? 사실 이슬람교는 각 문명에 대해 상당히 관대했다. 또 이슬람교를 수용하는 입장에서도 새 종교가 자신들의 기존 문화 요소와 비슷한 측면이 많았기 때문에 비교적 쉽게 받아들였다. 예컨대 동물 희생이나 세정식洗淨式, ritual ablution은 조로아스터교와 비슷하며, 예배 동안 머리를 감추는 관습이나 할례 같은 것은 유대교와 비슷하다. 축제 후 한 달 동안 금식하는 것은 여러 종교 집단이 공유하는 사항이다.

이슬람은 개종을 적극 권하되 공존 혹은 종합의 정책도 폈다. 이슬람은 여러 종교 및 언어 공동체들을 수용하여 하나의 세계-문명으로 통합하는 성향을 띠었다. 결과적으로 이슬람권의 확대는 최초의 지구적 문명global civilization으로 발전했다. 7~17세기의 1,000년 동안 이슬람권을 중심으로 구세계의 모든 문명들(유럽, 이란, 산스크리트, 말레이-자바, 중국)이 서로 접촉하게 되었다. 이슬람권 주변의 상이한 문명 요소들이 들어와서 아랍 문명과 섞였다. 특히 그리스, 페르시아, 인도 문명의 특징적인 요소들이 섞여 풍요로운 발전을 이루었다.

이슬람권은 여러 문화를 흡수하고 한쪽에서 다른 쪽으로 전달하는 기능을 했다. 예컨대 중국과 전쟁을 벌이는 과정에서 제지술을 배우고 이것을 사방에 전파했다. 이슬람교는 쿠란을 믿고 이것을 보급해야 하므로 '책의 문명'이라는 특징을 띠었다. 이럴진대 제지술은 각별한 의미를 지닌다. 농산물의 보급 또한 매우 중요했다. 무슬림들은 가는 곳마다 새로운 작물들을 보급하며 농업 혁신을 일으키곤 했다. 711년 신드 지방을 정복한 후 인도 작물이 보급된 것은 그중에서도 특별한 의미가 있다. 굳은밀, 사탕수수, 벼, 수수, 바나나, 오렌지, 레몬, 라임, 수박, 시금치, 가지, 그리고 무엇보다도 면화가 인도에서 이슬람권의 중개를 통해 들어온 중요한 작물들이다. 이것들은 인도에서 이슬람권에 들어왔다가 이라크로부터 서쪽으로 보급되어 스페인까지 전해졌다. 그리고 바다를 통해서는 마다가스카르까지, 또 카라반을 통해서는 사하라 너머 열대 서부 아프리카까지 전달되었다. 더 나아가서 13세기부터는 이런 작물들이 스페인, 시칠리아, 사이프러스를 통해 유럽 내부 지역으로도 전달되었다. 새로운 작물과 함께 매우 발달된 관개 기술도 함께 전달되어 각 문명권의 물질적 기반이 심대한 변화를 겪었다.

물질문명뿐만 아니라 정신문명 역시 마찬가지다. 그리스와 인도 등 고대에 찬란한 문명이 발달했던 곳에서 많은 지식들이 이슬람권에 들어가 그곳에서 보존되었다가 후대에 본고향으로, 혹은 다른 문명권으로 전달되었다. 흔히 유럽의 르네상스 시대를 언급하며 고대 그리스 로마의 문헌들이 아랍 세계에서 보존되었다가 '재발견'되어서 유럽 근대 문화 발전의 기반을 닦아주었다는 이야기를 한다. 이때 주의할 점이 한 가지 있다. 그러한 설명은 자칫 고대 그리스 로마의 지식이 아랍권에서 '냉동 상태'로 보존되었다가 유럽에 그대로 전달되었다는 것으로 비칠 수 있다. 그러나 사실 아랍에서 스페인을 거쳐 유럽 대륙으로 넘어간 지식은 고대 그리스의 지식 그 자체라기보다는 그리스, 인도, 이란 지식의 합금 상태였던 것이다.

이븐 바투타가 돌아다니며 확인한 것이 이런 것이다. 그는 철두철미한 무슬림으로서 이슬람 세계를 더욱 잘 이해하고자 했다. 그는 '이슬람의 집' 안에서 편안함과 익숙함을 느끼며 이 세계의 탄탄한 인프라를 이용하며 여행했다. 세계는 다양하지만 그것은 말하자면 알라가 창조한 세계의 찬란한 변주variation에 불과하다. 그가 숙지하고 있는 이슬람법이 이 세계 내에 거의 똑같이 통용되고, 학식 있는 사람들은 모두 아랍어로 소통했다. 물론 그는 그 바깥 세계도 돌아다녀봤지만 이슬람 세계만큼 큰 관심을 두지는 않았다. 그에게 이교도의 세계는 어쩌면 굳이 알아야 할 필요가 없는 곳일지도 모른다.

그의 바로 직전 세대 여행자인 마르코 폴로(1254~1324)와 비교해보면 이 점이 더 명확해진다. 폴로는 중세 유럽의 기독교도 여행자이다. 당시 유럽은 유라시아 전체의 판도에서 보면 경제적으로나 정치·군사적으로나 변방의 약소 지역이라 해도 크게 틀린 말이 아니었다. 몽골이 막강한 힘으로 광대한 제국을 건설한 이 시대에 폴로 일행은 거의 전적으로 몽골 칸의 호의에 힘입어 여행을 완수했다. 폴로는 기본적으로 자신의 세계보다 우월한 지역을 여행하면서 그곳의 사람과 관습 등에 큰 관심을 두고 가급적 많은 것들을 보고 기록하고자 했다. 한마디로 그는 자신의 고향 너머 외부 세계를 꼼꼼히 눈여겨보는 관찰자였다. 이 점에서 자기 문명 내부로 눈을 돌린 이븐 바투타와는 근본적으로 다르다.

이븐 바투타의 편력은 바로 그 세계의 속성을 그대로 반영한다. 모로코에서 동아프리카, 인도, 중앙아시아, 동남아시아, 중국 일부 지방에 이르기까지 그가 다닌 곳은 각기 독특하게 발전된 문명을 가지고 있으면서도 이 전체가 통합된 이슬람권이었다. 그곳은 하나의 믿음 체계와 하나의 법 체계 속에서 운영되는 자체 충족적인 세계이다. 이 안에서 상인들이 오가며 상품이 유통되고, 지식과 정보가 원활하게 전달된다. 전성기를 구가하던 시대의 이슬람권은 그 자체가 하나의 우주였다. 이븐 바투타는 그 광대무변의 세계를 안내하는 대기록을 남겼다.

04

광기에 찬 차르

: 이반 뇌제의 러시아 만들기

러시아는 광활하다. 1,700만 제곱킬로미터에 달하는 국토는 지구 전체 육지 면적의 10퍼센트에 해당한다. 이 넓은 땅에 러시아계를 중심으로 모두 128개 민족들이 모여 살고 있다.* 이 나라는 국토의 많은 부분이 북위 50도 이북에 위치하여 겨울에는 눈과 얼음으로 뒤덮인다. 북극권에 속하는 야쿠티아에서는 영하 71도를 기록한 적도 있다. 국토의 60퍼센트가 영구 결빙토이며, 대부분의 해안 지역은 겨울에 결빙되어 발트해나 흑해 혹은 우

* 땅이 광대하다 보니 오히려 인구가 부족한 형편이다. 러시아 인구는 현재 1억 4,300만 명으로, 강대국의 지위를 유지하기에는 많이 부족한 수이다. 더구나 1990년대부터 어려운 경제 사정과 어우러져 인구가 감소 추세를 보여 이대로 가면 조만간 러시아인이 지구상에서 사라지고 나라가 망할지 모른다는 위기감이 팽배했었다. 2009년에 들어 인구 감소세는 진정되었고 그 후 미약하나마 증가 추세로 돌아섰다.

리나라 동해안에서 부동항을 얻고자 하는 것이 역사적으로 늘 러시아의 중요한 전략 과제였다. 그러나 동토만 있는 것은 아니어서, 남쪽의 카스피해 근처에는 반건조 지대와 반사막 지역도 펼쳐져 있다. 이런 사정으로 인해 국토의 대부분은 농작이 힘든 불모의 땅이고 경작지는 7.7퍼센트에 불과하다. 그렇지만 이 7.7퍼센트가 사실은 한반도의 여섯 배에 달하는 130만 제곱킬로미터나 되어 농사지을 땅이 부족한 것은 결코 아니다. 특히 흑토 지대는 아주 비옥하여 러시아의 곡창 지대를 이룬다. 과거 이 나라를 방문한 서구의 여행자들은 지평선 끝까지 펼쳐진 광대무변한 검은 땅 위에서 순박하게 살아가는 농민들의 모습을 지켜보았다. 누구는 거기에서 잔인한 귀족에게 학대당하는 슬픈 피지배민의 참담함을 보았고, 누구는 도스토옙스키처럼 "이 세상에 유일하게 신을 가슴에 품고 살아가는 민족"의 성스러움을 보았다.

춥고 광활하고 신성한 이 땅이 처음부터 거대 제국을 이룬 것은 아니었다. 근대 이전 러시아 땅 위에서 펼쳐진 역사를 보면 우랄산맥 서쪽 지역에 여러 공국公國들이 분할되어 서로 경쟁하는 가운데, 폴란드와 리투아니아, 특히 몽골의 침략을 받아 풍전등화의 위기에 자주 처하곤 했었다. 그즈음 장래의 대제국 러시아를 만들어간 중심 국가로 떠오른 것이 모스크바 공국이었다. 스텝 지역 한가운데 외떨어져 존재하는 도시와 그 주변 지역으로 이루어진 미미한 세력이었던 모스크바는 14~16세기 동안 몽골에 저항하는 중심지로서 부상하며 세력을 키워갔다. 주변의 공령公領들을 통합하며 영토가 열 배로 성장했고, 조만간 시베리아로 무한 팽창해갈 준비를 하면서 강력한 전제 왕정으로 발전해갔다. 유라시아 대륙 전체로 보면 아직 미력한 소국이었지만, 이들은 신이 이 나라를 통치하는 성스러운 국가라는 강력한 신념을 가지고 있었다. 이 나라의 통치자들은 자신이 황제와 동급이고 주변 국가의 왕들을 한 수 아래로 보는 기개 또한 가지고 있었다. 시작은 미미하나 끝이 창대할 것이 분명했다. 대제국을 향한 도약을 시작한 인물은 이반 4세, 흔히 이반 뇌제雷帝, Ива́н Гро́зный, Ivan the terrible라고 불리는 미스터리로 가득한 차르이다.*

유년기로부터 차르까지

이반 4세(1530~1584)의 별칭 '그로즈니Groznyi'는 벼락 치듯 끔찍하고terrible 무시무시하다는fearsome 뜻이지만, 엄정함과 엄청난 위엄, 특히 상대에게 공포를 불러일으키는 가공할 힘이라는 함의도 가지고 있다. 그래서 전적으로 부정적인 폭군을 뜻하는 것이 아니라 러시아 혹은 소련을 일으켜 세워야 하는 강력한 지도자가 마땅히 갖추어야 할 자질을 가리키기도 한다. 그는 어떻게

* 러시아사 일반에 대해서는 다음의 개설서가 유용하다. 니콜라스 V. 랴자놉스키 외, 『러시아의 역사』, 조호연 옮김, 까치, 2011.

하여 '그로즈니'한 인물이 되었을까?

그의 부친 바실리 3세가 사망했을 때 이반은 고작 세 살이었다. 결국 모후 옐레나가 섭정했지만, 실제로는 모후의 숙부인 글린스키 공, 그리고 그의 사망 후에는 그녀의 정부情夫 텔렙네프-오볼렌스키에 의존하여 통치했다. 그러나 섭정을 수행한 지 몇 년 후인 1538년 옐레나마저 갑자기 사망했다. (아마도 실권을 쥐고 있던 강력한 대귀족들인 보야르를 무시했다가 독살되었을 가능성이 높다.) 이후 보야르 측 내부에서 극렬한 권력 투쟁이 일어나 투옥과 망명, 처형과 살인이 일상적으로 이루어졌다.

어린 나이에 부모를 모두 잃은 예민하고 조숙한 어린아이에게 걸핏하면 칼부림과 독살이 자행되는 궁정은 분명 좋은 교육 환경은 아니었다. 아무리 어려도 그가 분명 왕이므로 공식적인 자리에서는 모든 사람이 그에게 극진하게 충성을 다하는 모습을 보였지만, 그 자리에서 벗어나면 노골적으로 무시하며 모욕하는 태도를 보였다. 그런 상황 속에서 영명한 소년 군주 이반은 어떻게 처신하면 좋을지를 스스로 깨달아갔다. 우리로 치면 중학생 나이인 15세 즈음에 그는 당시 모스크바를 실질적으로 통치하던 대귀족인 안드레이 슈이스키를 체포해 처형했다. 후일 그 스스로 즐겨 말했듯이 이것이 '그의 첫 번째 정치 행위'였다. 한두 해 뒤에는 아마도 자신의 친구였다가 갈등이 벌어진 15세의 한 귀족 자제를 죽였고, 자신의 친족 중 한 명의 혀를 뽑으라고 명령하기도 했다. 차츰 이와 유사한 일들이 빈번하게 일어났다. 궁정 내 인사들과 그들의 자식들에 대해 살상 행위를 하는 데에 거리낌이 없었다. 꼭 이반의 경우만이 아니라 당대에는 이런 정도의 폭력이 일반적이었다. 이 상황을 다른 각도에서 해석해보면, 보야르의 힘이 아무리 세다 한들 감히 차르를 대적하거나 제거하려 할 수는 없었다는 것을 알 수 있다. 귀족들로서는 넘을 수 없는 한계가 있었던 셈이다. 그들은 판이 뒤집어질 정도로 지나친 카오스 상태를 초래해서는 안 된다는 데에 암묵적 합의를 하고, 그 한도 안에서 차르에 밀착하여 한 조각의 권력이라도 붙잡기 위해 치명적인 싸움을 벌였다.

1547년 1월 16일, 17세의 나이에 이반은 마카리우스 총주교가 집전하는 가운데 차르로서 대관식을 거행했다. 그의 할아버지와 아버지도 가끔 차르라 불린 적이 있지만, 차르라는 이름으로 대관식을 한 것은 이반이 처음이다. 차르라는 말은 로마 제국 황제인 '카이사르Caesar'에서 나온 말로, 비잔틴 제국의 황제나 몽골의 칸을 가리킬 때에나 쓰이던 말이었다. 공식적으로 차르를 선언함으로써 자신이 지상신국地上神國의 통치자임을 주장하고 나선 것이다. 그에 걸맞게 경외심을 불러일으키도록 정교하게 구성한 대관식은 비잔틴 제국의 전례典禮에서 차용했다.

동로마 제국의 후신인 비잔틴 제국은 늘 모스크바 공국에 모범을 제공해왔었다. 그러나 1453년 오스만튀르크가 콘스탄티노플을 정복함으로써 비잔틴 제국은 멸망했다. 이제 동방정교회Eastern Orthodox Church 국가는 불가리아, 조지아, 모스크바 3국으로 축소되었다. 그러나 불가리아는 곧 튀르크에 정복당했고, 조지아 역시 미력한 처지여서, 실질적으로 남은 곳은 모스크바 하나였다. 이 나라의 엘리트들은 영적인 면에서 비잔틴 제국의 계승자임을 자처했다. 모스크바는 두 번째 로마(비잔틴 제국)가 몰락한 후 세 번째 로마가 되었으며, 앞으로 네 번째 로마는 없을 것이라고 단언했다. 이 나라에서 정치와 종교는 굳게 연결되어 함께 움직였다.

차르로 등극한 이반은 같은 해에 보야르 가문 중 하나인 로마노프가의 아나스타샤와 결혼했다. 당대의 거의 모든 정략결혼과 달리 두 사람의 결혼 생활은 진정 행복했던 것 같다. 게다가 그녀는 정치적으로 매우 총명한 조언을 한 것으로 알려졌다. 그러나 이들의 결혼 생활이나 정치 상황이 오랫동안 평온하지는 못했다. 그가 대관식을 한 1547년 여름은 비정상적으로 더위가 맹위를 떨쳤고, 큰 화재가 일어나 목재로 된 이 도시를 휩쓸어 수천 명이 사망했다. 더구나 이때 크렘린의 종탑이 무너지자 민중들은 이를 마녀 탓으로 돌리며 많은 무고한 사람들을 죽이고 그들의 머리를 효수梟首했다. 곧 보야르에 도전하는 민중 봉기가 일어나 차르의 숙부를 살해한 후 이반의 거처에까지 군중들이 몰려왔다. 당시 많은 기록들은 차르가 패닉 상태에 빠졌다고 증언한다.

다음 날, 이반은 민중의 뜻에 따라 보야르의 위세를 꺾어놓기로 결심했다. 마카리우스 총주교는 이반에게 능력 있는 인재들을 모아주었다. 이것을 계기로 완전하지는 않지만 근대 국가의 관료제라고 할 만한 것이 준비되었다. 그리고 당시 다른 유럽 국가들의 신분제 의회와 유사한 기구인 젬스키소보르zemskii sobor를 정식으로 소집했다. 그는 자신이 추구하는 개혁 조치를 이 기구에 설명한 후 이를 승인받아 수행했다. 또 군대 조직도 훌륭하게 재편했다. 기존 군대에 소총부대를 더한 이 군사적 개선은 주변 지역들과 전쟁을 벌이고 더 나아가서 대외 팽창을 모색하던 당시로서는 매우 적절한 조치였다. 이때까지 타타르계 한국汗國들에게 공격을 당하던 모스크바가 이때를 기점으로 오히려 그들을 공격하는 쪽으로 방향이 바뀌었다.

이반은 1552년 몽골 세력의 마지막 보루였던 카잔한국을, 그리고 1554년에는 아스트라한한국을 점령했다. 이로 인해 모스크바는 볼가강의 접근로를 확보했다. 이반이 차르라는 이름으로 제위를 차지했지만, 실질적으로 그 이름에 걸맞은 지위를 가지게 된 것은 카잔한국과 아스트라한한국을 정복한 이후로 보아야 한다. 프랑스의 역사가 페르낭 브로델은 이 두 사건을 유라시아 역사의 큰 흐름을 전환시킨 결정적 계기로 해석한 바 있다. 이제까지는 유목민족들이 유라시아 대륙 중앙부에서 동서 방향 혹은 남북 방향으로 횡행하다가 기회가 닿는 대로 농경 지역으로 공격해 들어감으로써 큰 충격을 가하곤 했지만, 이제 동쪽에 중국이 버티고 서 있는 데다가 서쪽에 모스크바까지 강력하게 제동을 걸어 유목민족들이 오도 가도 못하는 포위 상태에 들어가게 되었다는 설명이다. 유목민족들이 큰 세력을 이루어 정주 문명을 위협하고 파괴 혹은 정복하는 일은 점차 수그러들었다. 타타르계 한국 중 마지막으로 크림한국만 남았는데, 모스크바는 이곳으로도 깊숙이 공격해 들어갔다. 더 나아가서 북서 방향으로 리투아니아에 대해 공세를 취하고, 무엇보다도 동쪽으로 우랄산맥을 넘어 시베리아로 정복해 들어가는 대장정이 시작되었다.* 모스크바는 아직은 강대국이라 할 수 없는 처지였다. 영토는 프랑스만 한 크기로 성장했으나 인구는 고작 200~500만 명 정도였고, 모스크바 시 자체의 인구는 약 10만 명으로 추산된다. 그러나 이제 이 나라는 모스크바가 아니라 러시아라고 불리며 본격적으로 제국 건설을 향해 팽창해나가기 시작했다.

이렇게 보면 이반의 통치 전반기는 야만적인 폭력 사태가 없지 않지만 유독 끔찍하거나 공포에 찬 시대라기보다는 오히려 선정善政의 시기라고 해석할 측면도 있다.

이반의 변신

역사가들은 흔히 이반의 시대를 합리적인 전반기와 광기에 찬 후반기로 나누곤 한다. 어떤 이유에서 훌륭한 통치자로부터 광

* 시베리아 정복은 국가가 직접 주도한 것이 아니라 스트로가노프 가문이 국가의 지원을 받아 수행하는 방식으로 진행되었다. 실제 전투와 정복을 담당한 집단은 변경 지역에서 살아가는 반유목 자유민들인 코사크였다. 이들은 초기의 패배 이후 지속적으로 공격을 감행하여 1586년에 튜멘, 1587년 토볼스크와 같은 요새 도시들을 건설해나갔다.

기 어린 잔혹한 전제군주로 바뀌게 되었을까?

이반은 점차 보야르와 격한 투쟁에 들어갔다. 그는 갈수록 조언 집단을 멀리하고 개인적 권력을 강화하며 절대적 통치 방식을 이루고자 했다. 그의 목표는 중앙집권화된 전제 국가였을 것이다. 그러나 그런 목표를 순조롭게 수행하기 전에 개인적으로 여러 문제에 봉착했다.

1553년 그는 중병에 걸려 사경을 헤맸다. 병상에 누운 그는 자신이 죽을 것으로 예상했고, 그래서 궁정의 모든 신하들에게 그의 아들 드미트리에게 충성을 바칠 것을 요구했다. 그런데 병에 걸려 덜컥 드러눕고 보니 충격적이게도 그에게 적대적인 보야르뿐 아니라 측근들마저 자신의 뜻에 반대하는 것을 목도하게 됐다. 반대하는 사람들은 우선 이반의 아내 아나스타샤가 왕이나 공prince의 가문이 아니라 그보다 아래 수준으로 기껏해야 자기네들과 동급인 보야르 가문 출신이라는 점을 지적했고, 또 아들 드미트리가 아직 미성년자여서 그가 차르가 되면 또다시 정국이 어지러워질 것을 염려했다. 우여곡절 끝에 어렵게 충성서약을 받아내기는 했지만 이반은 병상에 누워 있는 동안 이 모든 과정을 지켜보았고, 이때의 일을 결코 잊지 않았다. 이반이 완쾌되어 병상을 박차고 일어났을 때에는 재앙이 떨어질 만반의 준비가 되어 있었다. 그러던 차에 1560년, 사랑하는 아내 아나스타샤마저 사망했다. 사실 여부는 불확실하지만, 그는 아내가 독살되었다고 확신했다. 차르의 분노는 폭발했고, 피바람이 일었다.

재판 절차도 무시한 채 많은 사람들이 처형되었고, 다수의 귀족들은 살아남기 위해 리투아니아를 비롯한 외국으로 망명했다.

30대에 들어서자 그는 더욱 종잡을 수 없는 별난 행태를 보이기 시작했다.

1564년, 이반은 갑자기 모스크바를 떠나 100킬로미터 떨어진 알렉산드로프의 수도원으로 들어가서 추종자들과 함께 검은 수도사 옷을 입고 지냈다. 그곳에서 그는 실로 기이한 행동을 했다. 표면적으로는 일부러 기독교를 버린 것처럼 보이려고 노력하는 것 같았다. 그는 부하들과 함께 술을 마시고 마스크를 한 채 광대와 춤을 췄으며, 교회 안에서 유혈 사태도 자주 일으켰다. 수도원에서 벌이는 이런 '악마적인 향연'에 대한 비난이 일자 그는 돌연 총주교에게 양위讓位를 하겠다는 편지를 보냈다. 보야르들과 시민들은 돌아와줄 것을 호소했고 이반은 두 가지 전제 조건을 제시했다. 첫째, 오프리치니나라는 특별 구역을 창설하고 이곳은 차르가 재량대로 통치할 수 있게 해달라. 둘째, 악당들과 반역자들에 대해서는 차르가 적합하다고 생각하는 대로 처벌하고 재산을 몰수하는 권리를 갖는 것을 승인해달라. 국토를 둘로 나누어 각기 다른 방식으로 통치하겠다는 것이나 반역자들을 '내 밸 꼴리는 대로' 처벌하겠다는 것 두 가지 모두 상식적으로 받아들이기 힘든 끔찍한 조건임에 틀림없었다. 그렇지만 결국 이반은 이 두 가지 조건을 승인받고 1565년 2월, 모스크바로 귀환했다.

국가를 두 개의 권역으로 나눠 그중 하나를 자신이 직접 통치한다는 이 이상한 조치에 대해서는 역사가들이 아직도 그 의도를 정확히 파악하지 못하고 있다. 차르가 직접 통치하는 오프리치니나는 모스크바 공국 영토의 3분의 1에 해당한다. 보야르가 통치하는 그 나머지 땅은(모스크바 시도 여기에 포함된다) 젬시치나라 불렸다. 자세한 내막은 알려지지 않았으나, 결과적으로 이 조치가 이반의 권력 강화의 한 방편이었음은 분명하다. 이 조치로 인해 귀족들의 영지 소유와 주민들의 지배 체제를 크게 바꾸었으며, 결국 그들의 권력 기반을 흔들어놓은 것으로 보인다.

권력 강화에 더 직접적으로 활용된 기구는 오프리치니키라는 조직이었다. 이는 말하자면 일종의 헌병 혹은 비밀경찰 조직이었다. 처음에 1,000명으로 시작되었다가 나중에 6,000명으로 늘어난 이 기구는 차르의 적을 잡아 파멸시킨다는 목적을 가지고 만들어졌다. 이들은 검은색 옷을 입고 개 대가리와 빗자루를 매단 검은 말을 타고 다녔다. 그 뜻은 차르의 적을 물어뜯고 쓸어버리겠다는 것이었다. 본격적인 공포정치가 시작되었다. 점점 많은 사람들이 체포되었고, 그들의 가족, 친척, 친구, 하인들도 함께 사라졌다. 체포된 인사의 재산은 몰수되거나 아예 불태워졌다. 차르의 심기를 과하게 건드린 경우에는 끔찍한 응징을 당했다. 1570년에 배반죄로 정죄된 노브고로드 지역이 대표적인 사례다. '피와 불의 진압'을 통해 이 도시는 완전히 불타고 파괴되었다. 누구든 언제 죽임을 당할지 모르는 상황이었다. 목숨을 구하고자 하면 수도사가 되어 피신하는 게 상책이었다.*

이 당시 이반은 분명 정서적으로 심각한 문제를 안고 있었다. 사랑하는 아내 아나스타샤를 잃은 후 여섯 번이나 다시 결혼했지만 안정을 찾지 못했다. 분노가 폭발할 때마다 그는 반역자들을 색출하여 잔인하게 처형했다. 그는 오프리치니키와 함께 직접 반역자를 고문했고 사지 절단, 십자가형, 가죽 벗기기, 솥에 집어넣고 물로 삶기, 화약통 위에 앉히고 폭발시키기 등 말로 다 할 수 없는 악행을 저질렀다.

오프리치니나 정책은 완전한 실패였다. 너무나 많은 학살이 자행되었고, 경제가 피폐해졌다. 그러나 그 과정을 통해 그가 막강한 권력을 얻은 것은 분명하다. 그는 확실하게 '귀족 분쇄자'라는 명성을 확보했다. 세속 귀족이든 고위 성직자든 감히 대드는 자들을 아예 제거해버렸다. 그의 정책을 비판했던 총주교 필립도 살해되었다. 이반은 민중들의 지지 위에 자신의 절대 권력을 구축했다. 그렇다면 민중들은 그동안 그들을 착취하던 지배층으로부터 해방된 것일까? 무자비한 방식으로 권력을 장악한 이반 뇌제를 흠모하던 스탈린은 그 과정에서 하층민이 해방되었다고 해석했지만, 이는 사실과 다르다. 보야르가 몰락할 때 그 밑의 농민들도 덩달아 희생될 수밖에 없었다. 차르로서는 귀족

* 심문 과정 중 사람들을 숯불 그릴에 굽는 고문을 가했다. 대주교에게는 곰 가죽을 입히고 사냥개들을 풀어 쫓도록 했고, 수많은 사람들을 강물에 던져 넣고는 오프리치니키들이 보트를 타고 돌아다니며 물 위로 떠오르는 사람들을 갈고리나 몽둥이로 물속에 도로 밀어 넣었다.

층이 자신의 통치와 군대의 핵심 기반이었으므로 이들이 완전히 몰락하도록 방치할 수는 없었다. 따라서 그에게 충성하는 귀족의 농민 지배를 강화시켜주었고, 그 때문에 러시아의 예농제는 더욱 심화되었다. 말하자면 귀족들이 농민들을 확고하게 지배하도록 만들어주고 그 귀족들의 충성을 확보함으로써 차르 자신의 권력을 강화한 것이다. 서구에서 농민들이 봉건적 예속 관계에서 해방된 시점에 러시아에서는 오히려 농민들의 지위가 갈수록 악화되어갔다.

광기와 합리성

피에 굶주린 듯한 이반의 행적 뒤에는 분명 광기가 번득인다. 그가 행한 이상한 행위의 정점은 아들을 살해한 사건이었다. 1581년 11월 9일, 그는 아들을 뾰족한 몽둥이로 찔러 중상을 입혔고, 이 상처로 인해 며칠 뒤 아들은 결국 사망했다.

이반의 성격이 비정상적인 면모를 띤 것은 부인할 수 없는 사실이지만 이 모든 일들을 그 개인의 이상 성격만으로 다 설명할 수는 없다. 그의 광기는 역사의 긴 흐름에서 보면 합리적 목표 달성이라는 맥락 속에서 발현된 광기로 해석할 수 있다. 스스로는 인식하지 못했을 테지만 그는 자신이 역사적으로 담당해야 하는 시대의 과업을 충실히 수행한 셈이다. 이반의 시대는 러시아가 중앙집권적인 국가 체제를 만들어가고 동시에 대영토를 지배하는 대제국으로 발전하는 결정적 전환점이었다. 그의 광기는 이런 흐름 속에 위치해 있다. 예컨대 오프리치니나는 보야르의 이해 관계에서 국가를 떼어내어 독립시키기 위한 것이었다. 차르에 대한 위협을 제거하고 군주에 절대적 충성을 바치는 봉사 귀족(신분에 의해 귀족이 된 게 아니라 군주에게 충성을 다하여 그에 대한 보상으로 귀족이 된 경우를 말한다)을 형성한 그는 프랑스의 루이 11세나 영국의 헨리 8세처럼 근대 국가의 정초를 놓은 국왕으로 평가할 수 있다. 다만 그 방식은 분명 서구와 많이 달랐다. 그는 잔혹하기 이를 데 없는 행위를 통해 당대인들의 상상력을 장악하는 스펙터클을 보임으로써 독재 권력을 강화했다. 그 이면에서 우리는 러시아의 독특한 종교 문화를 읽을 수 있다.

1567년 이반 페오도로프가 차르에 대한 반역죄로 체포되었다. 그런데 이때 그의 처형은 실로 이상한 방식으로 진행되었다. 그에게 차르 옷을 입힌 뒤 홀을 쥐고 왕좌에 앉도록 하여 마치 그가 차르가 된 것처럼 만든 후 모든 궁정인이 보는 앞에서 주살誅殺한 것이다. 당시 궁정인들은 모두 단도로 그를 찌르도록 강요당했다. 왜 이런 일을 했을까? 짧은 순간이나마 페오도로프를 왕좌에 앉혀 자리를 바꾼 것은 카니발처럼 '뒤바뀐 세상'을 연출한 것이다. 모든 카니발이 그렇듯이 이것은 한시적인 비정상 상태를 통해 오히려 원래 세상의 정상성을 확인하는 기능을 한다. 이를 통해 차르는 권력의 신성한 독점을 역설적으로 천명한 것이다.

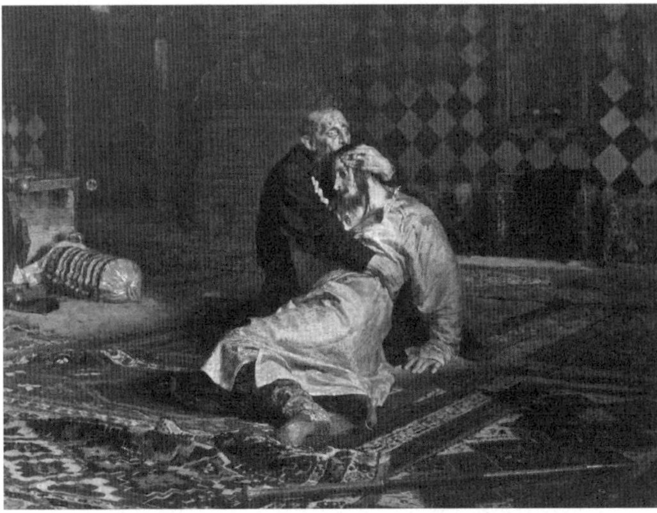

「폭군 이반과 그의 아들 이반, 1581년 11월 16일」(일리야 레핀 作).
이반 뇌제가 그의 아들을 뾰족한 막대기로 찔러 치명상을 입혔다.

1575년, 젬시치니나를 몽골계 공 시메온 벡불라토비치의 지배하에 둔 것 역시 그 비슷한 의미로 해석된다. 그는 킵차크한국 칸의 손자이며 정교로 개종한 인물이었다. 이반은 그를 왕좌에 앉히고 차르라고 불렀다. 지금까지 러시아인들이 치열하게 싸웠던 적의 최고위 지배자의 자손을 자신의 상관인 듯 모시고, 심지어 자신은 아예 왕궁을 떠나 마치 그의 신하인 듯 처신했다. 그러고는 1년 후에 돌아와 자기 지위를 모두 되찾았다.

이처럼 이반은 간혹 이성적으로 설명하기 힘든 전도와 도치의 행위를 하곤 했다. 그 의미는 무엇이었을까? 이는 자신의 권력 근거를 초월적인 신성성에서 구하려는 의도로 보인다. 이것

「오프리치니키」(니콜라이 바실례비치 네브레프 作).
반역죄로 체포된 페오도로프를 차르로 분장시켜 왕좌에 앉혀놓았다.
오프리치니키와 궁정인들이 단도로 그를 찌르기 직전이다.

은 '예수에 미친 광인' 혹은 '예수에 빠진 바보'라는 러시아의 특이한 종교 전통에서 설명을 찾을 수 있다. 모스크바의 성 바질 같은 인물이 대표적인 사례이다. 그런 사람은 모든 재산을 버리고 사회생활을 포기한 채 숨어 살다가 광인을 가장하고 나타나 일부러 굴욕적인 행위를 한다. 예컨대 여자들 사이를 벌거벗고 돌아다니거나 교회에 돌을 던지는 식이다. 그 의미는 표면적인 모습과는 정반대로 사람들의 성적 타락을 비난하고 '신의 집'에 접근하는 악마를 쫓는다는 것이다. 이런 인물들은 이성을 버리고 전적으로 신앙에 헌신함으로써 신적인 진리에 도달했다고 주장한다. '예수에 미친 광인'은 도치된 행위를 통해 신의 언어를 표현하는데, 이는 세속의 법을 초월한다. 이반 역시 이런 식의 정치 언어를 구사한 셈이다. 이성보다 신앙을 극상의 위치에 놓고 신의 뜻을 받아 통치한다고 주장하는데, 이렇게 되면 표면적으로는 미친 행위를 하는 것으로 보이지만 더 높은 차원에서는 이 세상에서 신의 질서를 구현하는 합리적 지배가 되는 것이다. 이런 방식으로 정치권력을 장악하고 행사함으로써 러시아는 서구식 절대주의 국가와 다른 전제 국가가 되었다.

통치 후기에 이르러 이반은 지극한 종교적 경건성을 보였다. 그는 계속 종교 서적을 읽고 기도하고 새로운 성인들을 배출했다. 참회의 행위로 자신이 살해한 사람들의 이름을 전부 모아 그들의 영혼을 위해 기도를 올리기도 했다(공식적으로 확인된 희생자의 수가 4,095명에 이르렀으니, 기도 시간이 제법 길었을 것이다!). 그는 한없이 난폭하게 정의를 실현하다가도 곧바로 관대하고 자애로운 면모를 보였다. 사실 이렇게 온탕·냉탕을 제멋대로 왔다 갔다 하는 것이야말로 '그로즈니'한 독재자의 전형이다. 언제든지 죽일 수 있고 언제든지 사랑할 수 있다는 것, 언제든지 애증의 방향을 바꿀 수 있다는 것, 그보다 더한 공포는 없으리라.

1584년 이반은 54세에 갑자기 사망했다. 이 나라의 정치 전통에 충실하게도 이반 역시 독살되었다는 설이 계속 제기되고 있지만, 진실이 밝혀지지는 않았다. 그에게는 살아남은 두 명의 아들이 있었는데, 그중 연장자인 표도르(테오도르라고도 한다)가 차르가 되어 통치했다(1584~1598). 그는 보리스 고두노프의 누이동생인 이리나 고두노프와 결혼했다. 심신이 미약한 그를 대신해 그의 매형인 보리스 고두노프가 권력을 행사했는데, 그의 능숙한 외교술로 인해 이 시기에는 비교적 안정을 구가했다.

그 무렵 돌발적인 사건이 발생했다. 이반의 또 다른 아들 드미트리가 자기 집 안뜰에서 목이 베어져 죽은 시체로 발견된 것이다. 당시 그의 나이는 9세였다. 사람들은 폭동을 일으켰고, 이 집의 경비원들을 의심하여 그들을 살해했다. 공식 조사위원회는 드미트리가 칼을 가지고 놀다가 간질 발작을 일으켜 자기 스스로 치명상을 입은 것이라고 발표했다. 그러나 당시나 혹은 후대의 많은 사람들은 보리스 고두노프가 그를 죽였다고 의심했다. 그리고 이 설은 푸슈킨이나 무소르그스키 같은 예술가들의 작품을 통해 더욱 확산되었다.* 그러나 실상이 어떤지는 알 수 없다.

표도르가 아들을 남기지 못하고 1598년에 죽은 후 그동안 실권을 장악했던 보리스 고두노프가 차르가 되었기 때문에 더욱이나 그가 어린 드미트리를 죽였을지 모른다는 의심이 커졌다. 보리스 고두노프가 차르로 등극한 이후 최악의 시기가 도래했다. 계속된 흉작으로 러시아는 소위 '고난의 시대'를 맞았고, 농민 봉기가 자주 일어났다. 바로 그즈음 이전에 죽었다는 드미트리가 나타났다. 세상에는 죽은 것으로 알려져 있었지만 사실은

* 알렉산드르 세르게비치 푸슈킨, 『보리스 고두노프』, 석영중 옮김, 열린책들, 1999.

살아서 어딘가에 숨어 있다가 위난의 시대에 나라와 민중을 구하기 위해 홀연 나타났다는 신화적인 방식이 작동한 것이다. 가짜 드미트리는 세 번이나 등장했는데, 그중 한 번은 귀족들의 추대를 받아 실제로 제위에 올라 1년 동안 차르 행세를 하기도 했다. 대혼란은 1613년에 로마노프왕조가 들어서서야 종식되었다. 이때 들어선 로마노프왕조는 러시아 혁명이 일어난 1917년까지 300년 넘게 존속했다. 그러나 이반의 시대부터 나타난 '진실과 허위를 헤아리기 힘든 미친 권력 현상'은 그 후로도 계속 가짜 차르와 가짜 차레비치(차르의 아들)가 등장하도록 만들었다. 이러한 '참칭僭稱' 현상은 러시아의 정치와 사회 및 문화에 자주 보이는 중요한 현상으로 자리 잡았다. 심지어 20세기에도 가짜 레닌이나 가짜 스탈린 아들이 나타나서 사람들을 미혹시켰다.

이반의 그림자

이반이 만든 전통은 긍정적이든 부정적이든 러시아의 역사에 긴 그림자를 드리우고 있다. 서구에서는 이반 뇌제를 주로 피에 굶주린 광인의 이미지로 그리는 경향이 있다. 물론 그의 잔인성이 분명 도를 넘었고, 그가 정신적으로 불안정했다는 데에는 의심의 여지가 없다. 그렇지만 러시아 내부에서 그리는 그의 이미지는 많이 다르다. 많은 러시아 역사가들은 그의 통치기에 영토가 확대되고 통치기구가 정비되어 모스크바 공국이 크게 강성해진 것을 강조한다. 민간 전승에서는 그의 이미지가 더 긍정적이다. 그는 엄격한 차르로서 귀족들에 대해서는 적대적이었지만 백성들에게는 친구였다는 식이다. 20세기에도 지식인들은 그를 싫어했지만 일반인들의 인식은 많이 달랐다. 러시아는 때로 '그로즈니'한 지도자 동무를 원하는 것 같다. 푸틴과 같은 강력한 마초 스타일의 카리스마를 내뿜는 인물이 인기를 누리는 것 역시 이런 전통에서 유래된 것이다.

테러와 감금, 살인 등 무자비한 조치를 구사하며 권력을 잡은 스탈린이 아마도 이반의 전통에 가장 근접한 인물로 보인다. 그는 자의적 폭력을 행사하며 능란하게 권력을 장악한 이반 뇌제의 방식에 감탄하여 영화감독 예이젠시테인에게 이반 뇌제에 대한 영화를 만들 것을 지시했다. 이 영화를 만든 동기를 이해하려면 2차 세계대전 당시 소련과 스탈린이 처한 상황을 고려해야 한다. 독일군이 모스크바를 향해 진격해오는 국가 위기의 상황에서 스탈린은 강력한 지도력으로 외적을 막고 국가를 구한 이반 뇌제 같은 인물을 영화화하여 제시함으로써 자신을 같은 성격의 영웅으로 미화하고자 했던 것이다.

예이젠시테인은 「폭군 이반」을 3부작으로 구상했다.* 1부는 1942~1944년 사이에 촬영했고, 1944년 말에 개봉되었다. 민족

* Sergei Eizenshtein, 「Ivan Groznyi」. 우리나라에는 '폭군 이반'이라는 제목으로 DVD가 출시(1999)되어 있다. (1부, 1944년, 99분/2부, 1958년, 88분)

영웅으로 묘사된 영화 속 이반의 모습은 스탈린의 마음에 쏙 들어서 이 영화는 〈스탈린상〉을 수상했다. 2부 '보야르의 음모'는 1946년에 촬영이 완료되었다. 그러나 이 필름은 검열 과정을 통과하지 못했다. 누가 봐도 이 필름 속 이반은 부당하게 국가 테러를 자행하는 흉악한 인물이다. 이 당시 에이젠시테인은 죽은 레닌의 동료로서 누구도 건드릴 수 없는 전설적인 권위를 가진 인물이었기에 망정이지 그렇지 않았다면 강제 수용소로 직행했을 것이다. 사형이나 수용소행은 면했지만, 더 이상 영화 제작을 할 수 없게 되었고, 이미 찍은 2부 필름은 상영 불가 판정을 받았으며, 촬영 중이던 3부 필름도 압수되었다. 2부 필름은 스탈린의 사망 이후 흐루시초프 시대에 검열이 완화되었을 때 뒤늦게 개봉되었다. 에이젠시테인이 사망한 후 10년이 지난 뒤였다.

이 영화에서 에이젠시테인이 그리는 이반 뇌제의 모습은 당시 스탈린의 전제적 통치를 비난하는 메타포로 읽힐 가능성이 농후하다. 사실 에이젠시테인은 혁명 1세대의 정치가와 예술가들이 그러했듯 매우 지적이었고, 또 정치적 성향으로는 민중들의 자발성을 강조했다. 그가 만든 영화 「전함 포템킨」을 보라. 혁명적 거사를 시도하는 이 영화에서 특별한 주인공은 따로 없으며, 전함 그 자체, 달리 말하면 전함의 수병들 모두가 주인공인 셈이다. 그러나 이제 스탈린과 같은 혁명 2세대가 권력을 잡았을 때, 강력한 전제권력을 잡은 통치자들은 민중의 자발성보다는 지도자의 힘을 강조했다. 그리고 헤겔의 철학서적을 읽는 레닌과 같은 지식인 출신이 아닌 노동자·농민층에서 배태된 이 지도자들은 엘리트 예술가들이 만든 난해한—달리 말하면 그들끼리만 알아먹고 고상한 척하지만 재미라고는 하나 없는—작품들을 증오했다. 그래서 시골의 농민들이나 공장 노동자들이 봐도 재미있고 쉽게 이해되고, 또 그런 가운데 지도자 동무의 탁월한 능력이 노골적으로 강조되는 그런 작품을 만들라고 강요했다. 그런 작품은 할리우드 영화처럼 뛰어난 주인공이 등장하여 그를 중심으로 스토리가 전개되고, 선악 구분이 뚜렷한 상황에서 결국 주인공으로 대표되는 이데올로기가 장엄한 승리를 거두는 것이어야 한다. 스탈린이 예이젠시테인에게 만들라고 한 것도 그런 영화였다.*

그런데 영화 2부에서는 감독의 삐딱한 시선이 뚜렷하게 느껴진다. 스탈린이 원한 것은 위대하고 현명한 인물인 이반이었다. 스탈린이 생각할 때 이반의 잔혹한 행동은 러시아의 구원이라는 이유로 정당화되어야 한다. 그런데 이 작품에서 이반은 시커먼 수염을 단 마술사 같은 모습을 하고 복잡한 미로 속에 숨어서 자기 마음대로 권력을 행사하는 흉악한 인물로 그려져 있다. 이반에 대한 비난은 곧 스탈린에 대한 비난으로 연결될 수 있는 상황이었고, 검열 당국이 이를 눈치 못 챌 리가 없었다. 오랫동안 이 영화가 개봉되지 못한 데에는 이런 이유가 있었다.

* 마르크 페로, 『역사와 영화』, 주경철 옮김, 까치, 1999.

세월이 흘러 소련이 해체되고 러시아는 원래의 모습을 되찾아 가고 있다. 인민의 아편이라 비난받던 러시아정교가 제자리를 찾은 것이 한 예다. 그러나 세계 초강대국의 지위, 대제국의 위엄을 잃어가는 러시아는 그동안 잊고 있던 전통을 회복하려 하는 것 같다. 러시아를 다시 일으켜 세울 강력하고 신적인 지도자가 필요하지 않은가. 그러기 위해서는 폭력도 불사하며 거의 종교적 카리스마를 가진 인물이 나와야 한다. 시대의 싸움에는 다른 어떤 대의를 뛰어넘는 명료한 방향 지시가 필요하다. 그리스도와 적그리스도의 싸움에 중간이란 없는 법이다.

러시아 각지에 이반 뇌제의 동상이 다시 건립되고, 부분적으로나마 스탈린이 구국의 대장군으로 복권되는 현상도 보인다. 과거 제국의 찬란한 꿈을 되살리려는 러시아의 광활한 땅에 '그로즈니'한 이반의 그림자가 길게 드리워져 있다.

05

신은 목마르다

: 아스테카 제의와 기독교의 만남

1519년 4월, 스페인 출신의 군인 모험가인 에르난 코르테스는 600명의 부하들을 이끌고 멕시코의 유카탄반도에 상륙했다. 당시 그곳에는 수백만 명의 인구를 가진 강력한 아스테카 제국이 자리 잡고 있었는데, 코르테스는 단 2년 만에 이 광대한 제국을 정복했다. 어떻게 그런 일이 가능했을까? 스페인 원정대의 무력이 강하기도 했지만, 현지 세력이 분열되어 일부가 스페인인들과 동맹을 맺었고, 또 유럽인들이 자신도 모르게 들여온 천연두를 비롯한 각종 전염병들이 현지인들에게 엄청난 피해를 입혔기 때문이기도 하다. 하여튼 적어도 만 년 이상 떨어져 살던 유럽인들과 아메리카 주민의 조우는 피비린내 나는 정복 전쟁으로 귀결되었다. 이런 파괴와 정복 이후 아메리카 선주先住 문명은 완전히 사라져버린 것일까? 그렇지는 않다. 역사가들은 유럽 문명과 '인디오' 문명이 섞여 새로운 멕시코가 만들어졌다고 말한다.*

인신 희생 그리고 성스러운 폭력

코르테스는 아스테카 제국을 정복하는 과정에서 이 지역의 여러 부족들이 행하는 기이한 현상들을 목격했는데, 그 가운데 특히 가공할 만한 일은 인신 희생 제의였다. 본국의 황제에게 보낸 보고서에서 그는 이렇게 설명하고 있다.

> 그들은 매일 어떤 일을 시작하기 전에 신전에 향을 피우고, 가끔은 자기 자신들 중 누군가를 희생 제물로 바치는데, 어떤 때는 칼로 자신의 혀나 귀를 자르고, 어떤 경우는 자신의 몸을 찌릅니다. 그래서 흘러나오는 피를 신전 안의 우상에게 바치고, 신전 여기저기에 뿌리며, 혹은 공중에 내던지는 등 여러 의식을 행하고, 이런 희생 의식을 마치고 난 다음에야 하루 일을 시작합니다. 또 그들은 반드시 추방하지 않으면 안 되는, 그리고 다른 어떤 곳에서도 유례를 찾아볼 수 없는 너무나도 가공스럽고 구역질 나는

* 인디오(스페인어) 혹은 인디언(영어)이라는 말은 물론 콜럼버스가 아메리카 대륙을 아시아로, 즉 아메리카 원주민을 인도인으로 착각했기 때문에 만들어진 잘못된 용어이지만 워낙 관습적으로 많이 사용되기 때문에, 이 글에서도 그대로 쓰기로 한다.

관습을 가지고 있는데, 그것은 우상들에게 뭔가를 청할 때 자신들의 소원이 더 잘 받아들여지도록 여러 명의 소년 소녀들, 혹은 어떤 경우에는 성인들을 신전에 데려와 살아 있는 상태에서 가슴을 갈라 심장과 내장을 꺼내어 우상 앞에서 그것을 태우고 그 연기를 우상에게 제물로 바치는 것입니다. 우리들 중 여러 명은 이것이 지금까지 살아오면서 목격한 것 가운데 가장 잔인하고 소름 끼치는 광경이었다고 말합니다.*

학살을 밥 먹듯이 자행하여 잔인성 면에서 타의 추종을 불허하던 스페인 전사들이 보기에도 너무나 충격적이라고 고백하는 이런 인신 희생이 실제로 있던 것일까? 사실 위의 보고문 중 심장과 내장을 태워 그 연기를 우상에게 제물로 바친다는 설명은 부정확한 것이며, 실제로는 심장을 꺼내 의례용 돌그릇에 넣어 신에게 바쳤다. 하여튼 신전에서 희생자들을 죽이는 의식이 치러졌다는 것은 의심의 여지없이 분명한 사실로 밝혀졌다. 예컨대 고대 멕시코의 부족 중에서 가장 광적인 의식을 행했던 것으로 알려져 있는 메시카족의 경우를 보면 실로 다양한 인신 희생제의를 거행했다. 폭풍과 비의 신인 틀랄록Tlaloc을 기쁘게 하기 위해 수십 명의 어린이를 소용돌이치는 물속에 던져버리거나 산에 설치된 제단에서 희생시켰다. 어떤 축제에서는 노파의 목

* 에르난 코르테스, 『코르테스의 멕시코제국 정복기 1』, 김원중 옮김, 나남, 2009, pp. 63-64.

을 자른 뒤 한 전사가 그 잘린 머리채를 잡고 마구 흔들면서 온 도시를 돌아다녔고, 봄의 신인 시페Xipe에게 예배드리기 위해 한 사제가 희생된 사람의 가죽을 뒤집어쓰고 거리를 돌아다니기도 했다.

지금까지 학자들은 콜럼버스 이전 시대의 아메리카 주민이 온화하고 평화적인 사람들이라고 믿어왔다. 비록 문화 수준은 높지 않지만 사악한 유럽인들에 비하면 이들이 오히려 선량하고 현명하게 살아간다는 소위 '선량한 야만인bon sauvage' 신화도 오랫동안 통용되었다. 반대로 유럽인들의 초기 기록 중에 아메리카 주민들을 '식인종'이라고 기술한 것들은 피정복민들을 의도적으로 폄훼하고 악랄하게 왜곡한 결과라고 생각했다. 그러나 최근 역사학과 고고학의 연구 결과 아스테카, 마야, 잉카 등 아메리카 문명권 주민들은 지극히 폭력적이며 인신 희생과 제의적 식인 풍습을 유지하고 있었다는 사실이 명백해졌다. 아니, 그런 관행이 단순히 존재한 정도가 아니라 사람을 죽이고 심장과 피를 바치는 제의가 이 문명들의 핵심 요소라고 보게 되었다.*

아메리카의 고대 문명권에서는 전쟁이 삶의 중심을 차지하고 있었다. 멕시코의 경우, 여러 왕국들이 치열하게 전쟁을 벌이는데 대개 세 개의 왕국이 동맹을 맺어 다른 왕국들을 지배하곤 했다. 특히 틀라코판, 테츠코코, 멕시코-테노치티틀란 동맹이 가장 크

* Christian Duverger, "Enquête sur un tabou", *L'Histoire*, no. 290, Septembre 2004.

고 강력했다. 전쟁이 빈번한 사회에서 엘리트 전사들은 특별한 삶을 누렸다. 그들은 평화 시기에는 코코아(신과 전사에게만 허락된 신성한 음료였다)를 마시고 많은 여자들을 거느리며 살았다. 그러다가 일단 전투가 벌어지면 미친 듯이 용감하게 싸웠고, 대개는 전장에서 죽거나 희생 제물로 돌 제단 위에서 생을 마쳤다.

주목해서 볼 점은 이 문명권에서 전쟁은 다른 지역의 전쟁과는 달리 종교적인 의미가 매우 강했다는 것이다.* 전쟁은 성스러운 경연이었다. 두 도시가 전쟁을 한다는 것은 곧 어느 도시의 신이 더 우세한지 전투를 통해 가리자는 의미였다. 그 때문에 양측이 동등한 출발선에 서서 전투를 시작해야 했다. 단순히 군인의 수가 많아서, 혹은 속임수로 이기면 승리의 가치가 사라졌다. 그렇기 때문에 심지어 상대방이 너무 기운다고 생각하면 자기 쪽 식량과 무기를 상대편에 나누어주고 싸우기도 했다. 승리한 쪽은 상대방 도시로 밀고 들어가서 약탈을 했는데, 그 클라이맥스는 상대 도시의 신전에 불을 지르는 일이었다. 그 후 전사와 민간인들을 포로로 잡아 귀환했다. 가장 중요한 포로는 적의 수호신상으로, 이 신을 잡아 와서 자기 도시의 신전에 가둔 후 상대방에게 공납을 부과했다.

이때 또 한 가지 중요한 사실은 될 수 있으면 적을 죽이지 않고 포로로 잡아 오는 것이었다. 이 문명권에서는 전쟁의 결과로

* Inga Clendienne, "Fierce and Unnatural Cruelty: Cortes and Conquest of Mexico", in Stephen Greenblatt, *New World Encounters*, University of California Press, 1993.

포로를 잡아 온다기보다는 차라리 포로를 만들어내기 위해 전쟁을 하는 것에 가까웠다. 이런 전쟁을 '꽃 전쟁xochiyaoyotl'이라고 부른다. 전투 방식은 매우 간단해서, 양측 전사들이 각자 상대편 전사 한 명과 맞붙어 결투를 벌인다. 포로로 잡는 것이 원래 목적이므로 상대를 죽이는 일은 거의 없고 상해를 입히는 정도에 그치며, 기껏해야 흑요석이 박힌 곤봉으로 쓰러뜨리는 정도이다. 최종적으로는 상대방의 머리 타래를 잡아서 제압하여 묶으면 싸움이 끝이 난다. 이렇게 잡은 포로는 끌고 가서 사제에게 넘겨주고, 그러면 적당한 시기에 희생물로 바쳐지는 것이다.

전쟁이 끝나고 나면 죽음의 의식이 뒤따랐다. 예컨대 메시카의 강력한 왕 아우이초틀이 우아스테카족을 상대로 벌인 전쟁은 수천 명의 적군과 남녀 아이를 희생 제물로 바치는 것으로 절정을 이루었다. 희생자들은 멕시코 계곡에 있는 네 개의 신전 계단 앞에 각각 한 줄로 서서 돌 제단에서 희생될 차례를 기다렸다. 그들은 죽음을 향해 걸어가면서 관습처럼 슬픈 새 울음소리를 냈다.*

전쟁 직후의 희생제 때 죽이고 남은 포로는 살려두었다가 다음번 중요한 제의 때 제물로 바쳐졌다. 희생제 때 죽은 사람들은 대개 전쟁 포로로 잡힌 성인 남성이었지만 어린이나 여성들이 희생되는 경우도 없지 않았다. 포로가 없는 경우에만 할 수 없이 노예를 죽여서 제물로 바쳤다. 하루에 수십 명 심지어 수백

* 멕시코대학원 엮음, 『멕시코의 역사』, 김창민 옮김, 그린비, 2011, pp. 64-65.

명씩 죽이는 제의가 흔히 20일 동안이나 지속되었으니 이런 식으로 희생되는 사람의 수가 얼마나 많았을지 상상만으로도 경악할 정도이다. 이런 통상적인 연례행사보다 더 큰 규모의 희생제는 신전의 완성과 같은 예외적인 축제 때 이루어진다. 1487년 멕시코시의 대신전 완공 축제 때에는 2만 명이 희생되었다 하고, 또 그 이전 시대의 기록에 따르면 나흘 동안 8만 명을 희생시킨 적도 있다고 한다! 당시 멕시코 계곡의 총 인구가 300만 명에 달했기 때문에 이런 엄청난 규모의 희생이 가능했을 것이다.

우리의 편견과 달리 아스테카 문명에서 인신 희생은 감추어야 할 비밀도 아니고 부끄러운 일도 아니었다. 그것은 축제나 공공의식에서 너무나도 빈번히 일어나는 자연스러운 일이었다. 옥수수 신이나 사냥의 신, 혹은 바람이나 비, 태양과 달, 산이나 들판 등 모든 숭배 대상에게 사람의 생명을 바쳤다. 코르테스 이후 기독교 전도를 위해 파견된 프란체스코회 수사들의 기록 역시 아스테카인들의 인신 희생이 예외적인 사건이 아니라 아주 널리 퍼진 관행이었다고 보고한다.

인간의 생명으로 우주를 살리다

이처럼 많은 사람을 죽이는 의례를 벌인 이유는 무엇일까? 그 이유를 알아보기 위해 우선 아스테카 제국에서 행한 인신 희생의 구체적인 방식을 살펴볼 필요가 있다.

인신 희생은 아주 엄격하게 규정된 절차에 따라 행해졌다. 희생자들을 끊임없이 자극하여 장시간 춤을 추게 하고, 밤샘과 금식을 강요했다. 힘을 빠지게 만드는 동작을 시키고 또 종종 고문을 가했으며, 그와 동시에 마약을 주어서 의식을 흐려놓았다. 하긴, 산 채로 가슴을 가르는 극단적인 고통을 맨정신으로 버틸 수는 없었을 것이다. 드디어 마지막 단계에 이르면 흰색 깃털로 몸을 장식한 희생자를 피라미드 꼭대기로 끌고 올라가서 돌 제단에 눕힌다. 그러면 사제는 날카로운 규석으로 만든 칼로 희생자의 옆구리를 째고 펄떡이는 심장을 꺼낸다. 이 심장을 의식용 그릇 안에 집어넣어 태양신께 바치는 동시에 희생자의 피가 피라미드 계단을 타고 흘러내리게 한다. 피가 다 빠지면 사체를 계단 밑으로 집어 던지고, 곧바로 다음 희생자를 끌어 올린다. 희생자의 사체는 그를 포로로 잡았던 전사에게 주었는데, 전사는 희생자의 머리를 잘라 트로피로 삼았다. 관자놀이 부근에 구멍을 뚫어 긴 장대에 꿰고 이것을 '촘판틀리'라 불리는 기념물 위에 설치한다. 촘판틀리는 거대한 주판처럼 생겼는데, 각각의 가로줄에는 사람의 머리가 염주처럼 꿰어져 있다(나중에는 실제 사람 머리가 아니라 돌로 사람 머리 형상을 만들어 표현하기도 했다). 남은 몸통과 내장은 버리고 팔다리만 잘라서 먹었다. 그 가운데 왼쪽 다리는 고귀한 부분이라 여겨 군주에게 바쳤다. 인간의 살을 먹는 데에는 여러 금기가 있어서 이에 따르면 사람 고기는 반드시 끓여서 양념 없이 먹어야 했다.

이런 설명을 보면 사람을 죽이는 행위가 신화 및 종교적 내용과 긴밀한 관련을 가진다는 것을 어렵지 않게 짐작할 수 있다. 특기할 사실은 이런 식으로 죽이고 사체를 먹는 것은 남성에게만 한정된 것이며, 여성의 경우는 참수했고 (아주 예외적인 경우가 아니라면) 사체를 먹지 않았다는 점이다. 또 한 가지 혼동하지 말아야 할 것은 이것이 사형과는 다르다는 것이다. 사형 집행은 투석(간통죄의 경우), 목 조르기, 혹은 곤봉으로 목을 치는 방식 등이 사용되었다.

그렇다면 사람의 목숨을 제물로 바치는 이유는 무엇일까?

그것은 아메리카 문명의 핵심을 찌르는 중요한 문제이다. 아스테카인들은 우주가 존립하는 데에는 에너지가 필요하다고 보았다. 태양과 달이 돌고 계절이 바뀌는 따위의 모든 일에는 자연히 에너지가 드는데, 이 에너지가 다하면 우주는 종말을 맞는다. 그것을 막는 유일한 방법은 사람들이 자신의 에너지를 공급하는 일이다. 태양과 대지는 기근과 갈증으로 고통받고 있다. 신은 피에 목말라하고 있다. 프랑스 혁명 당시 수많은 사람들을 기요틴guillotine으로 죽이는 것을 두고 '신은 피에 목마르다'는 표현이 쓰인 것 역시 여기에서 유래했다. 그래서 사람의 심장을 꺼내 태양에게 먹이고 대지에 피를 흘려주는 것이다. 사람은 자신의 삶을 살아갈 에너지를 가지고 있는데, 그것을 다 소진하지 않고 죽으면 남은 삶에 해당하는 에너지를 절약하게 된다. 이것을 바쳐서 우주를 존립케 하는 것이다. 잔인해 보이는 살인 행위 이면에는 이처럼 자신의 죽음으로 우주를 살린다는 심오한 철학이 숨어 있다.

우주의 핵심은 태양이다. 이 우주관에서 태양은 천상의 존재이자 동시에 지상의 존재이며, 낮과 밤의 이중적 성격을 다 가지고 있는 것으로 여겨진다. 태양을 나타내는 가장 흔한 이미지는 혀를 길게 뺀 사람 모양이다. 이 혀는 곧 우주적인 칼이며 이 칼로 사람의 심장을 꺼낸다. 혹은 피를 삼키기 위해 아가리를 벌리고 있는 짐승 모양으로 태양을 나타내기도 한다. 이런 이미지에는 독수리와 재규어가 자주 등장하는데, 하나는 하늘의 존재이고 다른 하나는 땅의 존재로서 둘 다 인간의 심장을 탐하는 강력한 포식동물이다.

이런 사상을 나타내는 데에 꽃 메타포가 자주 쓰인 점도 특이하다. 아스테카 유적 중에 꽃이 그려져 있는 경우 이것을 아름다움의 상징으로 해석하면 안 된다. 이는 대개 '꽃 같은 죽음, 죽음의 꽃'을 의미한다. 꽃은 목숨을 희생하는 것이 우주 에너지의 감퇴에 대항하는 싸움이라는 사실을 상기시키는 역할을 한다. 학자들은 이제 이런 시각으로 지난날 잘못 해석했던 아메리카의 유적들을 재해석하고 있다. 예컨대 테오티우아칸의 벽화에서 꽃의 꿀을 마시는 우아한 새들은 서정적인 풍경이 아니라 신이 인간의 피를 마시는 장면으로 새롭게 읽혀졌다.

지금까지 멕시코의 아스테카 문명에 집중하여 이야기했지만,

인신 희생에 의한 우주의 회생이라는 사상은 단지 이 지역만의 일이 아니라는 점을 기억해야 한다. 많은 학자들은 마야나 잉카, 혹은 아메리카의 다른 지역 대부분의 사람들이 이와 유사한 철학을 가지고 있음을 밝혀냈다.

예컨대 브라질에 처음 찾아간 유럽인들 역시 투피족 부족들 간에 계속 전투가 벌어지고 있으며, 포로들을 마을로 데리고 가서 의식적인 처형을 하는 것을 목도했다. 과시적인 폭력 행위, 그리고 희생자의 살을 석쇠에 굽는 현상 등은 멕시코와 기본적으로 똑같은 문화 요소임을 알 수 있다. 이에 대해서는 오랫동안 브라질 원주민에게 포로로 잡혀 있다가 가까스로 탈출한 한스 스타덴의 기록을 참조할 수 있다. 독일 출신 군인인 그는 브라질 탐사선단에 참여했다가 난파 사고를 당한 후 1552년에 내륙에서 투피남바족 사람들에게 사로잡혔다. 그들은 다음 축제 때 그를 희생시키기 위해 붙잡아두었지만, 그는 마을의 주요 인사들의 병을 고쳐준 덕분에 친교를 맺어 목숨을 구했다. 그 덕에 그는 투피남바족 사람들의 구체적인 면면을 생생하게 지켜볼 수 있었다. 전투에서 사로잡힌 포로들은 마을로 잡혀 들어가 오랜 기간 동안 죽음의 준비를 당했다. 우선 마을에 들어서자마자 여자들로부터 온갖 수모를 당하고, 머리카락을 잘리고 몸을 회색으로 물들인 다음 붉은 깃털을 꽂게 된다. 희생의 날이 되면, 우선 돌멩이가 박힌 막대기로 구타를 당한 다음 의식용 망치로 목덜미를 맞고 살해된다. 그 후 희생자의 뇌수는 잔에 모아지고 몸통 전체는 큰 석쇠 위에서 구워진다(바로 이 상황을 그린 그림이 통상적인 식인종의 이미지로 널리 쓰였다). 몸의 지방질이 타고 나면 사체는 잘게 잘린다. 팔다리가 선호되는 부위이지만, 나머지 살과 가죽 등도 모두 소비된다. 디테일은 다르지만 기본 성향은 멕시코의 아스테카 문명과 유사하다. 유럽인들은 처음 이 야만적 행위를 보고 조상의 원수를 갚기 위한 행위라고 잘못 판단했지만, 사실 이는 아주 복잡한 절차를 밟아 행하는 종교의식이었다. 한스 스타덴은 투피남바족의 동맹인 프랑스 출신인 척하며 살아남았다가 5년 만에 가까스로 도주했다.

페루 남부의 나스카족은 머리-트로피로 유명하다. 이는 분명 인신 희생의 결과물로 보인다. 이곳의 모든 성화에는 머리카락을 잡고 흔들거나 허리띠에 차거나 혹은 그 외의 다른 방식으로 머리-트로피를 장식용품으로 사용하는 모습들이 표현되어 있다. 승리를 거둔 전사 외에도 때로는 고양이나 독수리가 희생자의 머리를 취하는 모습이 그려져 있는데, 이는 육식동물로 표현된 태양이 틀림없다. 고고학적 발굴 결과 신전 아랫부분에서 실제 미라가 된 머리-트로피가 많이 발굴되었다. 그들은 희생자의 머리를 자른 후 상당히 세심한 처리 과정을 거쳐 트로피를 만든 것으로 보인다. 우선 눈과 입을 핀으로 꽂아 봉하고 후두부의 구멍을 통해 뇌수를 끄집어낸 다음 이마에 작은 구멍을 뚫고 그곳을 통해 끈을 넣어 고정시킨 것이다.

이렇게 보면 아메리카 전체에 인신 희생과 식인 의식이 퍼져 있었음을 확인하게 된다. 마치 유럽 대륙 전체가 지역마다 약간 다른 종교 의례를 갖고 있지만 기본적으로 기독교 신앙을 가지고 있듯, 아메리카의 고대 문명도 모두 약간씩 다른 의례를 발전시켰지만 큰 틀에서 유사한 종교 철학을 유지했다. 예컨대 여성의 사체를 먹지 않는다는 것은 어느 지역에서나 공통적으로 같았다. 이런 종교관행은 아메리카 최초의 문명 중 하나라 할 수 있는 올메카 시대부터 이미 유사한 형태로 존재한 것이 아닐까 학자들은 짐작하고 있다. 그러니까 콜럼버스가 아메리카에 도착했을 때에는 이미 3천 년에 걸친 인신 희생의 문화전통이 지켜져오던 터였다.

아메리카인들은 사람을 먹기 위해 죽이는 게 아니라 희생 제의를 거쳤기 때문에 사람을 먹는 것이다. 그 둘은 분명 다르다. 희생 제의의 핵심은 작은 부분을 희생해 전체를 살린다는 것이다. '꽃 같은 죽음'으로 우리 생명을 신에게 먹이는 이 행위는 고귀한 일일까, 야만적인 일일까.

'아메리카화'된 예수

유럽인들이 희생 제의를 보았을 때 '악마 같은 일'이라고 매도한 것은 쉽게 예상할 수 있는 일이다. 신부들은 그런 악마의 종교를 버리고 기독교를 받아들이라고 강요했다. 아메리카의 기존 종교와 기독교가 만났을 때 무슨 일이 일어났을까?

사실 아메리카에 도착한 스페인인들은 현지 주민들의 문화를 이해할 능력이 없었다.* 기독교 이외에 그들이 접해본 종교는 이슬람교와 유대교밖에 없었으므로, 인디언 종교 역시 그런 틀 안에서 이해했다. 아스테카의 신전을 모스크로, 인디언 사제를 무슬림 사제와 유사한 사람으로 이해하는 식이다. 그들은 곧 자신들과 인디언들의 관계를 구약에 나오는 이스라엘과 이교도 간의 투쟁이라는 틀로 이해하려 했다. 무엇보다 현지인들의 인신 희생 제의를 악마적인 행위로 규정하고 철저히 금지시키려 했다. 그러나 아메리카 문명권에서 인신 희생은 신과 인간 간의 관계를 강화시켜서 우주를 존재하도록 하는 심오한 의미를 지니는 너무나도 중요한 행위였으므로, 이것을 없애는 것은 아스테카 문명의 기반을 허무는 일이었다.

당시 이곳에 온 스페인 수도사들은 메시아주의를 견지하고 있었다. 그들은 종말이 가까웠으므로 하루바삐 세계의 모든 지역을 기독교화해야 한다는 사명감에 불타올랐다. 그런 만큼 이들의 전도 열의는 실로 대단하여 2천만 명의 인디언들 속으로 고작 수백 명의 수도사들이 용감하게 파고들어 갔다. 인디언 지도자들은 당연히 강하게 저항했다. 그러나 이런 저항은 곧 무력화되었고, 그들 자신이 먼저 기독교를 받아들인 후 일종의 문화

* Serge Gruzinski, "Les Christs sanglants des èglises mexicaines", *L'Histoire*, no. 290, Septembre 2004.

적 부역자가 되었다. 그보다 더 심각한 문제는 원주민 인구가 아예 궤멸되어갔다는 사실이다. 역사가들은 15세기 말에 2천만 명이었던 아메리카 원주민 인구가 한 세기 뒤에는 75만 명으로 급감했을 것으로 추정한다. 그 이후 서서히 회복세로 돌아섰지만 불어난 인구는 더 이상 원래의 문명을 그대로 간직한 과거 세계의 주민이 아니었다.

이런 상황에서 인신 희생 제의는 어떻게 되었을까? 놀랍게도 형태를 바꾸어 계속 유지되었다. 이를 이해하기 위해서는 먼저 아메리카의 기독교 전도의 실상을 살펴볼 필요가 있다.

수도사들이 행한 '영혼의 정복'은 오해와 타협 위에 이루어졌다. 선교사들에게는 무엇보다 언어 문제가 심각했다. 이들이 빠른 시간 내에 인디언 언어를 완전히 터득할 수는 없었으므로, 기독교를 설명하기 위해 인디언들의 종교적 용어와 형식을 차용할 수밖에 없었다. 선교사들은 자신의 주장을 잘 전달했다고 생각했겠지만 사실 인디언들은 그들에게 익숙한 단어들을 접하고서는 그들 나름으로 기독교를 이해했다. 이미지와 성인 숭배를 예로 들어보자. 수도사들은 성인들이 그려진 성화를 보여주며 이들이 하늘나라에 사는 인물이라고 말하려 했다. 그런 사실을 가르치기 위해 그들은 '이크시프틀라ixiptla'라는 용어를 사용했다. 그런데 나우아틀어로 이 용어는 신성성의 '직접적인 현존' 즉 신령스러운 존재나 기운이 서려 있다는 것을 뜻한다. 그러므로 수도사들이 성인화를 보여주면서 그 의미를 이야기했을 때 인디언들은 성인이 바로 그 그림 속에 실제 존재한다는 것으로 이해했다. 그림이 나타내는 성인을 숭배하는 게 아니라 바로 그 그림 자체를 신통한 힘의 실제로 숭배한 것이다. 선교사들은 자신도 모르게 우상 숭배를 가르친 셈이다.

이러다 보니 인디언들에게 기독교는 과거 신앙의 연속으로 이해되었다. 단지 새로운 신들이 과거의 신들을 대체했고 새로운 이름으로 불리게 되었을 뿐이다. 사실 가톨릭교회 역시 이런 점을 의도적으로 이용한 측면도 있다. 그들은 기독교 축제와 옛 축제를 동일시하려 했고, 현지인들의 옛 노래와 리듬을 그대로 사용하되 다만 기독교적인 가사를 거기에 붙였다. 자신들에게 익숙한 것들을 접한 인디언들은 훨씬 쉽게 기독교를 받아들였다. 교회 측에서는 시간이 지나면 인디언들이 과거의 이교 내용을 점차 잊어버리고 결국에는 순수한 기독교도가 될 것으로 기대했다. 그들은 어떻게 해서든 세례를 주어서 신자로 만들거나 기독교도 노예로 만들어 인디언들을 기독교 내로 끌어들이려고 했다.

그 결과 역설적으로 기독교가 '인디언화'되었다. 가톨릭교회는 그들이 주도적으로 복음을 전파해나간다고 믿었겠지만 오히려 기독교가 인디언 문화에 흡수되었던 것이다. 인디언들로서는 아직 그들에게 남아 있는 과거의 문화 요소들을 새로운 신앙과 뒤섞음으로써 연속성을 확보하고자 했다. 그 결과 멕시코의 가톨릭 신앙은 인디언적이고 혼혈적이고 민중적이 되었다.

'과달루페의 성모Nuestra Señora de Guadalupe'가 대표적인 예다. 원

래 멕시코시 북쪽의 테페약Tepeyac 언덕에는 일종의 지모신 같은 토난친Tonantzin 여신을 모신 작은 신전이 있었다. 스페인인들의 정복 때 이 신전이 파괴된 이후 프란체스코 수도회는 이곳에 작은 성낭을 건축해 이교 신전을 대체했다. 그렇지만 인디언들에게는 이것이 '대체'가 아니라 '연속'이었다. 그들은 계속해서 이곳에 순례를 왔고, 가톨릭 교회는 내용이 어떻든 이것을 용인했다.

약 20년 뒤에 대주교가 이 성당 안에 몰래 과달루페의 성모 그림을 갖다 놓았다. 그러자 이것이 인디언들에게 일종의 기적으로 받아들여졌다. 어느 날 갑자기 신령스러운 그림이 저절로 나타난 것으로 생각한 주민들은 점점 더 자주 이곳을 찾아왔다. 교회는 이런 상태를 의도적으로 이용해서 마리아 숭배를 확산시키려 했고 그런 의도로 전설을 하나 만들어 유포시켰다. 그 후 1648년에 멕시코 대성당의 한 참사회원이 이에 대한 책을 씀으로써 전설의 내용이 완전히 사실처럼 굳어졌다. 그 내용은 이런 식이다. 후안 디에고Juan Diego라는 인디언이 꽃을 따러 갔는데 그에게 성모가 나타났다. 디에고는 멕시코시 주교를 찾아가 꽃을 담았던 망토를 펼쳐 보였는데, 그 직물 위에 과달루페의 성모의 모습이 새겨져 있었다. 이것은 오늘날까지도 숭배되는 중요한 성상으로 남아 있다. 작은 언덕에 내려온 성모는 멕시코의 과거 이교를 지우고 가톨릭 신앙을 세우는 대표적 상징이 되었다. 이 신앙은 인디언 문화도 아니고 유럽 문화도 아닌 멕시코적인 문화라 할 수 있다. 이 신앙은 점차 큰 위세를 떨쳤다. 처음에는

「과달루페의 성모」

단지 그 지역의 수호자였으나 17세기에는 멕시코시 전체의 수호자가 되었고 18세기에는 멕시코 국가 전체의 수호자로, 19세기에는 라틴아메리카 전체의 수호자처럼 되었다. 이것이 너무나 중요한 신앙으로 성장해서, 가톨릭에서는 2002년에 후안 디에고를 성인으로 시성諡聖했다. 사실 그런 인디언은 애초에 존재하지도 않았다는 점을 교회도 모르는 바 아니다. 그런데도 이런 무리한 행위를 한 이유는 마리아 숭배를 현지화하고 강화시켜야 했기 때문이다. 멕시코에 밀려들어오는 개신교의 영향력에 맞서기 위해 가톨릭 교회와 인디언 공동체를 연결하는 역사적인 연계가 절실히 필요했던 것이다.

스페인 선교사들이 가르친 기독교는 당연히 예수의 희생을 강조했다. 그런데 이 요소는 아메리카 원래 문명의 핵심 요소였던 인신 희생의 철학과 내적으로 연결될 수 있었다. 예수의 이미지는 늘 피가 흐르는 모습이었는데, 이는 명백하게 콜럼버스 이전의 인신 희생을 연상시켰다. 16세기에 멕시코에서 그려진 「성 그레고리의 미사」와 같은 그림이 그런 사례이다. 18세기에 만들어진 예수상은 상처가 어찌나 깊은지 상처 틈으로 척추골을 볼 수 있을 정도였다. 선교사들은 십자가에 매달린 예수의 희생은 유일한unique 성격의 것이며 그 의미가 미사를 통해 재현된다는 점을 강조했다. 그러나 인디언들은 이를 과거의 인신 희생의 맥락에서 이해하려 했다. 양측은 서로 자신의 문화적 틀을 통해 의미를 부여했다. 그리고 이것이 과거 사회와 새로운 기독교 사회를 연결하는 강력한 끈이 되었다.

멕시코 가톨릭 신앙은 그 이후 변화해가는 사회와 여러 차례 갈등을 빚었다. 바로크 시대에 멕시코 교회는 피 흘리는 예수의 모습을 강조하고 성모 숭배를 강화했으며 성지순례를 활성화시켰다. 그러나 계몽 시대의 스페인 부르봉왕조는 이런 민중 종교적인 요소들을 강력하게 탄압하려 했다. 그러한 신앙의 주 무대가 되기 십상인 소성당을 폐쇄하고 성상들과 축제도 금지시켰다. 이런 탄압에 맞서 인디언들은 이제 '그들의' 신앙을 지키기 위해 분투했다. 19세기에 들어서 독립을 획득한 이후 정부는 교회와 국가의 분리를 선언하는 동시에 역시 민중 기독교를 억눌렀다. 또 멕시코 혁명(1910~1920) 시기에도 그런 민중적 성격이 강한 멕시코 가톨릭 신앙은 식민지 시대의 유산으로 치부되어 강력한 탄압의 대상이 되었다. 이런 지속적인 탄압에도 불구하고 멕시코의 민중적이고 토착적·혼합적인 가톨릭 교회는 끝까지 버텨왔다. 더 나아가서는 20세기 후반부터 오히려 미국을 '정복'하는 방향으로 발전해가고 있다. 미국 내 멕시코인들의 강력한 공동체를 이해하기 위해서는 그들의 독특한 종교를 이해해야 한다. 적대적인 세계에 맞서 그들의 정체성을 강화하며 결속을 강화하는 데에는 이런 믿음의 공유가 중요한 역할을 하고 있다. 라티노latino(라틴계 사람)의 힘은 사파타Emiliano Zapata나 판초 비야Pancho Villa 같은 멕시코 혁명가의 힘이라기보다 차라리 과달루페 성모의 힘이라 할 수 있다. 스페인 식민정부를 이겨낸 멕시

「성 그레고리의 미사」

코인은 이제 앵글로 색슨 세계에 대해 버텨내는 힘을 키우고 있다. 그런 힘의 근원은 계몽사상과 제2차 바티칸 공의회(가톨릭의 현대화와 신구교 간의 일치 등의 교리를 정리한 1959년의 개혁 공의회)의 필터링을 거친 유럽 가톨릭과는 매우 다른 멕시코 특유의 신앙이며, 또 그 기저에는 유구한 아스테카 문명의 유산이 잠재해 있다.

06

치즈와 구더기

: 큰 세상을 작게 보기

세렌디피티

세렌디피티serendipity라는 말이 있다. 이 말은 14세기 페르시아의 시인 아미르 호스로우 델라비의 민담집 『8개의 천국』에 처음 나온다. 세렌딥Serendip(스리랑카)의 왕자 세 명이 왕위를 물려받지 않겠다고 했다가 나라에서 쫓겨났다. 세상을 두루 돌아다니던 어느 날, 이들은 낙타를 잃어버린 한 아프리카인을 만났다. 세 소년은 본 적도 없는 낙타의 생김을 아프리카인에게 자세히 설명한다. 그 낙타는 애꾸눈에 이빨이 하나 빠졌고 다리를 저는데, 한쪽에는 기름, 다른 쪽에는 꿀을 싣고 있으며, 임신한 여인이 곁을 지킨다는 것이다. 낙타 주인은 필시 이들이 낙타를 훔쳤다고 생각하고 국왕에 고발했다.

하지만 얼마 후 주인이 낙타를 도로 찾아 이들의 무고함이 밝혀져 감옥에서 풀려 나오게 되었다. 왕은 어떻게 보지도 않은 낙타의 생김을 정확하게 알 수 있느냐고 물었다. 그들의 답은 이렇다. 길가의 왼쪽에 있는 풀만 뜯어 먹었으니 낙타의 오른쪽 눈이 멀었다는 것이고, 뜯어 먹은 풀이 일부 땅에 떨어져 있었는데 그 크기가 이빨만 한 것으로 보아 그 낙타는 이가 하나 빠졌을 것이다. 한쪽 발자국이 다른 쪽 발자국보다 약하게 찍힌 걸 봐서는 다리를 저는 게 분명하고, 길 한쪽에는 개미들이 모여들고 다른 쪽에는 벌이 부지런히 오가니 이는 기름과 꿀을 조금씩 흘린 때문이다. 그 옆에 난 샌들 자국으로 보아 낙타를 몰고 가는 건 여자다. 게다가 축축하게 젖은 흔적이 있는데 냄새를 맡아보니 사내의 욕정을 불러일으키는 데다가, 땅에 손을 짚고 일어난 표시도 있으니 그 여자는 분명 임부妊婦다.

감탄한 왕이 세 소년에게 진수성찬을 대접했다. 그런데 다 먹고 난 후 세 소년이 이번에는 다음과 같은 감상을 이야기한다. 포도주는 사람 피의 맛이 나고, 양고기에는 개의 피가 섞여 있으며, 왕은 요리사의 아들임에 틀림없다. 왕이 알아보니 포도밭이 예전에는 공동묘지였고, 요리 재료인 암양이 어릴 때 개의 젖을 먹고 자랐다는 것이다. 더구나 모후께서 과거에 요리사의 꼬임에 넘어가셨노라고 고백하시는 게 아닌가. 그런데 세 소년은 그걸 어떻게 알았을까? 그 포도주는 마시는 사람의 마음을 슬프게 했고, 양고기에는 피의 맛이 배어 있었다. 또 '왕께서는 매번 요리와 빵 이야기만 하시니, 필경 왕관에서 나신 게 아니라 빵틀에서 나신 게 틀림없다'. 국왕은 이 지혜로운 왕자들을 고향 세렌딥으로 돌아가도록 했다.

이 페르시아 이야기는 유럽에서 큰 인기를 누려, 볼테르의 『자디그』로부터 움베르토 에코의 『장미의 이름』에 이르기까지 자주 인용되었다. 세렌디피티라는 말은 지금은 '의도적으로 연구하지 않고도 숨겨진 것을 찾아내는 능력' 혹은 '놀라운 관찰 능력' 등을 의미하게 되었다. 자잘한 사실을 잘 관찰한 다음 그로부터 유추하여 타당한 이론을 만들어내려면 강한 호기심과 예민한 추론 능력이 있어야 한다. 아마도 셜록 홈즈가 이에 가장 근접한 인물일 것이다.

그리고 여기 셜록 홈즈처럼 작은 실마리를 잡아 역사의 숨겨진 진실을 밝혀내는 탁월한 능력을 갖춘 역사가가 있다.*

천지 창조

1583년 9월 28일, 이탈리아의 프리울리 지방에 사는 방앗간지기 메노키오가 종교 재판소에 고발되었다. 늘 이단적이고 불경한 발언을 하고 돌아다닌다는 이유에서였다. 도대체 어떤 말을 하고 다녔기에 그런 사단이 일어났을까? 이 세상이 어떻게

* 카를로 진즈부르그, 『치즈와 구더기—16세기 한 방앗간 주인의 우주관』, 김정하·유제분 옮김, 문학과지성사, 2001.

만들어졌느냐는 질문에 그가 뭐라고 답했는지 보자.

제가 생각하고 믿는 바에 따르면, 흙·공기·물·불, 이 모든 것은 혼돈 그 자체입니다. 이 모든 것이 함께 하나의 큰 덩어리를 형성하는데 이는 마치 우유가 만들어지고 그 속에서 구더기가 생겨나는 것과 같습니다. 이 구더기들은 천사들입니다. 한 지고지순한 존재는 이들이 하느님과 천사이기를 원하였고, 그 수많은 천사들 중에는 같은 시간대에 그 큰 덩어리에서 만들어진 신도 있었지요. 그는 네 명의 부하, 다시 말해서 루시퍼, 미카엘, 가브리엘, 라파엘과 함께 주 하느님이 되었습니다. 그러나 루시퍼는 절대신인 하느님과 동등해지려고 하였습니다. 이 오만함 때문에 하느님은 그를 추종하는 무리와 함께 하늘에서 추방하였습니다. 그리고 하느님은 추방된 천사들을 대신하여 아담과 이브, 그리고 많은 수의 사람들을 창조하였습니다. 이 무리들이 하느님의 계명을 듣지 않자, 그의 아들을 보냈는데 유대인들이 그를 붙잡아 십자가에 못 박았습니다.

그의 천지 창조설에 의하면 이 세상은 원래 혼란스러운 치즈 덩어리 같았고 하느님이나 천사는 모두 거기에서 생겨난 구더기 같은 존재들이다. 이 이야기를 들은 재판관이 질겁했으리라는 것은 능히 짐작할 수 있다. 도대체 어떻게 해서 그의 마음속에 이런 기묘한 사고방식이 생겨나게 되었을까? 종교 재판소는 이 이상한 이단자를 철저히 심문하고 꼼꼼하게 기록을 남길 필요가 있다고 판단한 것 같다. 고문받을 때 내지른 비명 소리까지 그대로 옮겨 적은 그 자세한 기록을 통해 우리는 16세기 이탈리아의 시골 마을에 살았던 특이한 방앗간지기의 속마음을 읽어낼 수 있다.

농민 급진주의

그의 본명은 도메니코 스칸델라이지만 메노키오라는 별명으로 불렸다. 그는 1532년에 프리울리의 몬테레알레라는 곳에서 태어나 평생을 그곳에서 살았다. 부인과의 사이에 열한 명의 자식을 두었지만 그중 네 명이 사망했다. 기록에는 목수, 벌목꾼, 석공 등의 잡다한 일을 닥치는 대로 한 것으로 되어 있지만 실제로는 방앗간지기였다. 아마도 일종의 초등 공립학교에서 기본적인 교육을 받아 읽고 쓰고 암산하는 능력은 가지고 있었던 것 같다. 그는 다른 농민들에 비해 다소 잘사는 축에 속했지만, 그렇다고 영웅호걸이나 정치가, 학자와 같이 뛰어난 인물은 아닌, 평범한 인물이었다. 평범치 않은 것은 그의 생각이었다.

그의 행적을 보면 사람 됨됨이가 어떤지 짐작할 수 있다. 그는 잠시도 입을 쉬는 법 없이 늘 다른 사람들과 논쟁을 벌였고, 가진 자, 유식한 자, 특히 오만하고 착취적인 종교인에 대해 언제나

날 선 공격을 해댔다. 법정에 끌려와서도 이런 데에서 라틴어를 사용하는 것부터가 가난한 사람들을 탄압하는 행위라고 비난했다. 전능하신 하느님은 모든 사람을 사랑하시고 다 똑같이 구원하시는데, 사제는 그것을 이용해 장사를 하고 있다고 비판했다. 교회에서 하는 일들은 착취와 억압을 위해 만들어진 '상업적' 발명품이며, 예컨대 기름을 바르는 것은 아무 의미 없는 행위로 "기름이 발리는 것은 육체일 뿐이며 영혼에는 기름이 발릴 수 없습니다"라며 이를 거부한다고 선언했다. 한번은 사제와 논쟁을 하면서 성체의 빵은 밀가루 반죽 덩어리에 불과하다고 주장하기도 했다.

급기야 그는 예수의 신성을 부정하기에 이른다. 예수 역시 인간에 불과하며 모든 인간은 "십자가에 못 박힌 그분과 똑같은 본성을 지닌" 하느님의 자녀로 예수가 인류의 구원을 위해 죽었다는 것은 사실이 아니다. "만약 사람이 죄를 지었다면 죄를 지은 그 자신이 속죄해야 한다"는 것이 그의 소신이었다.

그의 언행으로 보건대 그는 철저히 반反종교적이고 동시에 아주 강한 사회 비판 의식을 가지고 있다. 그의 사고방식은 철저하게 '계급적'이었다. 이 세상에는 교황·추기경·주교·신부들, 그리고 황제·국왕·영주 같은 권력자들이 가난하고 힘없는 사람들을 착취하며 살아간다고 보았다. 그가 이런 생각을 하게 된 데에는 별다른 이유랄 것도 없다. 눈 크게 뜨고 주변을 둘러보면 사회가 실제 그런 식으로 돌아가고 있기 때문이다. 사실 가진 자들에 대한 강한 비판을 종교적 문법으로 표출하는 것은 분명 그 혼자만의 방식이 아니라 당시 농촌 사회 대부분의 사람들이 공유하고 있는 바였다. 저자 진즈부르그는 그것을 '농민 급진주의'라고 부른다. 다만 우리의 주인공 메노키오는 그것을 훨씬 더 '농촌스럽고' 훨씬 더 급진적으로 주장했을 뿐이다.

농민들의 독서

"신문관님, 저의 생각은 제 머리에서 나온 것입니다." 공범을 대라는 요구에 그는 당당하게 이렇게 말한다. 그렇다. 농민은 한낱 일벌레가 아니라 생각할 수 있고 비판할 수 있는 존재다. 더군다나 메노키오처럼 책을 읽고 자기 생각을 발전시킬 수 있는 사람들도 있었다. 예컨대 그는 『데카메론』을 읽고 모든 사람이 그 자신의 신념에 따라 구원받을 수 있으며, 따라서 이슬람교도는 기독교도로 전향하지 않고 이슬람교도로 남아 있을 권리가 있다고 생각하게 되었다. 때로 그는 읽은 책의 제목을 잊어버리고 내용을 혼동하기도 했지만 눈 밝은 역사가는 그 책이 어떤 책이었는지 역추적하기도 한다. 메노키오가 기억하는 내용 중에는 『카라비아의 꿈』이라는 책에서 본 것도 있다. 보석상인 카라비아는 정의롭지 못한 것들로 가득한 주변의 세상을 바라보며 한없는 슬픔에 잠긴다. 익살꾼 잔폴로는 그를 위로하며 이 세상에 참다운 삶은 존재하지 않는다고 말한다. 그는 자신이 죽은 후에 그에게 나타나겠다고 약속하는데, 실제로 얼마 후에 친구의 꿈에 나타나 천국에서 성 베드로와 나눈 이야기, 지옥의 악마와 사귀면서 나눈 이야기들을 들려준다. 이런 형식에 담아 전달하는 중요한 내용은 성직자의 위선에 대한 비판이었다. 사람은 위선적인 성직자 덕분이 아니라 그리스도의 희생과 그에 대한 믿음을 통해 죄를 용서받는다는 것이다.

기독교인이 구원받는 첫 번째 이유는
사랑하는 마음으로 오직 하느님을 믿기 때문이네.
둘째로는 인간 예수가 자신을 믿는 모든 이를
자신의 피로 구원한다고 희망하기 때문이네.
셋째로는 자애로써 마음을 온건하게 지키고
성령의 빛 안에서 행동하기 때문이네.
그가 삼위일체인 하느님으로부터 보상을 원한다면
이 삼위일체가 그대를 지옥에서 구원할 것이네.

이런 내용을 보면 이탈리아의 촌구석에서 사람들이 돌려가며 읽는 책의 내용이 결코 얄팍한 신학이 아니라 상당히 깊이가 있는 것임을 알 수 있다.

메노키오가 읽은 책은 밝혀진 것만 열한 권에 달한다. 그중에는 속어로 씌어진 『성서』도 있고 『성모의 루치다리오』 『최후

심판의 역사』와 같은 종교 서적, 『맨더빌 여행기』 『데카메론』 같은 세속적 내용의 책도 있다. 심지어 여기에 쿠란까지도 포함되어 있다. 제목과 저자가 확실하게 밝혀지지 않았지만 문제의 쿠란은 1547년에 베네치아에서 출판된 이탈리아어판이다. 그가 본 책 가운데 절반이 넘는 여섯 권은 빌려 읽은 것들이다. 주머니 사정이 넉넉지 않은 주민들이 책들을 돌려가며 읽고 있었던 것이다. 기초적인 라틴어를 가르치는 초등 교육기관이 있었다는 것은 알려져 있었지만 이 조그만 산골 마을에 글을 읽을 줄 아는 사람이 이토록 많았다는 것은 분명 놀라운 일이다.

특별한 독서법

문제는 이들이 책을 읽는 방식이다. 민중들은 그들이 보고 싶은 방식대로 책을 보았다. 하나의 사례를 보자. 메노키오는 보라지네의 『황금 성인전Golden Legend』에서 「복된 성처녀 마리아의 승천에 대하여」를 읽었다. 그 이야기는 마리아가 죽었을 때 사도들이 관을 메고 가는 장면을 그린다. 어느 도시를 지나는데 그곳의 폭도들이 나타나 "사기꾼(예수)을 낳은 저 육신을 불로 태웁시다" 하며 습격해왔다. 그 우두머리인 제사장이 관을 메치기 위해 손을 대자 손이 바짝 말라서 관 위에 붙어버렸다. 그는 고통으로 신음했고, 이를 지켜보던 사람들도 구름 속의 천사들에 의해 시력을 잃었다. 제사장이 베드로에게 간청하며, 예수가 하느님의 아들이며 성모 마리아가 그의 성스러운 모친이라는 것을 믿는다고 말하자 비로소 손이 관에서 떨어졌다. 그러나 팔은 여전히 말라 있었고 심한 고통이 사라지지 않았다. 베드로가 다시 "관에 입 맞추고 나는 주 예수 그리스도를 믿으며 그분이 자궁에서 출생하였으나 마리아는 출산 후에도 처녀로 남아 있었다고 말하시오" 하고 시켰다. 베드로가 하라는 대로 하자 그제야 제사장의 손이 정상으로 회복되었다.

우리가 보기에 이 이야기의 메시지는 명백하다. 이단자들이 기독교를 공격하려다가 기적을 경험하며 결국 예수와 성모를 찬양하게 되었다는 것이다. 그런데 메노키오는 이 책을 엉뚱한 방식으로 읽었다. 신문관이 그에게 마리아보다 황후가 더 높은 존재라고 말한 적이 있느냐고 다그쳤을 때 그는 이렇게 답한다.

> 물론입니다. 황후가 마리아보다 더 높은 존재라고 했지요. 그렇지만 그것은 이 세상에서 그렇다는 것이었지요. 그 성모에 대한 책에서는 성모에 대한 그 어떤 존경의 표현도 언급되지 않았고, 더구나 그녀의 시신이 묘지로 옮겨질 때 어떤 사람은 그 시신을 사도들의 어깨로부터 끌어 내리기 위해 팔로 잡아당기기도 하였으니까요.

그러니까 메노키오에게는 마리아의 기적이나 처녀성 같은 것은 그리 중요하지 않았다. 그가 눈여겨본 것은 마리아에 대한 제사장의 불경스러운 행동이다. 마리아가 미천한 신분이었기 때문에 사람들이 깔보고 그런 행동을 했다는 투다.

『맨더빌 여행기』 역시 마찬가지다. 『맨더빌 여행기』는 중세 시대 최고의 베스트셀러에 속한다. 작가는 자신이 아시아를 직접 여행하고 온 것처럼 꾸며 여행기를 찬술했지만, 실제로는 자기 방 안에서 이런저런 자료를 조합하고 상상력을 더해 쓴 것이다. 이 책에서 아시아는 온갖 괴물들과 식인종, 혹은 견두인犬頭人 같은 기괴한 인간 집단이 우글거리는 곳이다. 그런 곳 너머에 아담과 이브가 살았던 지상 낙원이 실재하는데 맨더빌은 바로 그 근처에까지 가보고 온 양 이야기를 천연덕스럽게 서술한다. 대부분의 독자들은 이런 신기한 이야기들에 관심을 둘 테지만 메노키오는 이 책에서 이슬람교도가 주장하는 특별한 교훈을 발견한다. "그리스도가 십자가에 못 박힌 것은 사실이 아닙니다. (……) 왕 스스로 이런 식의 대접을 받는 것은 이상합니다. 따라서 십자가에 못 박혔다면 그는 하느님이 아니라 예언자에 불과합니다."

술탄이 기독교 세계를 신랄하게 비판하는 다음과 같은 내용에 대해서는 당혹스러워하는 게 아니라 공감을 표했다.

> 기독교도들은 하느님을 섬기기 위해 교회에 가는 대신 매일 선술집에서 동물처럼 노름하고, 술 마시고, 사기 행각을 일삼는다.

그들은 자신들이 믿는 예수 그리스도처럼 단순하고 겸손하며 온화하고 모범적이며 자비로워야 할 테지만 오히려 그 반대로 행동한다. 이들은 너무 탐욕스러운 나머지 사소한 이득을 위해 자신의 자식들을 팔고, 누이들과 아내들에게 매춘을 강요한다.

메노키오는 200년 전의 책에서 술탄이 기독교를 비판하는 내용을 통해 교회에 대한 자신의 신랄한 비판이 정당하다는 사실을 확인하고 있다. 또 맨더빌이 그리는 아시아 세계에 수없이 다양한 사람들이 각자 자신들의 법에 따라 살아가는 사실을 보고는 그러한 다양성이 자연스러운 것이라는 견해를 가지게 되었다. 이 희한한 상상의 여행기가 그에게는 상대주의 혹은 관용의 정신을 키워주는 교과서가 된 것이다.

『데카메론』 역시 그의 특이한 사고를 키워주는 중요한 자료가 되었다. 그는 신문관에게 자신의 견해를 이렇게 토로했다. "저는 기독교인으로 태어났고 그래서 기독교인으로 살기를 원했습니다. 그러나 만약 제가 터키인으로 태어났다면 터키인으로 남기를 원했을 겁니다." 이는 현재 우리가 판단하기에는 정말로 깬 사람의 견해이지만, 종교 재판소에 끌려와 신문관에게 할 말은 분명 아니다. 그렇지만 그는 오히려 신문관을 설득하려고 했다. "신문관님, 제발 제 말에 귀 기울여주세요." 그러면서 들려주는 것이 바로 『데카메론』에 나오는 세 개의 반지 이야기이다. 옛날에 한 군주가 자신의 반지를 갖게 되는 사람이 후계자가 될 거라고 말했다. 임종을 앞두고 왕은 똑같은 반지 두 개를 더 만들어 세 아들에게 하나씩 나누어주었다. 세 아들은 전부 자기가 진짜 반지를 받았다고 생각했다. 그렇지만 그 세 개의 반지는 너무나 비슷해서 도저히 어느 것이 진짜인지 구분할 수 없었다.

"이와 동일한 방법으로 아버지 하느님은 기독교인과 터키인 그리고 유대인과 같이 당신을 사랑하는 많은 자녀를 거느리셨고 그들 각각 자신의 계율에 따라 살도록 하셔서, 우리는 어떤 것이 옳은지 모릅니다. 그러니까 저는 기독교인으로 태어났으므로 기독교인으로 살기를 원하지만 만약 터키인으로 태어났다면 터키인으로 살기를 원했을 겁니다." "그러면 그대는 우리가 어느 것이 올바른 계율인지 모른다고 생각하는가?" 신문관이 묻자 그는 당당하게 답한다. "그렇습니다. 모든 사람은 자신의 신앙만이 옳다고 생각하지만, 진정 어떤 것이 좋은지는 알 수 없지요. 그렇지만 제 할아버지와 아버지 그리고 친지들이 기독교인이었기에 저도 기독교인으로 남기를 원합니다."

치즈 속 구더기

메노키오가 일관되게 견지하는 관점 중 하나는 신성神聖이 천지를 창조했다는 사실을 부인하는 것이다. 그는 이 세계는 치즈와 같고 거기에서 생겨난 구더기 같은 것이 하느님과 천사라고

하는 그 기기묘묘한 주장을 고집스럽게 되풀이했다. 도대체 이 이상한 메타포는 어디에서 나온 것일까?

물론 시골에서 치즈를 만드는 과정을 직접 보았기 때문에 이런 일상의 경험에서 비유를 찾아내는 것이 이상하다고 할 수는 없다.* 메노키오는 천사까지 포함하여 모든 살아 있는 생명체들이 신의 개입에 의존하지 않고 무질서하고 거대한 물질로부터 탄생하였다는 설명을 하기 위해 치즈와 구더기 이야기를 끌어왔다. 그러니까 혼돈이 성스러운 권위에 우선한다. 혼돈으로부터 생명체, 천사, 심지어 하느님이 "자연에 의해 자연스럽게 생겨났다". 우리같이 잘 배운 사람들은 이를 두고 '유물론적 우주관'이라는 폼 나는 이름을 붙였을 법하다. 하여튼 그런 주장을 커피 속 아이스크림도 아니고 꼭 치즈 속 구더기라는 이상한 방식으로 설명해야 했을까?

그런데 참으로 신기한 것은 이 이야기와 똑같은 신화를 다른 지역에서 찾을 수 있다는 것이다. 『베다』에 나오는 인도 신화에서는 우주의 기원이 우유의 응고 상태와 비슷하게 묘사되어 있다. 세상은 창조주들이 휘저어놓은 태초의 응고된 바닷물로 덮여 있었다고 한다. 칼무크족 신화 역시 마찬가지다.

* 참고로 말하면, 요즘 우리가 접하는 치즈는 모두 공장에서 생산되는데 원재료인 우유를 발효시키는 과정에서 약품을 넣어 구더기가 슬지 않도록 한다. 그래서 치즈를 먹는 도중에 구더기가 꼬물거리며 나오는 모습을 볼 수 없다. 그렇지만 과거에는 치즈 제조 과정이나 혹은 치즈를 먹는 도중에 종종 구더기가 나오곤 했다. 요즘 우리나라에서 사람들이 공장에서 제조한 간장을 주로 사 먹다 보니 구더기가 둥둥 떠 있는 간장독을 볼 수 없게 된 것도 비슷한 일이다.

태초에 바닷물은 우유의 표면에 형성되는 얇은 막과 같은 견고한 층으로 덮여 있었고, 그 표면 위로 식물·동물·인간 그리고 신들이 뚫고 나왔다. 태초에 이 세상은 아무것도 아니었다. (……) 그것은 바닷물에 의해 거품처럼 휘저어졌고, 치즈처럼 응고되면서 그 속으로부터 엄청난 양의 구더기들이 태어났다. 이 구더기들이 인간이 되었고, 이들 가운데 가장 강력하고 지혜로운 자가 하느님이었다.

어떻게 그 먼 시공간을 격하여 이처럼 똑같은 사고방식이 나타났는지 신기할 따름이다. 메노키오가 칼무크족 신화를 알았을 리는 없고, 아마도 어떤 보편적인 사고방식이 작동했던 게 아닐까 막연하게 짐작만 할 뿐이다.

이런 '치즈 우주관'과 '구더기 신관神觀'을 어떻게 받아들여야 할까? 그의 사고와 표현 방식은 영어로 말하면 머티리얼material하다고 할 수 있다. 이는 '유물론적materialistic'이라는 말과는 다르다. '물질적'이라거나 혹은 '구체적'이라고 해도 딱 맞지는 않다. 앞에서 살펴본 성모 마리아의 장례식 에피소드에 대한 그의 해석을 다시 생각해보자. 원저자가 말하고 싶었던 것은 성모의 처녀성이라든지 그녀의 숭고함 같은 추상적인 내용들이다. 그런데 메노키오는 그야말로 사건 그 자체, 즉 사람들이 달려들어 행패를 부리는 것으로 보아 성모가 신분이 그리 높은 인물이 아니라는 내용을 짚어낸다. 글에 나타난 그대로 '머티리얼'하게 읽어버리는 것이다.

그가 생각하는 하느님은 어떤 존재인가? 통상 교회에서 '주主 하느님'이라고 표현하는 것을 그도 잘 알고 있다. 그의 방식대로 파악하면 이때 주主는 문자 그대로 '주인'이다. 그런데 예수가 못 박혀 죽었다면 그가 진짜 '주인'일까 의심하지 않을 수 없다.

> 저는 만약 예수 그리스도가 영원한 하느님이라면 자신을 잡아가 십자가에 못 박도록 하지 말았어야 했다고 말하였습니다. (……) 주인이 자신을 잡아가도록 스스로를 방치했다는 사실은 저로서는 납득할 수 없습니다. 그래서 저는 그가 하느님이 아니라고 생각했습니다.

주인들의 가장 큰 특징은 일하지 않는다는 것이다. 그들은 늘 다른 사람을 시켜서 일을 하지 직접 노동을 하지는 않는다. 성령은 "자신의 일꾼인 천사들을 통해서" 모든 피조물들을 만들었다. 사실 하느님은 천사들의 도움 없이도 이 세상을 만들 능력을 가지고 있다. 집 짓는 목수가 일꾼들을 시키지 않고 혼자서도 집을 지을 수 있는 것처럼—시간은 훨씬 더 걸리겠지만—말이다. 그렇지만 하느님은 '권력'을 가지고 있으므로, 숙련된 일꾼들을 시켜서 일을 추진한다.

이런 비유들을 통해 그는 기독교 교리를 친숙하게 만들어서 이해하려 했다. 목수, 벌목공, 석공 일도 했던 그가 봤을 때 하느님은 목수나 석공과 유사하다는 생각이 떠오른 것이다. 세상을 창조하는 것은 물리적 행위, 곧 육체노동이다. 그러나 하느님은 주인이기 때문에 직접 일을 하지 않는다. 세상을 창조하는 일에 참여한 것은 조수들과 일꾼들, 즉 천사들이었다. 그렇다면 천사들은 누가 만들었는가? 자연이다. 치즈에서 구더기가 만들어지듯 자연에 의해 세상에서 가장 완벽한 물질로 만들어진 것이다.

메노키오의 관점에서 보면 '창조주 하느님' 같은 것은 없다. 그런 하느님은 멀리 떨어져서 살며 일꾼들에게 밭일을 맡긴 일종의 부재지주다. 그가 생각하는 하느님은 그런 먼 곳에 계신 알 수 없는 하느님이 아니라, 아주 가까이 계신 하느님, 재료들과 용해되어 세상과 하나인 하느님이다. "저는 이 세상 전체, 즉 공기와 흙 그리고 이 세상의 모든 아름다운 것이 하느님이라고 믿습니다. 인간은 하느님의 이미지와 형상으로 만들어졌고, 인간 내부에는 공기·불·흙·물이 존재하며, 이러한 사실로부터 공기·불·흙·물이 하느님이라는 사실을 알 수 있습니다." 아, 얼마나 순수하고 아름다운 이단인가!

문자 문화와 구술 문화

메노키오가 그 특이한 사고를 만들어낸 데에는 분명 책이 중요한 역할을 했다. 때는 바야흐로 인쇄술의 시대로 성큼 들어와 있어서 산골 마을에서도 어렵지 않게 책을 접할 수 있게 되었다.

거듭 말하지만 문제는 그것을 읽는 방식이다. 그는 자신만의 독특한 독법으로 책을 읽었다. 그런데 엄밀하게 말하면, 그 독법은 완전히 그 혼자만의 방식이 아니라 많은 사람들이 공유하는 민중 문화의 방식이라고 해야 옳다. 그가 그것을 극단적으로 밀고 나간 것은 또 다른 문제이지만.

저자가 끈질기게 추적하여 밝히고 있듯이, 메노키오가 읽은 책의 원래 내용과 그가 재판 과정에서 말한 내용을 비교해보면 그는 책을 원래 필자의 의도와는 전혀 다른 맥락으로 받아들이고 있다. 그는 텍스트text를 콘텍스트context 속으로 가지고 와서 그 속에서 읽었다. 달리 표현하면 그는 마음속에 필터를 가지고 책 내용을 걸러가며 수용하고 있었다. 이 필터는 장구한 기간 농민 세계에서 면면히 이어져 내려온 농민 문화의 산물이다. 그러므로 메노키오의 정신세계는 문자 문화와 구술 문화, 달리 말하면 엘리트 문화와 민중 문화가 만나는 지점에서 형성된 것이다.

여기에서 '상층 문자 문화'와 '민중 구술 문화'와의 관계에 대해 생각해볼 필요가 있다. 이 둘 사이의 관계는 어떠했는가? 민중 문화는 상층 문화에 종속된 것인가?(망드루) 아니면 부분적으로 자율성을 가진 것인가?(볼렘) 혹은 완전히 이질적인 것인가?(푸코) 저자는 근대 초기까지 그 양자가 은밀히 소통하면서 서로 영향을 주고받고 있었다는 바흐친의 견해에 동조한다.

물론 그 두 세계는 기본적으로 다른 성격을 지니고 있다. 구술 문화의 언어가 (머티리얼하다는 의미로) 물질적이라면 문자 문화의 언어는 정신적이다. 역사적으로 지속되어온 구술 문화에 대한 문자 문화의 우위는 무엇보다 경험에 대한 추상의 우위였다. 기록과 권력은 늘 함께해왔다. 이집트의 서기나 중국의 관료들로부터 시작된 이 관계는 역사를 관통해 지속되어왔다. 그런데 인쇄술이 그런 관계를 비틀어놓기 시작한 것이다. 상층 엘리트들 중에 농민 문화의 내용을 받아들여 그들 세계에 동력을 더했던 건 익히 알려진 일이지만, 진즈부르그가 이 책에서 주목하는 것은 그 반대 방향이다. 농민들이 문자 세계의 내용을 접하여 그것을 자신의 세계로 끌어들여 부분적으로 수용하고 부분적으로 거부하며, 또 부분적으로는 새롭게 번안하여 수용하는 현상 말이다.

메노키오는 책의 세계에 주저 없이 다가가려 했다. 그가 소리 높여 비판하는 것 중 첫 번째가 이와 관련이 있다. 권력자들만이 문자 세계의 지식을 독점할 수는 없는 일이다. 일부러 라틴어를 사용하며 다른 사람들이 알아듣지 못하도록 하는 것은 "가난한 사람들에 대한 배신"이다. 이제 베네치아의 서점에서 2솔디만 주면 살 수 있는 지식을 독점하려는 사제들의 의도는 사악한 것이다. 우리라고 왜 그런 것들을 알아서는 안 되는가? 우리의 눈으로 보고 우리의 마음으로 해석할 자유가 왜 나쁜가? 실제 그렇게 해석해낸 결과물은 매우 창의적이다. 메노키오를 비롯한 농민들은 상징과 추상을 거부하고 우리 가까이에 있는 것들로 변형시키고자 했다. 저 멀리 있는 아득한 개념으로 이해하려 하지 않고 우리에게 낯익은 개념으로 만들어서 이해하는 것이다. 주主 하느님을 지주地主로 변형시키는 것이 그런 사례이다.

그들의 해석은 계급적이고 평등적이고 도덕적이며 더 나아가서 실천적이다. 이를테면 천국과 지옥은 사제들이 만들어놓은 허구이고, 결국 그들이 장사해먹기 위해 만든 방편에 불과하다. 지옥 같은 게 있다면 바로 이 세상에 있어서 잘못한 놈들이 지금 여기에서 벌을 받아야 마땅하다. 그러므로 교회에서 가르치는 모호한 천국보다는 '우리가 이루어내야 할 세상'인 농촌 유토피아 같은 구상이 훨씬 더 중요하다. 종교 재판소에 끌려온 메노키오는 이왕 이렇게 된 바에 자신의 생각을 종교계나 세속의 권력자들에게 들이대고 싶어 안달이었다. 자신의 생각을 과감하게 개진하며 세상을 꾸짖고 자신의 염원을 표출했다. 그런데 재판이 진행되면서 자꾸 자신의 생각이 좌절당하자 사제를 모두 죽이고 싶다는 과격한 의사까지 슬쩍 비추곤 했다.

메노키오는 결국 재판에서 유죄 판결을 받았다. 그는 반성하며 살겠으니 선처를 부탁한다는 탄원서도 올렸지만, 만장일치로 그가 이단의 교주라는 판결을 받았다. 법원에서도 이 사건을 아주 특이한 사례로 보았던 것 같다. 판결문은 다른 재판의 경우보다 네다섯 배나 길게 쓰여 있다. 이단 판정을 받았으니 그는 평생 참회복habitello을 입고 옥살이를 해야 했다. 국가에서 식사를 제공하는 요즘 교도소와 달리 당시에는 그 가족이 비용을 대야 했으므로 온 집안에 재앙이 닥친 것이다.

다행히 2년 후 그는 일종의 가석방 판정을 받았다. 그는 이제 조용히 살아야 마땅했다. 그렇지만 그는 결코 입을 다물고 조용히 살아갈 인물이 못 되었다. 얼마 지나지 않아 옛 버릇이 살아나서 다시 이상한 이야기를 떠들고 다녔다. 그리고 그는 또 체포되었고 고문을 받다가 결국 화형당하는 것으로 인생을 끝냈다.

작은 우주

진즈부르그의 이 책은 흔히 미시사micro-history의 대표작으로 꼽힌다. 작고 섬세하게 역사를 연구한다는 것이 무엇을 뜻하는가? 거시사macro-history와는 어떻게 다른가?

거시사는 이 세상의 큰 줄기를 과학적으로 파악하여 전체적인 세계상을 제시하는 것을 목표로 삼고 있다. 다시 말해서 이 세상을 설명하는 모델을 구축하는 것이다. 인간과 사회의 여러 측면들을 연구하고 그렇게 얻은 성과들을 재료로 삼아 하나의 큰 구조물을 만드는 방식이다. 거시사는 세계의 큰 흐름을 짚어주는 미덕을 가지고 있다.

그러나 그렇게 망원경으로 세계를 바라보는 것만으로 이 세상을 다 이해할 수는 없는 일이다. 인간의 삶은 통계분석과 거대서사 속에 편입될 정도로 기계적이지 않으며, 이 세상은 법칙으로 이해하기에는 너무나 불확실하다. 우리 주변에서 자주 보듯, 세상에는 정신이 이상한 인간들, 폭력적인 인간들, 성질 고약한 인간들이 넘쳐난다. 온 세상 사람들이 모두 합리적으로 생각하고 선량하게 살아갔다면 이 세상은 벌써 지상천국이 되었을 테지만, 인간은 그런 존재가 아니다. 그러니 차라리 생각을 바꿔 우리가 바라보는 역사의 틀을 확 좁혀서 정밀하게 읽어보는 것도 한 방법이다. 누이의 수틀을 보듯 그렇게 앵글을 좁히고 보면 거기에 또 다른 종류의 미세한 우주가 나타난다. 이제 하나의 작은 사건, 괴팍한 한 인간, 조그마한 어느 마을처럼 복합적이고 다면적이고도 심층적으로 바라볼 수 있는 대상이 떠오를 것이다.

이때 소리 소문 없이 무난히 잘 살아가는 재미없는 인간은 부적격이다. 대상은 우리의 주인공 메노키오처럼 그 시대와 불화를 겪으며 살아간 인물이어야 한다. 너무나 '전형적인' 인간은 아무런 이야기를 만들어내지 않은 채 사회 속에 묻혀버린다. 메노키오처럼 그 시대의 흐름 속에서 살아가되 주변 인물과 계속 갈등을 일으키는 인물, 소위 '이례적 정상'은 흔히 파열음을 일으키며 틈새를 만들어낸다. 그 틈새를 잘 들여다보면 역사가는 사회의 큰 힘들이 어떻게 부딪히며 어떤 변화를 일으키고 있는지 파악할 실마리를 찾아낸다. 실마리를 잘 찾아내려면 '하찮은 것'에서 남이 못 보는 것들을 끄집어내야 한다.

메노키오라는 실마리를 잡고 찾아 들어간 근대 초의 세계는 어떤 곳이었던가?

두 가지 상반된 현상을 확인하게 된다. 하나는 민중 문화와 엘리트 문화가 서로 소통하고 있었다는 사실이다. 농민들은 책을 읽고 그것을 자신들의 문화적 맥락 속에서 해석해내고 있었다. 다른 하나는 바로 그런 현상 자체가 갈등을 일으키며 변화 중이었다는 것이다. 교회와 귀족, 군주는 기묘한 방식으로 세상을 읽어내며 그들에 저항하는 민중 문화를 더 이상 용인하려 하지 않았다. 메노키오를 기다리고 있는 것은 고문과 화형대의 불꽃이었다. 조만간 엘리트 문화는 민중들의 정신세계를 공략하여 그들의 세계관을 주입시키고, 종국적으로 균질적인 문화를 만들어 덮어씌우기를 할 것이다. 이것이 이탈리아 산골의 한 방앗간지기의 내면을 재구성한 작디작은 세계로부터 끄집어낸 역사의 큰 의미다.

07

마녀에게 가하는 망치

: 악의 고전

마녀사냥*

모든 사람이 잠든 깊은 밤, 마녀들이 몰래 집에서 나와 사바트(마녀 집회)로 갈 준비를 한다. 집회 장소에 가까이 사는 사람은 걸어서 갈 수도 있지만 먼 곳에 사는 사람은 특별한 방법을 이용해야 한다. 미리 준비한 연고를 바르면 몸이 가벼워져서 허공에 뜨기 때문에 빗자루, 횃대, 혹은 동물을 타고 날아갈 수 있다. 심지어는 그들 자신이 동물로 변신하여 날아가기도 한다. 마녀들이 인적 없는 황야에 모이면 그들 앞에 악마가 나타난다. 제일 먼저 할 일은 이날 처음 온 신참의 입문식이다. 신참은 이곳에 온 사실을 절대 남에게 발설하지 않을 것과 다음번에 어린아

* 이 장에 대한 더 자세하고 포괄적인 설명은 다음 책을 참조하라. 주경철, 『마녀—서구 문명은 왜 마녀를 필요로 했는가』, 생각의힘, 2016.

이를 죽여 사체를 가져올 것을 약속한 다음, 악마나 그 대리인의 안내를 받아 기독교 신앙을 버리고 악마를 따르는 의식을 시작한다. 우선 기독교 믿음을 버리겠다고 큰 소리로 선언하고, 십자가상을 짓밟거나 성체성사에 쓰인 빵에 배변을 하여 그것을 증명한다. 그리고 악마의 항문이나 엉덩이에 키스한다.

신참의 입문식이 끝나면 모두 둘러앉아 죽은 아이의 사체를 먹는 식사를 한다. 그 후 촛불을 끄고 난교를 벌인다. 여기저기에서 '교접하라' 하는 목소리가 터져 나오는 가운데 모두 가까운 상대와 끌어안는다. 남자와 여자뿐 아니라 때로는 남자끼리 혹은 여자끼리 교접하기도 하고, 아버지와 딸, 아들과 어머니, 혹은 형제자매 간에도 가리지 않는다. 난교 파티가 끝나면 이별 의식을 치른 다음 각자 집으로 돌아가 배우자 몰래 침대 옆에 눕는다.*

이것이 마녀 집회에 대한 고전적인 묘사다.

요즘 같으면 아무도 이런 일을 믿으려 하지 않을 것이다. 이웃집 아줌마가 알고 보니 마녀였는데, 지난달 보름에 이 아줌마가 올빼미로 변신하여 어느 산에 날아가서 어린아이 하나를 먹고 악마와 섹스를 했다고 하면 누가 이를 믿겠는가? 그러나 15~18세기 유럽에서는 악마의 사주를 받아 인간 사회 전체를 위험에 빠뜨리려는 사악한 마녀들이 실제 존재하며, 따라서 하

* 제프리 버튼 러셀, 『마녀의 문화사』, 김은주 옮김, 다빈치, 2001, pp. 62-64.

루바삐 그런 자들을 박멸해야 한다고 믿어 의심치 않았다. 사실 어느 사회에서나 용한 점쟁이라든지 신비한 힘을 사용하는 치료사처럼 비정상적인 힘을 가진 것으로 보이는 인물들이 있게 마련이다. 이에 대해 그저 이해할 수 없는 초자연적인 현상들이 있겠거니 하고 넘어가거나, 공자님처럼 아예 괴력난신怪力亂神에 대해서는 이야기하지 않겠다고 할 수도 있으리라. 그런데 유럽에서는 유별나게 이런 현상을 두고 인간 사회를 멸망시키려는 악마의 소행이라고 단정 짓고 가혹하게 탄압했다.

얼마나 많은 사람들이 악마의 하수인이라는 누명을 쓰고 모진 고문 끝에 억울한 죽음을 맞았던가. 그런데 정작 마녀사냥을 주도한 종교인이나 세속 판관들은 자신들이 세상에서 가장 극악무도한 일을 하고 있다고는 전혀 생각하지 않았다. 오히려 자신들이야말로 악의 구렁텅이에서 이 세상을 구원하는 신성한 의무를 다하고 있다고 믿었다. 그런 고매한 뜻을 품은 인사들 덕택에 유럽의 근대 사회는 온통 피로 물들었다. 16~17세기에 마녀로 몰려 화형당한 사람은 수만 명에 달할 것으로 추산된다. 희생자는 대개 가난한 여자들이었다. 여러 연구 결과들을 종합해보면 희생자들 가운데 흔히 70퍼센트 이상, 지역에 따라서는 심지어 90퍼센트 이상이 여성이었다(물론 모스크바처럼 희생자의 70퍼센트가 남성인 예외적인 곳도 있긴 하다). 또 부자와 권력자들보다 힘없는 빈민들이 더 많이 희생되었으리라는 점도 쉽게 상상할 수 있다. 그렇지만 권력자들이라고 항상 무사한 것만은 아니었다. 멀쩡한 사람을 마녀로 몰기 위해서 고문을 행하다 보면 불똥이 어디로 튈지 아무도 몰랐다. 고문에 못 이겨서 공범들의 이름을 불 때는 사회의 최상층 시민들이라고 예외가 아니었던 것이다. 고문은 손가락을 죄는 것부터 가열한 의자에 앉히는 것까지 다양했다. 56회의 고문을 이겨내고 끝내 석방된 여인도 있었지만, 뾰족한 고문의자에 꼬박 11일 밤낮을 꿇어앉은 채 발에 펄펄 끓는 유황이 끼얹어지는 고문을 당하다가 정신병에 걸려 죽은 여인도 있었다. 마녀로 자백을 하고 나면 대개 사형을 피할 수 없었고, 화형도 빈번히 이루어졌다. 근대 유럽의 대표적 지성 중 한 명인 장 보댕Jean Bodin은 마녀는 극악한 죄인이므로 빨리 태워 죽이지 말고 일부러 마르지 않은 나무를 써서 가능한 오래 고통받으며 죽게 해야 한다는 지독한 주장을 하기도 했다. 이성의 빛이 만개하기 시작한다는 근대 유럽 사회의 이면에는 이처럼 어두운 그림자가 짙게 깔려 있었다.

악마와 마녀

악마는 어떤 존재일까? 악마와 마녀 간의 관계는 무엇일까?

중세의 우주론cosmology은 지구를 중심으로 여러 겹의 하늘이 펼쳐져 있는 것으로 상정했다. 상층의 하늘에 신과 천사들이 거하고 그 아래층의 하늘에 항성들과 여러 천체들이 자리 잡고 있다. 악마는 천사 가운데 일부가 타락하여 문자 그대로 하늘에서 아래로 떨어진 존재다. 이들은 달 아래의 공간sublunar area, 곧 지구와 달 사이의 중간 지역에 존재하여 땅 위의 일들에 관여할 수 있다고 사람들은 믿었다.

중세와 근대 초의 신학적 견해에 따르면, 악마는 대단히 강력한 힘을 가지고 있되 다만 이들이 인간에게 그 힘을 직접 발휘하는 것이 어렵다는 문제를 안고 있다. 그 이유는 이들의 '태생'을 생각해보면 알 수 있다. 악마는 원래 천사 출신이다. 천상의 천사든 타락천사든 모두 영적인 존재여서 인간계의 물적 존재와는 다르며, 따라서 물리적으로는 매우 허약한 존재다. 다시 말해서 그들은 인간 세계에 치명적인 위해를 가할 강력한 포텐셜은 보유하고 있으나 그것을 이 세상에 구체적으로 드러나게 하는 데에는 한계가 있다. 따라서 그들의 사악한 힘을 실질적으로 이 땅에 풀어놓을 수 있는 조력자가 필요한데, 그 역할을 하는 것이 바로 마녀다.

영적인 존재인 악마는 인간의 감각에 포착되지 않는다. 그래서 이들이 어떻게 인간 앞에 현현할 수 있는가 하는 문제는 매우 복잡한 논증을 필요로 했다. 예컨대 그들에게는 성대가 없어서 인간에게 직접 말을 걸 수 없으므로, 마치 악기를 연주하듯 다른 방법을 써서 인간 목소리를 흉내 낸다. 마찬가지로 인간에게 어떤 생각을 불어넣는 것도 일종의 속임수를 사용하는 것이다. 즉 실제 존재하지 않는 사물을 보는 것처럼 생각하도록 만드

「마귀할멈들」(한스 발둥 그리엔 作)

는데, 이는 인간이 가진 상상의 능력 안에 들어 있는 내용들을 조정하여 마치 꿈을 꾸는 것과 유사한 상태로 만듦으로써 사람을 홀리는 것이다. 이런 식으로 악마는 사람을 움직여서 파괴적인 일들을 수행하도록 한다.

일반인이 볼 때에는 마녀가 사악한 일maleficium을 하는 것 같지만 사실 그 뒤에는 악마가 도사리고 있다. 그럴진대 악마와 마녀 사이의 공조, 그리고 그들 간의 계약이 핵심적인 사항이 된다. '사악한 눈fascinatio, evil eye'이 대표적인 예다. 특별한 악의 능력을 가진 사람은 남을 쏘아보는 것만으로 병에 걸리게 하거나 나쁜 사건에 휘말리게 만들 수 있다. 주로 기분 나쁘게 생긴 노파가 젊은이들에게 이런 일을 행하는 것으로 알려져 있는데, 이 노파들은 태생적으로 그런 힘을 가졌던 게 아니라 마녀이기 때문에 악마의 힘을 빌려 그렇게 한다는 것이다.

여기에서 한 가지 매우 중요한 문제가 제기된다. 악마와 마녀가 활개를 치고 다니며 세상을 어지럽히는데 신은 왜 그런 것을 지켜보고만 있는가 말이다. 신이 만물을 주재한다고 하면서도 이 세상에서 악마가 그런 악행을 저지를 수 있는 이유는 무엇인가? 신이 악마의 능력을 이기지 못해서 그렇다고 한다면 신은 전지전능한 것이 아니다. 또 악마가 행하는 그런 사악한 일들을 신이 원해서 한다고 하면 신은 사악한 존재가 된다. 이 두 가지 설명 모두 합당치 않다. 그렇다면 어떻게 설명해야 하는가? 스콜라철학의 견지에서 말하면 신은 악마가 사악한 일들을 하도록

'허락'한 것이다. 왜 그랬을까? 이 역시 매우 중요한 신학적 논증이 필요하다.

스콜라 철학자들의 답변은 이런 식이다.

사람들 눈에는 이것이 순전한 악으로 보이지만 결과적으로 선의 원인이 될 수 있다. 마녀들의 사악한 행위들은 진정한 기독교도를 테스트하고 경고하고 정죄하는 기회를 제공한다. 악마와 마녀가 준동하는 것은 신의 원대한 계획 속에서 더 큰 선을 위한 일이다. 예를 들어 포악한 이교도 군주가 성인과 성녀를 잔혹하게 고문하고 죽이는 것을 생각해보자. 포악한 군주의 행위 그 자체는 실로 사악하기 짝이 없는 일이지만, 그로 인해 순교자의 덕성이 천하에 알려지면 그것이 오히려 많은 신도들에게 모범이 되고 더 큰 신앙을 불러일으키는 데 도움이 된다. 즉, 악은 더 큰 선을 위한 필요에 부응하는 것이다.

곰곰이 생각해보면 이 설명은 순환 논리에 빠져 있다. 마녀의 행위가 왜 일어났는가? 신이 허락했기 때문이다. 신은 왜 그런 행위를 허락했는가? 그것이 신의 선한 의지에 부응하기 때문이다. 즉 마녀의 죄 자체가 마녀의 존재이유를 설명한다. 암만해도 이것을 이해하려면 이 논리 전체를 통째로 받아들이는 수밖에 없어 보인다. 이런 주장을 펴는 사람들에게 논리적으로 반박하는 것은 불가능할 것이다.

마녀 개념의 발전

중세 유럽에서 마녀 문제가 갈수록 중요해지고, 그 결과 마녀 개념이 정교하게 형성되었던 것은 이단에 대한 대응과 깊은 관련이 있다.

장구한 기독교의 역사에서 '다른 선택을 한'(이것이 원래 이단heresy이라는 말의 의미다) 종파들이 생겨나는 것은 필연적인 일이었다. 그 가운데 중세에 가장 큰 문제가 되었던 것은 카타리파와 왈도파였다. 카타리파는 이 세계를 선악의 투쟁으로 파악한다는 점에서 마니교적인 세계관과 유사하며, 로마 가톨릭과는 다른 교리 체계를 만들어갔다. 로마와 갈등 관계에 들어선 카타리파는 당시의 교황청이 오히려 악의 근원이라고 주장하고 나섰고, 이에 대해 정통 교단에서는 십자군을 동원하여 이들을 철저히 억눌렀다. 한편 카타리파와는 달리 왈도파는 교리상으로는 로마 교황청과 큰 차이가 없었다. 다만 교회의 조직을 부인하고 그들이 자유롭게 설교할 수 있는 권리를 주장했으며, 이것이 부인당하자 교회의 부패에 대해 강력하게 비판을 가했다.*

* 왈도파는 "각자 자기 윤리의 순수성을 좇아 설교하고 고백하고 심지어 빵과 포도주를 봉헌할 수 있다고 증언했다. 그들은 그리스도만이 유일한 주인이므로, 자신들 사이에 아무런 위계질서를 인정하지 않았다. 그들은 가난과 거지 생활을 순회 포교의 조건으로 채택했다. 그들은 사도를 본받아 재산, 아내, 일을 갖지 않았다." 알랭 코르뱅, 『역사 속의 기독교』, 주명철 옮김, 길, 2008, p. 211.

카타리파와 왈도파 문제를 겪으면서 가톨릭 교회 내부에서 이단을 보는 시각에 큰 변화가 생겼다. 이단의 무리는 단순히 종교적 해석에서 일부 다르다든지 부분적인 오류를 범한 사람들이 아니라 가톨릭 교리와는 전혀 무관한 사탄의 무리로 비난받았다. 그들은 무고한 아이들을 죽이고, 성적으로 방종하며, 무엇보다 사탄이 주관하는 연회에 참석한다는 혐의를 받았다. 이런 주장은 9세기 그리스에서 이단을 공격할 때 처음 나온 것인데 이제 서구에서도 같은 내용이 적용되었다. 우리 성스러운 교회를 악으로 규정하고 공격하는 자들이야말로 악의 화신이 아니겠는가. 이런 식으로 중세 이단은 시간이 갈수록 '악마화'되었다. 그런 신앙의 적을 무자비하게 처단하려는 것은 필연이었다. 13세기 초반부터 교황청에서는 이단을 세속 법정에 넘겨 '적절한 처벌animadversio debita(이는 '사형'을 부드럽게 표현한 말이다)'을 해야 한다고 주장했다. 교회가 직접 사형을 집행할 수는 없으므로, 교회로서는 이단 판정을 내리는 데에 주력하고, 실제 처형은 세속 당국으로 넘겼다.

1233년에 교황 그레고리우스 9세(재위 1227~1241)가 발한 '라마의 소리Vox in Rama'라는 교황 칙서는 마녀 문제와 관련하여 주목할 만한 문건이다. 교황이 일부 주교와 사제에게 보낸 이 서한은 교회에 들이닥친 슬픈 사태, 특히 이단의 문제를 거론하고 있다.

신참이 처음 이 집단에 들어오면 개구리 모양의 형상이 나타난다. 어떤 자들은 그의 뒷부분에, 또 어떤 자들은 그의 입에 키스를 한다. 그들은 이 짐승의 혀와 침을 자기 입에 받는다. 신참이 앞으로 나오면 안색이 놀라울 정도로 창백한 데다가 눈이 아주 까맣고 너무 수척하여 뼈 위에 가죽만 살짝 걸쳐 있는 듯한 인물이 그를 맞이한다. 신참은 그에게 키스하면서 얼음처럼 차갑다고 느끼는데, 그 후 곧바로 그의 마음에서 가톨릭 신앙이 사라지게 된다. 그런 다음 그들은 둘러앉아 식사를 한다. 이때 어떤 조각상에서 크기가 개만 한 검은 고양이가 꼬리를 올린 채 뒷걸음쳐서 온다. 그들은 이 고양이의 뒷부분에 키스한다. (……) 이것이 끝나면 그들은 촛불을 끄고 구역질 나는 음란 행위를 하는데, 이때에는 낯선 이들이든 친척이든 상관하지 않는다. 더구나 만일 남자의 수가 여자보다 많으면 그들은 수치스러운 열정에 굴복하여 욕정에 불타오르는 나머지 남자들끼리 타락한 행위를 한다. 또한 여자들 역시 그들의 자연스러운 기능을 바꾸어 그들 간에 비난받아 마땅한 일들을 한다. 이런 가공할 죄악이 끝난 후 촛불을 다시 켜고 모두 자기 자리로 돌아가면 이 집단의 한쪽 어두운 구석에서 한 사람이 나타나는데, 그의 사타구니에서 태양보다 더 강한 빛이 나온다.*

* Alan Charles Kors and Edward Peters ed., *Witchcraft in Europe 400-1700 : A Documentary History*, University of Pennsylvania Press, 2000, document no. 18.

흔히 거론되는 사바트의 묘사가 그대로 반복된 이 문건이 정말 교황 칙서일까 싶을 정도로 황당무계한 내용이다. 이는 정형화되어가는 마녀 개념을 드디어 교황청마저 그대로 받아들이고 있음을 보여주는 매우 흥미롭고 또 중요한 자료다.

도미니크 수도회

교황청에서 악마와 연관된 이단을 퇴치하고자 할 때 이를 임시적인 방식으로 할 것이 아니라 주관 기관을 정할 필요가 있었다. 이때 선택된 기관이 당시 새로 생겨난 도미니크 수도회였다. 이들은 이단에 대응하기 위해 특별한 트레이닝을 받았다. 이단은 성경에 밝은 경우가 많았기 때문에 이들 역시 그에 대비한 공부를 했고, 그러기 위해 자체 교육기관을 두든지 쾰른 대학 같은 특정 대학의 도움을 받기도 했다. 이들은 이단을 박멸하고자 종교 재판에 열심히 참여하는 동시에, 이론적인 정교화도 병행해 나갔다. 후진을 잘 키우기 위해 마녀를 가려내고 그들을 논박하는 데 도움이 되는 매뉴얼도 준비했다. 이 과정에서 마녀 개념이 뚜렷하게 정립되어갔다.

이를 보여주는 인물로 요한네스 니더(1380/85~1438)를 들 수 있다. 그는 남부 슈바벤 지역에서 태어나 1402년경 도미니크 수도회에 들어갔고, 그 후 빈 대학과 쾰른 대학에서 공부했으며 뉘른베르크와 바젤에서 수도원 원장이 되었다. 그리고 아마도 1435년에 빈 대학으로 돌아가 다음 해에 신학부 학장이 된 것으로 보인다. 그는 여러 저서를 집필했으나 가장 유명한 것이 『개미 나라Formicarius』(1435~1438)이다.* 개미 나라를 인간 세계의 모델로 비유하고 있는 이 저서에서 그는 특별히 마녀 문제에 대해 자세히 다루고 있다. 중요한 점은 그가 단지 이전 저술들을 인용하는 데 그치지 않고 실제로 마녀 재판을 주관했던 인물들로부터 구체적인 정보를 얻어 저서에 인용했다는 것이다. 그가 쓴 글을 살펴보자.

> 로잔 주교구의 볼팅엔Boltingen이라는 읍에 스타델린Stadelin이라는 사람이 살고 있었는데, 그는 해당 지역의 재판관이었던 페터에게 체포되었다. 스타델린은 어떤 부부가 사는 집에 들어가 마술을 써서 부인의 배 속에 있는 아이들 일곱 명이나 연달아 죽였고, 또 양의 배 속의 새끼를 죽여서 7년 동안 새끼 양이 태어나지 않았다. 어떻게 이를 행했냐고 물으니 그가 답하기를 특정한 종류의 도마뱀을 가루로 만들어 그 집 문턱 밑에 뿌려두었기 때문인데, 이것을 치우면 그 집안에 생식력이 되살아날 것이라고 했다. 이런 고백은 고문을 통해 얻어냈으며, 자발적으로 실토하지는 않았다. 재판관은 그를 화형에 처했다.

* 이 제목은 성경에서 따온 것이다. "게으른 자여 개미에게로 가서 그 하는 것을 보고 지혜를 얻으라."(잠언 6: 6)

또 페터는 나에게 베른 지역에서 아주 짧은 동안에 열세 명의 아이들이 마녀들에게 잡아먹혔다고 말했다. 페터가 사로잡힌 마녀에게 어떻게 아이들을 잡아먹었냐고 묻자 마녀는 이렇게 답했다. '세례받지 않은 아이 혹은 세례를 받았더라도 십자가 표시나 기도로 보호받지 않는 아이들의 경우 요람에 있을 때 우리가 의식을 행하여 죽입니다. 그 후 우리는 비밀리에 묘에서 아이들 사체를 꺼내 와 큰솥에 넣고 요리를 합니다. 살이 익어 뼈에서 떨어지면 액체가 됩니다. 이 물질을 굳혀 만든 고약은 우리 일에 유용하게 쓰입니다. 우리는 이 액체를 통에 집어넣고 여기에 추가적으로 의식을 거행하는데, 누구든 이것을 마시는 사람은 곧바로 우리 종파의 일원이 됩니다. (……)'

이 마술을 행한 스카비우스라는 자는 공개적으로 자기 기술을 자랑스럽게 사용했다. 그는 자기가 원하는 대로 생쥐로도 변신하여 원수의 손에서 벗어날 수 있다고 했다. (……) 그는 힙포Hippo라는 제자를 남겼는데, 힙포가 스타델린을 마술의 대가로 만들었다. 이 두 사람은 그들이 원하면 언제든지 이웃의 밭에 있는 거름, 곡물, 과일 등을 남의 눈에 보이지 않게 자기네 밭으로 옮겨 올 수 있었다. 그들은 거대한 돌풍을 일으키고, 공기 중에 벼락을 통해 독을 넣고, 사람과 동물을 불임으로 만들고, 이웃 사람들의 몸과 재산을 해치거나 혹은 말을 미치게 만들고, 또한 원하면 공중으로 날아서 이동할 수 있다. (……) 재판관이 스타델린에게 어떻게 돌풍과 폭우를 일으킬 수 있느냐고 묻자 그는 답하기를, 밭에 서서 특정한 주문을 외우며 모든 악마들 중에 가장 강력한 악마에게 자신이 원하는 일을 할 수 있도록 작은 악마를 보내달라고 간청한다고 한다. 그에게 찾아온 악마의 명령에 따르면 곧 폭풍우가 일어나지만, 반드시 자신이 원하는 곳은 아니고 하느님이 허락한 곳에서 일어난다고 한다.*

이 사례에서는 악마 계약, 성적 방종, 변신 이후 이동, 마녀 집회 참가, 타인에게 가하는 위해, 어린아이 살해 등 마녀에 관한 핵심 요소들이 다 갖추어져 있다. 이런 자료들로 보건대 대략 15세기 초반에 어느 정도 완결된 마녀 개념이 탄생했다고 짐작할 수 있다. 그리고 이런 개념을 이용하여 의심스러운 사람들을 잡아들여 고문을 통해 자백을 받아낸 다음 처형하는 과정이 작동하기 시작한 것 또한 분명하다.

이제 모든 준비가 완료되었다. 비기독교적인 성격으로 의심되는 모든 행위들을 일괄적으로 악마의 소행으로 몰아갈 수 있는 강력한 무기가 만들어졌다. 마녀라는 개념을 동원한 결과 교회가 판단하기에 정상에서 어긋나는 일들이 단지 가벼운 오류나 인간이 범할 수 있는 사소한 잘못 정도가 아니라 인간 사회를 총체적으로 무너뜨리려는 지극히 위험한 행위로 규정된 것이다.

* Alan Charles Kors, 앞의 책, document. no. 27.

말레우스 말레피카룸

이상에서 살펴본 것처럼, 마녀 개념은 13세기부터 15세기 초엽에 이르기까지 서서히 잡혀가다가 15세기 후반 완전히 자리 잡았다. 그 정점을 차지한 책은 헨리쿠스 인스티토리스Henricus Institoris와 야코부스 슈프렝어Jacobus Sprenger가 1486년에 출판한 『말레우스 말레피카룸Malleus Maleficarum』('마녀에게 가하는 망치'라는 뜻)이다.* 이 책은 이때까지 산발적으로 진행되던 이전의 논의를 엄정한 신학적 논증 안에 종합했으며, 또 이론으로부터 실무에 이르기까지 모든 내용을 망라했다. 쉽게 말해서 이 책은 교회가 악을 개념화하는 방식에서 일어난 근본적인 변화의 정점이었다.

저자들이 밝힌 이 책의 목적은 첫째, 마녀 존재를 부정하고 마녀 처벌을 방해하는 자들을 논박한다, 둘째, 마녀 문제에 대응해야 하는 설교자들에게 논거, 사례, 충고를 제공한다, 셋째, 마녀재판의 재판관들에게 도움을 준다는 것이다.

가장 중요한 문제는 과연 마법이란 무엇이며, 누가 마녀 혹은 이단인가를 정하는 것이다. 엄밀한 의미에서 어떤 인간이 진짜 이단인가, 그가 내면에 정말로 신을 부정하는 그릇된 사고와 믿음을 가지고 있는가는 오직 신만이 판단할 수 있다. 어떤 인간의 행위가 과연 신의 뜻을 거스르는 오류의 결과인지 아닌지 다

* 헨리쿠스 인스티토리스의 원래 이름은 하인리히 크라머Heinrich Kramer이지만 라틴어로 책을 출판하면서 자신의 이름도 라틴어 식으로 바꾸어 표기했다.

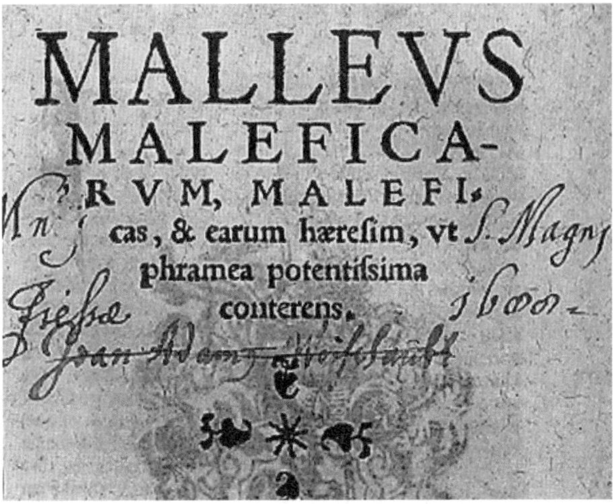

『말레우스 말레피카룸』(1520년 판본)

른 인간이 판단할 수는 없다는 것이 '신학자'의 견해이다. 그렇지만 '이단 재판관'으로서는 누군가가 이단인지 아닌지 합법적 판단에 의해 결정해야만 한다. 세상이 너무나도 큰 위험에 처해 있으므로 어떻게든 악의 세력을 발본색원해야 하기 때문이다. 이 책은 그러한 실용주의적 관점에서 쓰였다.

사실 현대의 우리로서는 이 책을 읽는 것이 결코 쉽지 않다. 중세 철학의 논증 및 서술 방식에도 익숙해야 하며, 동시에 그 시대의 철학 논의 내용을 많이 알아야 하기 때문이다. 이 책의 서술 형식은 스콜라 철학의 표준적인 논증 방식을 따르고 있다. 우선 도입부에 간접 질문을 던진다(TT). 그리고 이 질문에 대한 부정적인 답변, 즉 잘못된 답에 유리한 주장들을 먼저 제시한다(AG). 그

다음 반대논증을 한다(SC). 이렇게 찬반 양쪽의 논증을 제시한 다음 저자가 자신의 주장을 펼친다(CO). 그다음에 앞에서 제기되었던 잘못된 주장들을 하나씩 논파한다(RA). 이런 서술 방식을 잘 이용하면 신학적 내용을 아주 설득력 있게 전할 수 있다.

이런 형식에 담아 이 책에서 전개하는 주장은 현재 우리에게는 기묘하거나 심지어 우스꽝스럽기까지 하다. 예컨대 이런 식이다. 악마는 진짜 눈을 가지고 있는가(답 : 아니다, 그려 붙였다). 악마는 인간의 정액을 훔쳐다가 여성들을 임신시킬 수 있는가(답 : 가능하다, 악마의 동작이 대단히 빨라서 정액이 생명력을 잃지 않는다). 사실 이런 내용이 왜 그토록 중요했는지 의아하지만, 그 당시의 문제의식으로 돌아가면 충분히 이해 가능하다. 현재 우리는 악마가 마녀를 홀려 사악한 일을 하게 한다는 사실을 믿으려 하지 않지만, 그런 일들을 철석같이 믿고 있던 당시 사람들에게는 과연 악마와 마녀가 어떤 존재냐 하는 것은 아주 세밀하게 논구해야 하는 문제였기 때문이다.* 이런 노력을 통해 저자들은 모든 상황에서 만족스러운 새로운 카테고리로서 마녀를 창안했다. 이 책은 단순히 그 이전부터 전해오는 자료들을 편찬한 게 아니라 기존의 경험과 권위를 새로운 방식으로 결합시켜 새로운 개념을 만들어낸 것이다.

* 지나치게 형식 논리에 매달리고 그런 형식을 통해 거의 의미 없어 보이는 세세한 일들을 논증하여 자신의 박학을 과시하려는 스콜라 철학의 메마른 풍토에 대해 후대 학자들은 비판적인 태도를 취했다. 예수는 똥을 누지 않았다는 아퀴나스의 주장 같은 것은 에라스무스가 볼 때는 신에 대한 모욕적인 주장이었다.

여기에서 특히 눈에 띄는 것은 이 책의 지나친 반反여성적 성향이다. 이 책은 악마의 하수인이 여성일 수밖에 없다는 사실을 정당화시켰다. 이에 따르면 여성은 잘 속고, 충동적이며, 감정적으로 극단적 반응을 보이기 십상이므로 남성보다 약한 존재다. 그렇게 심신이 미약하기 때문에 더 쉽게 악마의 덫에 빠진다는 것이다. 악마는 특히 성적인 문제와 관련될 때 가장 힘이 센데, 바로 이 지점에서 여성이 남성보다 천성적으로 더 취약하다. 이 책 전반에 걸쳐 여성은 육체적 욕망과 동의어로 취급되며, 이런 육체적 욕망이 마술의 근원이라고 해석된다. 마술을 이용해서 연인을 획득하고 또 이전 연인에게 복수하고자 하는 여성의 욕구가 악마와의 성적 교접을 가져오며, 그로 인해 더 흉악한 죄들을 짓는다. 마녀는 다른 사람의 사랑을 방해해서 자신과 사랑에 빠지도록 하고, 증오하는 사람들에게 낙태와 불임, 성적 무능력impotence을 유발시키며, 심지어 남자들의 성기를 공중으로 사라지게 만들 수도 있다. 후일 이 책의 개념을 근거로 마녀재판이 이루어질 때 성 문제가 중요한 이슈가 된 것도 이런 논리에서 나온 것이다.

우리에게 익숙한 마녀의 개념은 이 책에서 정립되었으며, 후대의 모든 텍스트들은 이 책 내용을 거의 그대로 따랐다고 해도 과언이 아니다.* 이는 인쇄술의 발달과도 깊은 관련이 있다.

* Hans Peter Broedel, *The Malleus Maleficarum and the Construction of Wichcraft : Theology and Popular Belief*, Manchester University Press, 2003, pp. 7-8.

이 책은 1500년까지 8쇄, 1520년까지 다시 5쇄가 추가로 출간되었다. 1576~1670년 동안 이 책의 출판이 다시 붐을 일으켜 3~5만 권이 더 보급되었을 것으로 추정된다. 1580년대에 유행한 마녀 및 마술에 관한 총서들을 보면 대개 제1권의 자리는 『말레우스 말레피카룸』이 차지하고 있다. 이 책은 마녀에 관해서는 누구든지 준거로 삼아야 하는 고전이 된 것이다. 누구든 마녀재판에 관한 저서를 쓸 때면 이 책을 주요 전거로 내세웠다. 예컨대 15세기 후반에 활동했던 이탈리아의 인문주의자이자 신비주의 철학자였던 피코 델라 미란돌라도 마녀에 관해 논할 때 이 책을 길게 인용하면서, 저자를 아우구스티누스 및 그레고리우스와 동렬의 인물로 거론했다. 16세기 후반이 되면 작가들은 더 이상 마술이 무엇이냐에 대해 고민할 필요 없이 이 책 내용을 전제로 했다. 마녀의 존재에 대한 반대론을 펼치는 사람도 마찬가지로 이 책 내용을 공격했고, 이에 대해 재반론하는 사람도 이 책 내용을 옹호하는 논지를 펼쳤다. 이렇게 이 책은 마녀 문제에 관한 한 가장 영향력 있는 악의 고전으로 자리 잡았다.

악의 고전

『말레우스 말레피카룸』의 주장에 따르면 마녀의 해악에서 벗어나기란 정말로 어렵다. 교회는 애초에 악마를 몰아내는 데에는 힘을 쓸 수 있지만 일단 마술이 효과를 보게 된 이후에는 그것을 풀기가 아주 힘들다. 그러니 치료보다는 예방이 우선이다. 이를 위해 집에 성수를 뿌리고, 사람과 동물 모두 기독교 부적을 사용하며, 문턱마다 성스러운 밀랍이나 허브를 뿌리는 게 좋다. 그러나 이 모든 예방 조치들이 결코 완전치는 않다. 그렇다면 결국 어떻게 해서든 마녀를 없애는 게 최선이라는 결론을 얻는다. 고문과 처형 등 모든 방법을 동원해서라도 인간 사회의 적들을 제거해야 한다는 논리가 성립되는 것이다.

『말레우스 말레피카룸』은 마녀를 고문하여 자백을 받아내는 방법까지 아주 자세히 가르쳐준다.*

> 고문을 통해 심문하는 법은 다음과 같다. 우선 간수가 고문 도구를 준비하고 죄수의 옷을 벗긴다. 만일 죄수가 여자라면 행실이 올바르고 단정한 다른 여자가 미리 옷을 벗긴다. 이렇게 옷을 벗기는 이유는 혹시 어떤 마술의 수단을 옷에 꿰매놓았을지 모르기 때문이다. 이런 것은 악마가 가르쳐준 대로 구원을 받지 못하도록 세례를 받기 전에 살해한 아이의 시체를 가지고 만든 것이다. 고문 도구가 준비되면 재판관은 스스로 혹은 신앙이 두터운 다른 훌륭한 사람을 통해서, 죄수에게 자유롭게 지은 죄를

* Henricus Institoris and Jacobus Sprenger, *Malleus Maleficarum*, edited and translated by Christopher Mackay, vol. II, Cambridge University Press, pp. 496-500, Question Fifteen.

자백하라고 설득한다. 만일 여전히 자백하지 않으면 조수에게 시켜서 죄수를 스트라파도strappado(손을 뒤로 해서 가죽으로 묶은 다음 공중으로 들어 올리는 고문 도구)나 다른 고문 도구에 묶을 것을 명령한다. 조수들은 이 명령을 따르지만 거짓으로 마음이 흔들리는 것처럼 행동한다. 그러고는 다른 사람들이 간청하는 척하여 다시 죄수를 풀어준 다음 옆으로 데리고 가서 다시 한 번 자백할 것을 설득하고 만일 자백하면 사형에 처해지지 않는다고 믿도록 한다.

이때 이런 문제가 제기된다. 죄수가 악명 높은 사람이고 모든 증인과 증거가 있되 다만 그 자신의 자백만 없을 경우, 그래서 비록 죄수가 죄를 자백하더라도 사형에 처할 것이 분명할 때, 재판관이 그 죄수에게 목숨을 살려주겠다는 거짓 희망을 불어넣어줄 수 있는가.

이에 대해서는 의견이 갈린다. 어떤 사람들은 마녀가 대단히 악명 높고 증거에 의해 혐의가 입증되었으며 또 다른 마녀들의 수괴로서 극히 위험한 자로 여겨진다 하더라도, 그녀가 다른 마녀들에 대해서 확실한 증거를 제공하는 경우 그녀의 목숨을 구해주고 대신 빵과 물만 제공하는 종신형에 처할 수 있다고 주장한다. 그렇다 하더라도 그녀에게 종신형이 부과된다는 사실을 직접 통고하지는 않고, 그녀의 목숨을 살려주되 추방과 같은 다른 방식으로 처벌될 것이라고만 말해야 한다. (……) 두 번째 견해는 감옥에 가둔다고 마녀에게 한 약속을 한동안 지킨 다음 나중에 화형에 처하자는 것이다. 세 번째 견해는 재판관이 직접 선고를 하지 않고 나중에 다른 사람이 그 선고를 하면 재판관은 면죄가 될 테니 안심하고 마녀에게 목숨을 살려준다는 거짓 약속을 할 수 있다는 것이다.

오늘날의 관점에서 우리가 판단하기에는 이런 행위를 하는 자들이야말로 하느님의 이름으로 악을 행하고 있다. 정의를 구현한다며 고문하고, 사회를 구원하겠다며 무고한 사람들을 살해하는 것이다. 우리의 눈에는 마녀재판관들이야말로 도리어 악마의 하수인으로 보일 지경이다.

'계몽과 빛'의 시대에는 어둠이 함께 존재했다. 고매한 지식인과 신앙심 깊은 종교인이 심원한 연구와 사회적 실천을 통해 만들어낸 고전이 어둠의 토대를 제공했다. 『말레우스 말레피카룸』은 인류의 양심, 인류의 영혼에 지독한 망치질을 한 '악의 고전'이다.

08

바타비아

: 유럽 문명의 무덤

1628년 10월 29일, 네덜란드 동인도 회사 소속 선박 바타비아호가 암스테르담항을 떠났다.* 배수량이 1,200톤이고 이물에서 고물까지 길이가 48미터에 달하는 이 배는 당시 기준으로는 최대 규모에 속했다. 38명의 여성과 아이들을 포함하여 모두 341명을 태우고 처녀 출항한 이 배의 목적지는 인도네시아의 자바섬이었다. 17세기에 유럽과 아시아를 오가는 원거리 항해는 사고 위험이 아주 높았다. 특히 경도經度를 정확하게 파악하는 것이 쉽지

* Mike Dash, *Batavia's Graveyard*, Crown Publishers, New York, 2002 ; 우리말 번역본은 마이크 대쉬, 『미친 항해—바타비아호 좌초사건』, 김성준·김주식 옮김, 혜안, 2012. 이 글에서는 번역서를 인용하되 인명과 지명, 혹은 일부 용어 중 발음 규칙에 현저히 어긋나는 것은 수정하였다. 예컨대 번역서의 '펠사아르트' '워우터 로스' '호다'는 각각 '펠사르트Pelsaert' '와우터 로스Wouter Loos' '하우다Gouda'로 고쳤다.

않아서 항해 중인 배가 현재 어느 위치에 있는지조차 파악하기 힘들었다. 7개월을 항해한 후인 1629년 6월 4일 새벽, 전속력으로 항진하던 이 배는 오스트레일리아 서쪽 해상에 위치한 하우트먼애브롤호스 제도의 암초에 부딪혔다. 약 300명에 이르는 생존자들은 물도 구하기 힘든 몇 개의 작은 무인도에 남겨졌다. 이제 이곳에서는 어떤 일이 벌어질 것인가?

난파

이 비극적 이야기의 주요 등장인물은 세 명이다. 우선 항해 관련 업무를 전부 책임지는 선장 아드리안 야콥스가 있다. 두 번째 인물은 오퍼코프만opperkoopman(번역서를 따라 이 글에서는 '대상인'이라 부르기로 한다)인 프란시스코 펠사르트이다. 통상 바다에 나갔을 때는 선장이 선상에서 최고의 권한을 가지게 마련인데, 네덜란드 동인도 회사 선박의 경우 교역 업무를 총괄하는 이 직책이 선장보다 상위 직급이었다. 그리고 그를 보좌하는 온더코프만onderkoopman('부상인'이라 부르기로 한다)인 예로니무스 코르넬리스가 세 번째 인물이다. 마지막 인물이 이번 사건의 주인공에 해당한다.

코르넬리스는 할렘시 출신의 약제사로서, 사업에 실패하여 파산했을 뿐 아니라 당시 가장 극렬한 이단으로 지탄받던 재세

례파anabaptist의 분파에 참여했다가 체포를 피해 도피하는 중이었다. 불만이 가득하던 야콥스 선장과 의기투합한 코르넬리스는 선상 반란을 일으켜 선박과 화물을 탈취한 후 이국땅으로 도망가 살 궁리를 했다. 몇 명의 공모자들까지 모은 그들은 실제로 이 위험한 도박을 실행에 옮겼다. 여성 탑승객 중 가장 미모가 뛰어나고 신분이 높은 크레이셔를 밤중에 겁탈하여 일부러 소란을 일으킨 것이다. 그러면 대상인인 펠사르트가 선상 질서를 잡기 위해 선원들에 대해 엄격한 징계를 내릴 것이고, 그때 두 사람은 불만을 품은 선원들을 끌어들여 선상 지휘권을 빼앗겠다는 계획이었다. 그렇지만 이 음모는 뜻하지 않은 일 때문에 불발에 그치고 말았다. 크레이셔에게 폭력을 가하는 소동을 일으키기는 했지만, 마침 펠사르트가 병에 걸려 드러눕는 바람에 조사가 이루어지지 못하고 유야무야 넘어간 것이다. 펠사르트는 야콥스 선장이 음모에 연루되었다는 사실을 짐작하고 있었지만, 일을 잘못 처리했다가 오히려 자신이 큰 위험에 빠질 수 있다는 점을 알고 있었기에 사건을 일단 덮어두고 항해를 계속했다. 코르넬리스 일당으로서는 사형당하느냐 한몫 잡아 먼 곳으로 튀느냐 하는 절체절명의 모험을 감행했는데, 일이 이상하게 돌아가서 표면적으로는 아무 일도 없었던 것처럼 지나가버리고 말았다. 그렇지만 이 갈등은 사라진 게 아니라 내적으로 잠재해 있다가 더 큰 사건이 터졌을 때 폭발하게 된다.

운명의 날인 1629년 6월 4일 새벽, 전혀 예상치도 못했던 지점에서 바타비아호는 암초에 걸려 좌초됐다. 며칠 버티던 배는 결국 두 동강이 나서 바다 아래로 가라앉았고, 300명 가까운 생존자들은 주변의 작은 섬으로 피신했다. 이 섬은 나중에 '바타비아호의 무덤Batavia's Graveyard'이라는 별명으로 불리게 된다. 섬에는 무엇보다 마실 물이 없었고, 바다사자나 물새 외에 별다른 식량도 없었다. 우선 당장은 난파한 배에서 꺼내 오거나 바닷가에 떠내려온 물통과 식량으로 연명할 수 있지만, 이대로 가면 조만간 모두 죽음을 면할 수 없으리란 것은 분명했다. 이 상황에서 선장과 대상인, 그리고 일부 승무원과 승객 등 48명에 이르는 사람들이 바타비아호에 싣고 다니던 대형 보트를 타고 북쪽으로 탈출했다. 이들은 다른 희망이 없으므로 차라리 그들만이라도 원래 목적지인 자바섬으로 항해해 간 다음, 그곳에서 구조선을 보낼 생각을 한 것이다. 방향도 제대로 파악하지 못하는 망망대해에서 어림짐작으로 목적지를 찾아간다는 것은 거의 불가능에 가까운 일이지만 놀랍게도 그들은 33일에 걸친 악전고투 끝에 인도네시아의 바타비아까지 항해해가는 데 성공했다.* 네덜란드 동인도 회사의 아시아 본부라고 할 수 있는 바타비아에서는 난파 지점에 구조선을 보내 그때까지 살아남은 사람들을 구출하게 된다. 그러나 그동안 무인도에서는 가공할 일들이 벌어

* 바타비아는 원래 네덜란드를 가리키는 고지명古地名이다. 네덜란드인들이 아시아에서 식민지를 건설할 때 오늘날의 자카르타를 얻은 후 그곳을 바타비아로 명명했다. 선박의 이름도 우연히 바타비아호이고, 난파 장소도 그에 따라 바타비아호의 무덤이라는 별명이 붙어서, 바타비아라는 똑같은 이름이 여러 차례 반복해서 등장하게 되었다.

지고 있었다.

당시 섬에 남겨진 사람들 중 가장 높은 직위에 있던 사람은 부상인인 코르넬리스였으므로, 그가 지휘자로 부상했다. 선장과 대상인이 함께 보트를 타고 떠난 것을 알게 된 그는 난감한 상황에 빠졌다. 현재의 무인도에 그대로 있으면 결국 모두 목숨을 잃을 터이므로 구조선을 애타게 기다릴 수밖에 없지만, 구조선이 도착하면 자신이 체포되어 사형에 처해질 공산이 컸다. 대상인 펠사르트가 동인도 회사 본부에 도착하면 얼마 전 자신이 획책했던 선상 반란에 대해 보고할 것이 분명했기 때문이다. 그는 무인도에 남은 사람들을 완전히 장악하고 만반의 준비를 하고 있다가, 구조선이 도착하면 그 배를 탈취한 후 그동안 난파선에서 건져낸 재화를 가지고 먼 곳으로 도망갈 계획을 세웠다. 그러기 위해 우선 자신을 따를 사람들을 가려내고 남은 사람들을 조직적으로 살해하리라 작정했다. 권력을 장악한 그는 자신의 천막 주변에 추종자들을 배치하고 무기와 물자를 통제했다. 그는 이 작은 섬의 왕 같은 존재로 부상했다.

최우선 과제는 자신에게 반대할 가능성이 높은 병사들을 제거하는 일이었다. 그는 해안에 밀려온 판자들로 작은 뗏목을 만들어 추종자들로 하여금 주변의 작은 섬들을 조사하게 했다. 그 결과 주변의 작은 섬들에서도 물이 나지 않는다는 사실을 확인했다. 그러나 그는 이 사실을 숨기고 주변 섬들에 물이 풍부하니 일부 사람들이 이주해야 한다고 설득했다. 그는 이 기회를 이용해 제일 기운이 좋은 병사들을 추려 주변 섬으로 보내버렸다. 그리고 다른 섬들에도 물이 있는지 찾아보아야 한다는 핑계를 대며 위버 헤이스(나중에 저항 세력의 지휘자가 되는 인물이다)를 비롯한 수십 명의 군인들을 또 다른 섬으로 보냈다. 물을 찾을 경우 연기를 피워 올려 신호를 보내면 그들을 구조하러 가겠다고 약속했지만, 코르넬리스의 속마음은 그들을 물이 나오지 않는 섬에 방치하여 목말라 죽게 하는 것이었다.

코르넬리스의 첫 번째 계획은 성공적이었다. 사람들을 네 군데 섬에 보내 대부분 죽게 만든 결과 이제 본섬이라 할 수 있는 '바타비아호의 무덤'에 남은 사람들은 130명 정도로 줄었다. 이제부터 할 일은 자신의 추종자들을 시켜 이 사람들을 조직적으로 살해하는 일이었다. 그러기 위해 우선 난파 사고 직후 구성되었던 운영위원회부터 장악할 필요가 있었다. 마침 병사 한 명이 보급품 천막에 숨어 들어가 포도주를 훔쳐 포수砲手와 나누어 마신 사건이 일어나 이를 핑계로 삼았다. 코르넬리스는 두 사람 모두 사형시켜야 한다고 주장했는데, 다른 위원들은 포도주를 훔친 사람은 몰라도 함께 마신 사람까지 사형시키는 데에는 반대했다. 예상했던 반응이 나오자 코르넬리스는 운영위원회를 해산시키고 자기 심복들로 운영위원회를 다시 구성했다. 전권을 잡은 코르넬리스는 거칠 것 없이 자신의 살해 계획을 밀어붙였다. 새 운영위원회는 두 사람을 곧바로 사형에 처했을 뿐 아니라, 곧이어 다른 사람들도 별다른 근거 없이 고발하여 사형시켜

버리는 일들을 자행했다. 사형 집행에 참여했던 사람들은 "칼이 마치 버터처럼 몸으로 쑤욱 들어갔다"며 자랑했다. 이후로는 재판 절차를 제대로 밟지도 않고 마구잡이로 살육이 이루어졌다. 이웃 섬들에 증원대를 파견한다고 속여 사람들을 뗏목에 태운 뒤 손발을 묶은 채로 바다에 던져 익사시키기도 하고, 자신들을 따르지 않을 것으로 보이는 사람들은 숙소로 공격해 들어가 칼로 마구 찔러 죽였다.

사람들은 이제야 코르넬리스의 참모습을 보게 되었다. 동인도 회사에 충성하는 사람들이 폭도들보다 수적으로 더 많았지만 무기를 독점한 코르넬리스 일당을 당해낼 수는 없었다. 오히려 목숨을 부지하기 위해서는 폭도의 편에 서야 했다. 코르넬리스의 신임을 받는 사람들은 특권을 누렸다. 그들은 바다사자와 물새 고기 대신 저장육을 먹고 빗물이 아닌 포도주를 마셨다. 세상이 뒤집어진 것이다. 평생 억압받으며 살던 가난한 사람들은 완전한 자유를 만끽했다. 그들은 이전에 자신보다 우위에 있던 사람들에게 권력을 휘두르고 보복당할 걱정 없이 마음껏 살해했다. 물론 그런 특권은 공짜가 아니었다. 일단 폭도의 편에 들어가면 충성심을 증명해야 했는데, 그것은 코르넬리스가 지명하는 사람을 칼로 죽이는 일이었다. 식량도 아낄 겸 이들은 환자 천막에 들어가 병들어 누워 있는 사람들의 목을 차례로 땄다. 7월 전반에만 이런 식으로 50명 가까이 살해해 섬에 남아 있는 사람은 이제 90여 명으로 수가 줄었다.

한번 피 맛을 본 사람들은 점차 살인기계가 되어갔다. 그들은 이웃 섬 사람들도 제거하여 위험 요소를 없애기로 했다. 이웃 산호초 섬에는 아직 45명이 생존해 있었다. 코르넬리스는 부하들에게 산호초 섬으로 가서 남자와 어린아이는 다 죽이되 여자들은 당분간 살려두라는 명령을 내렸다. 굶주림에 시달려 힘이 빠진 사람들을 죽이는 것은 어려운 일이 아니었다. 첫 번째 공격에서만 성인 남자 네 명과 소년 여섯 명이 죽었다. 그런 가운데 15세의 소년 헤리츠는 "죽을래 아니면 살인에 동참할래?" 하는 질문에 기꺼이 살인에 동참하겠다고 의사 표시를 한 후 정말로 달아나던 다른 어린 소년을 붙들어 칼로 찔러 죽였다.

살인은 단순한 일상사가 되었다. 그런 가운데 특이한 사례는 코르넬리스가 어린아이를 살해하려 한 일이다. 어머니와 함께 있던 아이가 계속 울어 잠을 설친 코르넬리스는 과거 약제사였던 경험을 살려 아이에게 독약을 만들어 먹이고는 아이의 상태를 유심히 관찰했다. 그런데 아이는 혼수상태에 빠졌을 뿐 죽지는 않았다. 실망한 그는 이를 드샹이라는 심약한 추종자를 시험할 기회로 삼았다. 드샹은 아이를 천막 밖으로 데리고 나가 목을 졸라 살해했다. 이 아이는 코르넬리스가 유일하게 직접 살해를 시도한 사례였지만 그나마 다른 사람이 끝장을 냈으니, 결국 코르넬리스는 살인마들을 지휘하긴 했으나 정작 자신은 한 사람도 직접 죽이지는 않은 셈이다. 하여튼 이 아이가 105번째 희생자가 되었다. 섬에 사는 사람은 이제 60명 미만으로 줄었다.

그래도 살인은 계속되었다. 코르넬리스가 생각한 적정 인구는 45명 이하였기 때문이다.

공포와 야만

바타비아호에는 당시 기준으로는 상대적으로 많은 여성들이 탑승해 있었다. 탑승자 가운데 바스티안스라는 목사와 목사의 부인 그리고 일곱 명의 아이들이 있었는데, 그중 둘째 딸 유딕은 21세의 꽃다운 나이였다. 살육이 자행되던 당시, 폭도 중 한 명이 그녀에게 청혼하고 곧바로 약혼을 요구했다. 목사는 목숨을 부지하고 능욕을 피하는 길은 차라리 누군가에게 매여 있는 것이라고 판단하여 이를 허락했다. 실제로 목사 자신과 이 딸만 목숨을 구했을 뿐 다른 가족들은 살육의 피바람을 피하지 못했다. 폭도들은 손도끼를 휘두르고 몽둥이로 내리쳐 단 몇 분 만에 목사 가족을 살해한 다음 미리 파놓은 구덩이에 시체들을 집어 던졌다.

목사 가족의 살육을 계기로 그 전까지는 권력을 잡고 사람 수를 줄여 식량을 아낀다는 등 그나마 어떤 목적을 위해 범죄를 저질렀지만 이제부터는 살인을 위한 살인, 거의 오락을 위한 살인으로 바뀌었다. 코르넬리스가 살인을 허락하는 것은 일종의 상賞이 되었다. 나이 어린 소년 얀 펠흐롬은 자기에게도 살인의 기회를 달라고 간청하다가 아네켄이라는 여자를 죽이라는 허락을 받자 뛸 듯이 기뻐했다. 그러나 몸이 왜소한 그는 혼자 힘으로 살인을 저지르지 못했고 결국 다른 두 동료가 목 졸라 죽였다. 두 번째 기회에서도 자신이 원하던 대로 희생자의 머리를 자르지 못하자 그는 안타까움에 흐느껴 울었다.

그들은 더 이상 인간의 탈을 썼다고 할 수 없었다. 문명이 해체되어갔다. 바스티안스 목사는 설교를 금지당했다. 종교를 장악한 것은 코르넬리스였다. 그는 그동안 마음속에 품고 있던 자신의 교리를 설파하기 시작했다. 자신이 행한 모든 일은 하느님이 심어준 것인데, 하느님이 사람 마음속에 나쁜 것을 집어넣어줄 리가 없다는 것이 교리의 내용이었다. 죄라고 생각하는 것을 제외하고는 죄가 아니며, 인간이 행하는 일은 죄가 될 수 없다는 코르넬리스의 주장은 명백한 이단 교리였다. 살인 행위를 저지르며 지옥의 불안을 느꼈을 폭도들에게는 이런 요설妖舌이 그나마 위안이 되었을 것이다. 이제 폭도들은 모든 법과 규정을 무시했고, 예배의 의무에서 벗어나 신성 모독과 저주의 자유를 누렸다. 바스티안스 목사가 기도하자고 제안하면 사람들은 조롱하는 노래를 불렀다. 목사가 사람들을 '하느님의 날개 밑으로' 데려다 달라고 기도하면 폭도들은 피가 뚝뚝 떨어지는 바다사자 지느러미를 가져와 날개처럼 흔들며 놀려댔다.

이론적으로는 이들이 평등한 공동체를 이루어야 했지만 실제로는 새로운 서열이 만들어졌다. 선임하사인 '돌 깨는 자' 피터스가 코르넬리스의 오른팔로 권력을 휘둘렀다. 이 두 사람은 다른 사람의 생사 여부를 결정지었지만 그들 자신이 직접 살인을 행하지는 않았다. 실제 잔혹한 살인 행위는 주로 저반크와 반 하이센이라는 인물이 담당했다. 권력의 상층부에 있는 자들은 스스로 총사령관, 부사령관 등의 직위를 만든 다음 거기에 맞는 제복을 만들어 입었다. 코르넬리스는 "날마다 다른 옷, 비단 스타킹, 금 레이스가 달린 가터를 갈아입었고, 또한 그런 장식물들을 다른 사람의 소유물에도 붙여서 시범을 보였다. 거기에다 그는 가장 믿을 만하고 거리낌 없이 살인을 저지른 추종자들에게 최고급의 빨간 모직물로 만든 두세 줄의 장식이 달린 옷을 주었다". 기존 질서가 붕괴되고 새로운 계급 질서가 들어섰다. 여기에 확실히 끼지 못한 사람들은 하층으로 떨어졌다. 예컨대 충성서약서에 서명은 했지만 살인을 해본 적이 없는 열두 명은 철저히 무시당한 반면, 거의 스무 명을 살해한 얀 헨드릭스, 열두 명을 살해한 반 오스 같은 사람들은 총애를 받았다. 이들은 더 많은 식량 배급을 받았고, 젊은 여자들을 품을 수 있었다. 출항할 당시 선상에는 스무 명이 넘는 여자들이 있었지만 그때까지 살아남은 여자는 일곱 명에 불과했다. 폭도들은 늙은 여자들은 무자비하게 살해하고 젊은 여자들만 남겨두었는데, 그들 중에서 코르넬리스와 그의 부하들이 마음에 드는 여자들을 골랐다. 대부분의 여자들이 최소한 두세 명의 남자들을 상대했다. 여자들 가운데 가장 매력적이었던 크레이셔는 코르넬리스의 구애를 처음에는 거절했으나 결국 그의 협박에 굴복하여 별수 없이 그의 정부가 되었다.

코르넬리스의 계획은 대부분 의도대로 이루어졌지만 그렇지 않은 부분도 있었다. 가장 크게 어긋난 것은 이웃 섬으로 간 헤이스 일당이 죽지 않고 잘 버텼다는 것이다. 코르넬리스는 이들을 속여 무기와 보트도 없이 이웃 섬으로 보내 기아와 갈증으로 죽게 하려 했는데, 예상과 달리 그 섬에서 좋은 샘물이 발견되었고 물새와 짐승, 생선 등 식량도 비교적 잘 구할 수 있었다. 그들은 무슨 일이 일어나는지 모르는 상태에서 원래 약속했던 대로 연기를 피워 올려 신호를 보냈지만 '바타비아호의 무덤'에서는 아무런 조치를 취해오지 않았다. 처음에는 그들을 구하러 오지 않는 것을 의아하게 여겼을 테지만, 자신들이 떠나온 섬을 바라보다가 그곳에서 살육이 일어나는 것을 목격했을 것이다. 곧 살육을 피해 가까스로 도망 온 사람들로부터 이야기를 전해 듣고는 어떤 사태가 벌어지고 있는지 분명히 알게 되었다. 헤이스의 섬에는 46명의 성인과 한 명의 소년이 있었다. 이들은 수적으로 우위에 있고 또 비교적 식량 사정이 양호해 몸 상태도 좋았지만, 다만 가지고 있던 무기가 '바타비아호의 무덤'에 비해 열세였다. 그들은 폭도들이 공격해 올 것을 예상해 무기를 만들고 돌로 요새를 쌓아 경계를 강화했다.

코르넬리스는 본섬을 완전히 장악한 다음 여러 차례에 걸쳐 헤이스의 섬을 진압하려 했다. 그러나 철저한 준비를 하고 있는 섬을 공격하는 것은 쉬운 일이 아니어서 모두 실패로 돌아갔다. 코르넬리스는 세 번째 공격에서는 계교計巧와 공격을 병행하려 했다. 자신이 직접 헤이스 일당을 찾아가 대화하며 자기네 편에 가담하면 거액의 돈과 보석을 주겠다며 매수하는 척하다가 적당한 때에 부하들이 기습 공격을 한다는 계략이었다. 그러나 이런 어설픈 방법은 참담한 실패로 끝났다. 많은 폭도들이 붙잡혀 죽었을 뿐 아니라 급기야 코르넬리스 자신이 포로로 잡히고 말았다. 그는 꽁꽁 묶인 채 땅굴에 갇혔다. 금빛 장식물을 주렁주렁 단 이 살인마는 새털과 내장, 새똥이 뒤범벅된 땅굴에서 손과 입으로 새털을 뽑는 일을 해야 하는 처지가 되었다.

폭도들은 이제 와우터 로스를 새 지휘자로 삼고 다시 공격을 해왔다. 이번에는 상황이 심상치 않았다. 머스킷 총과 대포까지 끌고 와서 공격을 하자 헤이스 일행 중 몇 명은 중상을 입었고, 요새는 포위되었다. 폭도들이 거의 승리를 거머쥐는 듯했다. 약간의 시간만 지나면 완전히 결판이 나려던 순간, 예기치 않은 사태가 벌어졌다. 홀연 구조선이 수평선에 나타난 것이다. 상황은 정말 극적으로 돌아가고 있었다. 누가 먼저 구조선에 달려가서 자신들의 주장을 펼치느냐가 삶과 죽음을 가르는 일이 되었다. 양측이 모두 구조선을 향해 미친 듯 달려갔지만 아슬아슬하게 헤이스가 먼저 구조선에 도착하여 자신들의 주장을 펼쳤고, 결국 폭도들은 모두 사로잡혔다. 소설보다 더 극적인 일이 벌어진 것이다.

대상인과 선장 일행이 보트를 타고 난파 지점에서 바타비아까지 찾아간 항해나, 동인도 회사 총독이 파송한 구조선 사르담호가 다시 난파 지점으로 찾아온 항해 모두 기적에 가까운 일이었다. 대상인인 펠사르트가 현장에 돌아온 것은 그들이 처음 '바타비아호의 무덤'을 탈출한 지 두 달이 지난 후였다. 그는 그동안 수많은 사람들이 살해되었다는 사실을 확인했다. 폭도들이 헤이스의 섬을 완전히 정복하기 직전에 도착하여 마지막 학살을 방지하고 사실을 제대로 규명할 수 있었던 것이 그나마 다행이었다.

펠사르트는 곧 폭도들을 심문하였다. 현장 수색 끝에 코르넬리스에게 쓴 충성 서약서 사본들도 찾아냈다. 그는 우선 코르넬리스부터 고문을 가하여 죄를 밝혀냈다. 애초에 코르넬리스는 의리 같은 것을 기대할 수 있는 인물이 아니었다. 그는 이제 거리낌 없이 부하들의 죄상을 폭로했다. "저 사람은 자백한 것보다 더 많은 일을 했습니다. 누군가 죽어야 할 때마다 항상 기꺼이 나서서 열심히 일했죠." 이런 식의 배신에 부하들도 마찬가지로 응대했다. 모두 서로를 비난했고 결과적으로 그들이 저지른 일들은 큰 문제 없이 소상히 밝혀졌다.

펠사르트는 이들 중 다수를 현장에서 처형하기로 결정했다. 사르담호에 난폭한 폭도들을 모두 태우고 가는 게 쉽지 않을 것이므로, 아예 일부는 털고 가자는 심산이었을 것이다. 주범인 코르넬리스는 두 손을 자른 후 교수형에 처한다는 판결이 내려졌고, 그 외 주동자급 사람들은 한쪽 손목을 자른 후 교수형, 그리고 다른 인물들은 단순 교수형에 처해졌다.* 당시의 그림에서 사람들이 끌과 망치를 이용해 코르넬리스의 두 손목을 거칠게 잘라내는 것을 볼 수 있다. 코르넬리스는 교수대에 매달리는 마지막 순간에도 "복수할 거야!"라고 외쳐댔다.

펠사르트는 생존자 77명을 태우고 자바로 돌아갔다. 심판받지 않은 폭도 잔당들은 바타비아에서 재판을 받았다. 그중 다섯 명이 교수형에 처해지고 다른 사람들은 채찍질을 당했으며, 특히 야콥 피터르스는 '바퀴형'을 선고받았다. 이는 유럽 문명이 고안해낸 가장 잔혹한 처벌 방식으로, 이번 사건에서 마지막으로 야만의 정점을 찍었다. 형 집행자는 무거운 몽둥이를 이용해서 죄수의 손가락과 발가락부터 시작해 점차 몸 안쪽의 뼈들을 전부 분질렀다. 이미 걸레처럼 된 몸을 이리 꺾고 저리 꺾어 바퀴에 묶고는 마지막으로 죄수가 숨을 쉴 때마다 고통을 느끼도록 갈비뼈를 박살냈다. 그다음 차축 한쪽을 땅에 깊이 박아 사형수를 묶은 바퀴를 하늘로 들어 올렸다. 법의 이름으로 이루어지는 이 야만성을 열대의 벌레들이 달려들어 완수했다.**

* 펠사르트는 그리 공정하지 않은 판결을 내렸다. 코르넬리스가 사로잡힌 이후 새 지휘자가 된 와우터 로스와 광기에 휩싸여 잔혹한 살인을 일삼은 소년 펠흐롬에게 사형 대신 오스트레일리아 본토에 내려놓는 처벌을 했다. 후일 그 지역 원주민 중에 피부가 하얀 사람들이 발견되었는데, 이들이 혹시 그 두 사람의 후손이 아닐까 짐작되기도 하지만, 그 뒤에 있었던 유사한 사건 당시 이 부족 내에 들어가 살게 된 다른 백인들의 후손일 가능성이 더 크다.

** 저항군의 지휘자였던 헤이스만이 공로를 인정받아 승진했을 뿐 다른 사람들은 모두 비극적인 최후를 맞았다. 야콥스 선장은 선상 반란죄로 추궁받았지만 고문을 이겨내고 끝

로빈스네이드

섬은 언제나 우리의 상상력을 자극한다. 바다 한가운데 떨어져 존재하는 외딴 세계인 섬은 통상의 법칙들에서 벗어난 경이로운 일들이 벌어지는 곳이며, 그래서 흔히 문학적 실험의 장소가 되곤 한다. 무인도라는 무대 속에 주인공을 집어넣어 어떤 일이 일어나는가를 살펴보는 작품 중에는 물론 다니엘 디포의 『로빈슨 크루소』(1719)가 가장 널리 알려져 있어서 이 장르를 따로 '로빈스네이드Robinsonade'라고 부른다.* 로빈슨 크루소가 살게 된 섬은 한편으로 인간의 손이 닿기 이전 태초의 순수함을 가진 아름답고 풍요로운 곳이지만, 동시에 지진과 해일, 태풍 등 가공할 자연의 힘이 인간의 노력을 일순간에 파괴시킬 수 있는 무섭고 위험한 곳이기도 하다. 이와 같은 자연 상태에서 로빈슨 크루소는 그의 수중에 가지고 있거나 마음속에서 기억해내는 유럽 문명의 요소들을 하나씩 적용시켜보며 새롭게 점검한다. 로빈슨 크루소의 섬은 유럽의 타락을 경고하고 새롭게 갱신된 사회의 가능성을 탐구하는 낭만적 이상주의의 사고 실험 장소라 할 수 있다.

로빈슨 크루소는 떠오르는 근대 유럽 문명의 중추인 영국 부

까지 버틴 끝에 증거 부족으로 사형을 면했다. 그렇지만 후일의 기록이 없는 것으로 보아 아마도 감옥에서 죽었을 것으로 보인다. 대상인 펠사르트 역시 자신의 의무를 제대로 다하지 못했다는 죄로 재산을 압류당한 후 1년 이내에 죽은 것으로 보인다.

* 주경철, 『문화로 읽는 세계사』, 사계절, 2005, pp. 255-265.

르주아 계급을 대표한다. 그들은 구 귀족의 오만이나 하층 프롤레타리아의 곤궁에서 자유로운 상태이며, 균형 잡힌 온건한 문화를 향유하면서 이 세상에서 행복한 삶을 누릴 수 있다. 그럼에도 이들은 그런 안온한 행복을 마다하고 먼 이역 땅으로 모험을 찾아 떠났다. 극한의 고통과 위험이 뻔히 보이는데도 낯선 세계로 떠나는 이유를 디포는 신의 뜻으로 돌리지만, 우리가 여기에서 읽을 수 있는 점은 유럽 부르주아 계층이 자신들의 성취를 단순하게 받아들이기보다는 그것이 어떤 가치를 지니고 있는지 따져 묻는다는 것이다.

로빈슨 크루소는 홀로 무인도에서 살아가지만 그렇다고 문명의 옷을 완전히 벗어던지고 자연 상태 혹은 야만의 세계로 돌아간 것이 결코 아니다. 그는 정말로 무無에서 출발한 것이 아니라 유럽의 다양한 산물을 이용하여 문명을 복원했다. 그에게는 도구, 총, 펜, 잉크, 종이, 자석, 계측기, 나침반, 망원경, 해도, 성경, 개, 고양이가 있었고, 여기에 더해서 신앙과 과학 기술, 글 쓰는 능력 등을 갖추고 있었다. 그는 말하자면 유럽의 대표 선수로서 먼 이역의 낯선 자연과 맞서고 있었던 것이다.

로빈슨 크루소의 모험 이야기는 인간의 힘을 압도하는 자연의 힘을 그리는 동시에 한계에 대항하는 인간의 개선 노력을 살펴보는 드라마이다. 쉽게 예상할 수 있듯이 그 과정은 고난의 연속이다. 엄청난 자연의 위력 앞에 그는 자주 공포에 떤다. 그런 고독의 순간에 그는 신의 섭리를 생각하고, 자신에 대한 회개를 한다. 그는 처음에 자신이 당하는 고난에 대해 신을 원망하지만 결국은 엄청난 시련을 이겨내고 인간의 고귀함을 잃지 않은 것이 신의 보호 덕분이라 생각한다. 더 나아가서 이처럼 인간에게 고난을 안겨주고 그것을 이겨냄으로써 이 세상에서 문명을 이루어나가라는 것이 신의 큰 뜻이라 믿는다. 이처럼 이 소설은 유럽 문명 전반에 대한 진지한 재고와 반성의 과정 끝에 유럽 중산층 문화의 우월성을 확인하는 이야기이다.

이 점은 이방인 야만 민족과 조우하면서 거듭 확인된다. 로빈슨 크루소가 만나는 사람들은 문명인의 극단적 반대항인 식인종이며, 인종적으로 흑인이고, '베나막키' 신을 모시는 이교도다. 로빈슨 크루소가 이방인을 대하는 방식은 간단명료하다. 그가 간직해온 비장의 무기인 총이 모든 것을 결정짓는다. 자기 문명에 대한 절대적 확신에 차 있는 그에게 인간 이하의 존재인 이방인들은 거리낌 없이 처치해도 좋은 대상일 뿐이다. 다만 그중 순한 인간 하나를 그의 하인으로 삼고, 프라이데이라는 이름을 지어준다(금요일에 처음 집에 왔다고 금돌이라는 이름을 붙여주는 식의 애완견 작명과 기본 철학이 같다).

로빈슨 크루소의 무인도 사고 실험은 유럽 문명의 절대적 우위를 확인하는 것으로 귀결되었다. 이성과 신앙의 힘을 두루 갖춘 유럽인은 자연과 이교 문명에 맞서 고귀한 삶을 살리라는 것이 디포의 예측이었다.

그러나 이런 희망적인 예측만 있는 것은 아니며, 정반대되는 해석의 사례 역시 많이 찾아볼 수 있다. 윌리엄 골딩의 『파리대왕』이 그중 하나다.*

소설은 세계 어디에선가 핵폭탄이 터진 상황에서 영국 소년들을 태운 비행기가 적의 공격을 받아 태평양 위의 무인도에 불시착하는 것으로 시작된다. 어른들은 모두 죽고 다섯 살부터 열두 살까지의 소년들만 살아남아 무인도에서 생존을 이어가는 상황을 설정해놓았다. 『로빈슨 크루소』와는 달리 어른이 아니라 아이를, 그리고 한 명이 아니라 여러 명을 무인도라는 무대에 집어넣어본 것이다. 이미 타락한 어른들과는 달리 순수한 아이들은 조금 더 평화로운 세계를 만들어갈 수 있을까?

처음에는 랠프라는 소년을 지도자로 삼아 제법 질서 잡힌 조직이 이루어진다. 회의에서는 소라조개를 가진 사람이 발언권을 가진다는 규칙을 만들기도 하고, 안경알을 이용해 불을 지펴 산꼭대기에 구조대를 요청하는 봉화도 피워 올린다. 그러나 이런 조화로운 상태는 잭이라는 소년이 따로 분파를 만들어 랠프 일당에 도전하면서 깨지게 되고, 얼마 안 가서 분열과 갈등이 시작된다. 사태를 극적으로 전환시킨 중요한 요소는 '짐승'에 대한 믿음이다. 우연히 산 정상에서 낙하산병의 시체를 본 꼬마들이 짐승을 보았다고 이야기하는 바람에 두려움의 대상인 짐승에 대한 믿음이 퍼지게 되는데, 잭은 이 근거 없는 루머를 이용해서

* 주경철, 『문학으로 역사 읽기, 역사로 문학 읽기』, 사계절, 2009, pp. 250-258.

자신의 위세를 강화하려 한다. 사냥해서 잡은 멧돼지 대가리를 막대에 꽂아 짐승에게 제물로 바치는 행위를 함으로써 신비한 힘을 자기 것으로 삼으려 한 것이다. 짐승의 실상이 무엇인지 알아챈 사이먼이라는 소년은 살해당해 바다에 버려진다.

이제 잭 일당은 문명을 벗어던지고 점차 야만인으로 타락한다. 얼굴에 색칠을 하고 마스크를 쓴 채 춤추는 그들은 피 흘리는 사냥에서 쾌락을 느끼고, 그들과 적대하는 반대편 꼬마들을 거침없이 고문하며, 친구를 살해하기도 한다. 마지막으로 혼자 남은 반대파 랠프를 죽이기 위해 야만으로 돌아간 소년들은 숲 전체에 불을 놓고 괴성을 지르며 그를 쫓아간다. 쫓고 쫓기는 인간 사냥 끝에 그들이 바닷가에 이르렀을 때, 섬 전체에 불이 붙은 것을 보고 찾아온 영국 순양함의 장교와 맞닥뜨리면서 야만의 게임은 끝난다.

순진무구할 것으로 보이는 소년들 역시 핵전쟁을 일으키는 어른들과 전혀 다르지 않은 추악한 결과를 가져왔다. 도대체 어디에 문제점이 있는 것일까? 골딩의 견해는 지극히 비관적이다. 그의 견해에 따르면 "사회 결함의 근원은 인간 본성의 결함에서 찾을 수 있다". 문제는 우리 안에 있는 것이다. 인간 본성의 불완전성 혹은 사악함의 표현이 바로 소설 제목인 '파리대왕Lord of the Flies(원래 '곤충의 왕', 곧 사탄을 뜻한다)'이다. 파리대왕에게 사로잡혀 있는 인간 본성은 어둠의 심연이다. 순진한 어린아이들을 풀어놓아 그들끼리 살게 만든 실험 결과는 불타는 지옥으로 끝나고 말았다. 우리 내면은 본질적으로 사악하다는 것이 그의 결론이다. 윌리엄 골딩은 인간이 쌓아 올린 문명의 힘은 허약하기 짝이 없으며, 인간은 언제든지 문명의 껍데기를 스스로 벗어던지고 기꺼이 야만으로 돌아가서 서로의 목숨을 노리는 사냥꾼이 된다고 보았다.

실험 결과

『로빈슨 크루소』나 『파리대왕』과 같은 문학적 허구가 아니라 실제 무인도에 사람들이 남겨졌을 때 어떤 일이 벌어질까? 바타비아호 사건은 그런 질문에 답을 제공할 실마리를 준다.

'바타비아호의 무덤'에서 인간은 결코 조화로운 사회를 건설하지 못했다. 디포가 예상한 것과 달리 유럽의 우수한 문명 요소들이 낯선 환경, 위기의 순간에 인간을 널리 이롭게 하지는 못했다. 인간의 이성, 혹은 좁게 보면 유럽의 이성은 만능의 열쇠가 아니다. 유럽 대륙 본거지에서는 여러 단점에도 불구하고 관성에 따라 자기 기능을 발휘할지 모르지만 다른 대륙 혹은 낯선 자연 상태에서는 그들의 이성이 결코 행복한 삶을 보장하지 못한다. 그들의 신앙 역시 그리 단단하지 못한 것으로 밝혀졌다. 적도를 넘어서는 순간 십계명은 눈 녹듯 사라지는 모양이다. 신은 그 먼 인도양의 섬까지 찾아오지는 않았다. '하느님의 날개'

아래 보호받기를 갈구하는 바스티안스 목사의 염원은 마음껏 저주를 퍼붓고 희한한 이단 논리에 물든 망나니들이 피 뚝뚝 듣는 바다사자 지느러미를 흔들어대는 농담만도 못한 결과가 되었다. 이성과 신앙의 힘을 두루 갖춘 유럽인이 자연과 이교 문명에 맞서 고귀한 삶을 재건하리라고 예측한 디포의 설은 기각되어 마땅하다.

윌리엄 골딩의 견해는 디포의 견해에 비해 훨씬 더 현실에 가까운 것으로 보이지만 그렇다고 그의 견해가 전적으로 옳은 것은 아니다. 그는 문명이 자연을 조금씩 정복하여 원래의 문명을 복구해가는 것이 아니라 거꾸로 자연 상태가 문명 요소들을 차례로 잡아먹는다고 보는 것 같다. 그러나 바타비아호 선원들이 정말로 완전히 그들의 문명 요소들을 집어던진 것은 아니다. 그들은 또 다른 종류의 위계를 만들어 본토의 지배계급 흉내를 내고, 지금껏 강요받은 '정통' 기독교 교리는 내던지지만 대신 기묘한 이단 교리가 그것을 대신한다. 서로 패가 갈려 끔찍하게 싸우고 살육을 하지만 그것은 이빨과 발톱으로 물어뜯는 원시의 싸움이 아니라 머스킷 총을 쏘고 유럽 군대의 전략을 이용한 근대적 전투다. 어찌 보면 그곳에서는 유럽이 해체된 게 아니라 도착된 방식으로 복제된 게 아닐까? 허약한 문명은 스스로 사라지고 오직 인간 내면의 부조리함이 모든 것을 좌우하리라고 본 골딩의 설 역시 기각하는 게 맞다.

바타비아호 사건은 세계로 팽창해가는 근대 유럽 문명의 다

이내믹한 힘의 이면에 얼마나 사악한 힘이 도사리고 있는지 여실히 보여준다. 먼 이국의 섬은 이성과 신앙에 의해 에덴동산으로 변화된 게 아니라 오히려 유럽 문명의 무덤이 되었다.

09

카사노바

: 계몽주의 시대 사랑의 철학자

사랑이란 무엇일까? 우리의 유한한 삶을 영원한 아름다움의 세계와 연결해주는 최고의 가치일까, 인간에게 최악의 고통을 가하는 저주일까, 혹은 그 무엇도 아닌 한낱 허망한 꿈일까……. 18세기 유럽 사회에서 사랑의 철학자로 한평생을 뜨겁게 살다 간 카사노바의 삶을 들여다보면 약간의 힌트를 얻을 수 있을지 모른다.

돈 후안

카사노바에 대해 본격적으로 살펴보기 전에 사랑에 관한 또 하나의 신화적 인물형인 돈 후안과 비교해보는 것도 흥미로울 것 같다.

카사노바와 돈 후안은 표면적으로는 정반대되는 면모를 보인다. 카사노바는 그가 만나는 모든 여성을 지극정성으로 사랑하며 최고의 즐거움을 함께 누리고자 했다. 자연히 그 자신이 여인들로부터 사랑받았고, 또 떠난 뒤에도 원망을 사지 않았다. 이에 비해 돈 후안은 여성을 사랑하기보다는 '정복'하고자 했을 뿐이다. 스스로 말하듯이 그에게 가장 큰 기쁨은 "한 여인을 우롱하여 명예를 빼앗아버리고선 그녀를 버리는 일"이다. 그러니 그에게 희생당한 여성들이 이를 갈며 복수를 다짐하는 것은 당연한 일이다.

돈 후안은 17세기 스페인의 신부 출신 작가 티르소 데 몰리나Tirso de Molina의 『돈 후안』에 나오는 가공의 인물이다.* 작품은 가면을 쓴 돈 후안이 옥타비오 공작의 약혼녀인 이사벨라를 농락한 후 이별하는 장면으로 시작된다. 이사벨라는 상대가 자신의 약혼자인 줄 알고 몸을 허락한 것인데 뒤늦게 엉뚱한 인물이라는 사실을 깨닫고 소리를 지른다. 현장에 나타난 나폴리 왕은 스페인 대사인 돈 페드로에게 이 곤란한 사태의 해결을 맡기지만, 돈 페드로는 범인이 하필 자기 조카라는 사실을 알고는 그를 도주시킨다. 그러고는 왕에게 이사벨라가 자기 약혼자인 옥

* 티르소 데 몰리나가 지은 돈 후안 책들의 국내 번역본들은 다음과 같다. 티르소 데 몰리나, 『돈 후안 외』, 전기순 옮김, 을유문화사, 2010; 『세빌랴의 난봉꾼 돌부처에 맞아죽다』, 김창환 옮김, 울산대학교출판부, 1995; 『세비야의 난봉꾼과 석상의 초대』, 안영옥 옮김, 서쪽나라, 2002.

타비오 공작을 몰래 만난 것이라고 거짓 보고를 하고, 이사벨라도 난처한 상황을 피하기 위해 자신이 옥타비오 공작을 만난 것이 맞다고 거짓말한다. 아무것도 모르고 있다가 창졸간에 국왕의 명령으로 체포될 위험에 빠진 옥타비오 공작 역시 그 나름대로 힘을 써서 이 상황을 피해 스페인으로 도주한다.

이 첫 번째 에피소드만 보아도 당시 사회가 어떤 상황에 처해 있었는지 알 수 있다. 등장인물들 모두가 하나같이 올바르지 못한 일들만 행한다. 이곳에서는 한마디로 모든 인간이 총체적으로 부패해 있다. 국왕은 위엄 있는 통치를 하지 못하여 자신의 의무를 다른 사람에게 맡겨버리고, 고위 귀족들 역시 정당한 방식으로 일을 처리하지 못할 뿐 아니라 그들의 성도덕은 천박하기 그지없다. 그 뒤에 나오는 도시민, 농민, 어부 등도 누구랄 것 없이 비도덕적인 사람들뿐이다. 한마디로 이 작품이 그리는 사회는 질서가 완전히 무너져 있다. 돈 후안은 물론 사악한 캐릭터이지만, 사실 그는 여러 악인들 가운데 최악의 사례일 뿐이다.

스페인으로 도주한 돈 후안은 계속 악행을 반복한다. 타고 가던 배가 난파하여 그는 어느 바닷가에 기절한 채 파도에 밀려온다. 이 어촌에는 뭇 남성의 구애를 거절하는 것을 낙으로 삼는 아리따우나 차가운 젊은 어부 티스베아가 살고 있는데, 마침 그녀가 돈 후안을 살려낸다. 돈 후안이 정신을 차리고 눈을 떠보니 여자의 품에 안겨 있지 않은가. 이런 천재일우의 기회를 놓칠 돈 후안이 아니다. 죽을 뻔했다가 겨우 살아나자마자 그는 곧바로 '작업'에 들어간다. 이때 그가 하는 말은 바람둥이를 꿈꾸는 사람이라면 한번 눈여겨볼 만한 절창이다.

지옥 같은 바다에서 나와
당신의 맑은 하늘로 나왔습니다.
바다에서 죽을 뻔한 목숨,
오늘부터는 사랑으로 죽을 것입니다.
이렇게 달콤한 아픔을
당신으로 인해 알게 되었으니
사랑의 아픔에서 도망갈 수 있도록
저를 바다로 돌아가게 해주세요…….
저는 물에 젖어 왔으나
불이 붙었으니
그건 당신의 불 때문이었습니다.

티스베아가 "숨도 못 쉬고 오시느라 / 엄청난 용기가 필요했을 터인데 / 그 힘든 일을 겪고도 / 어쩌면 이다지도 말씀을 잘하시는지요" 하고 놀라는 것도 당연하다. 물론 돈 후안은 이 자존심 강한 어부 여인도 범한 다음 그녀의 말까지 훔쳐 타고 달아나버린다.

돈 후안의 행태는 갈수록 더 나빠진다. 세비야로 가서는 교묘한 속임수를 써서 옛 친구 라모타 후작의 여자친구를 정복하려다가 여자의 비명을 듣고 달려온 그녀의 아버지 돈 곤살로를 칼로 찔러 살해한다. 게다가 뒤늦게 나타난 친구에게 살인죄를 뒤집어씌우고 도주한다. 그것도 모자라 어느 농촌 마을에서 결혼식을 올리던 신부까지 범하는 뻔뻔한 작태를 보인다. 그의 사악한 행동을 목도한 하인이 보다 못해 그에게 천벌을 경고하지만 돈 후안은 전혀 뉘우침이 없다. 그가 늘 하는 말은 "아직 시간은 많다네"이다. 죽기 전 언젠가 참회하면 된다는 편한 발상이리라.

여기까지가 돈 후안이 난봉을 피우는 과정이라면 극의 종반부는 그가 신의 처벌을 받는 과정이다. 그렇지 않아도 어지러운 이 세상을 돈 후안이 '욕정의 불'로 더욱 어지럽혀놓았으니, '지옥 불'의 고통을 피할 수 없는 것이다. 어느 날 그는 예전에 그가 칼로 죽인 돈 곤살로의 무덤 옆을 지나게 되었는데, 거기에 돈 곤살로의 석상이 서 있고 그 비문에 "여기 가장 충성스러운 기사가 어느 배신자를 향한 신의 복수를 기다리고 있다"고 새겨진 것을 본다. 돈 후안은 석상의 수염을 잡아당기면서 조롱하는 뜻으로 석상에게 저녁 식사에 오라고 초대한다. 그런데 이게 웬일인가? 다음 날 저녁에 진짜로 석상이 찾아온 것이다! 석상은 그 다음 날 저녁 식사를 자신이 대접하겠다고 제안하는데, 돈 후안은 공포에 떨면서도 명예를 목숨처럼 소중히 여기는 스페인 기사답게 용감히 이 초대를 수락한다.

다음 날 찾아온 돈 후안에게 석상은 악수를 청한다. 석상의 손을 잡자 돈 후안의 몸에 불이 붙는다. 그는 마지막으로 회개

할 시간을 달라고 요청하지만 석상은 이를 거부한다. 늘 "아직 시간은 많다네" 하고 말해왔지만, 종말에 이르러 그에게는 회개할 시간이 주어지지 않는다. 결국 돈 후안은 지옥으로 떨어진다. 평생 남을 속인 자가 최후에는 석상에게 속임을 당한 것이다.

석상은 신의 대리인이다. 세상의 질서가 어지럽혀져 있고, 사랑은 다만 거짓된 말장난과 욕정으로 타락해 있지만 이 세상의 왕들은 그것을 바로잡을 힘이 없다. 최후에 질서를 복구하는 것은 오직 신의 힘뿐이다. 신법神法의 힘으로 국법國法을 바로 세우고, 신의 사랑으로 인간 세계의 뒤틀린 사랑을 바로잡는다. 그런 점에서 보면 이 작품은 당시 타락한 사회에 대한 종교적 경고의 의미를 띤다.

그러나 사람들이 저자의 원래 의도를 그대로 따르기만 하는 것은 아니다. 이 작품을 읽는 독자들은 돈 후안을 천벌 받아 마땅한 악인으로 비난만 하는 게 아니라 내심 '남자다운 멋진 인간'으로 동경할 가능성이 있다. 요즘 자주 거론되는 '나쁜 남자'에 대한 동경이 그와 유사하다. 돈 후안은 분명 신의 징벌이 따르리라는 것을 알지만, 그럼에도 그는 신의 뜻에 도전하면서까지 자신의 욕망을 끝까지 추구한다. 설사 지옥에 떨어진다 하더라도 자신의 욕구를 끝까지 밀어붙이는 돈 후안은 개인의 자유를 극단으로 옹호하는 영웅의 면모를 지닌다고 볼 수도 있다. 후대의 작가들은 돈 후안을 다양하게 해석하여 새로운 인간형을 만들어냈다. 때로는 시대의 구속을 거부하는 반항아로, 때로는 시대의 고통을 대신 짊어지는 희생자로 변주되며 돈 후안은 불멸의 신화가 되었다.

카사노바의 사랑 : M. M.의 사례

카사노바는 18세기 유럽 사회를 휘젓고 다니며 뜨거운 삶을 살았던 살아 있는 돈 후안이었다. 그 스스로 돈 후안과의 친연성親緣性을 의식해서일까, 그는 모차르트의 오페라 「돈 조반니」(돈 후안의 이탈리아 발음이 돈 조반니이다)의 대본(리브레토) 작업에 참여했다. 카사노바는 190센티미터가 넘는 훤칠한 키에 준수한 용모, 화려한 언술과 완벽한 매너를 갖추었고, 무엇보다 여성에게 기쁨을 주겠다는 사명감으로 최선을 다해 봉사하고자 했다. 그는 어떤 여인에게서도 사랑할 만한 점을 찾아냈고, "탈선이라는 생의 강렬한 기쁨"을 함께 나누었다. 그에게 사랑은 이 세상을 살아가는 존재이유였다. 사랑에 대한 그의 생각은 차라리 신앙고백에 가깝다.

> 내 관능의 쾌락을 가꾸는 것은 내 삶의 중요한 일이었다. 나에게 그보다 더 중요한 일은 없다. 나는 여성을 위해 태어났다는 의식을 가지고, 늘 여성을 사랑했으며, 또 내가 할 수 있는 한 여성으로부터 사랑받으려 했다.

카사노바(프란체스코 주세페 카사노바 作)

구체적으로 그는 어떤 식으로 사랑했던 것일까? 카사노바의 애정 행각 중 가장 유명한 사례에 속하는 M. M.과의 사랑에 대해 살펴보도록 하자.*

1753년, 카사노바와 연애를 하던 C. C.(카테리나 카프레타)라는 여성이 아버지에 의해 수녀원에 갇힌다. 그녀를 몰래 만나기 위해 수녀원에 들락거리던 카사노바는 그곳에서 M. M.이라는 수녀를 만난다. 그녀는 베니스 주재 프랑스 대사인 베르니 신부의 내연녀였지만, 카사노바를 보자 그와도 사랑에 빠진 것이다. 두 사람은 남몰래 별장에서 만나 열렬한 사랑을 나눈다.

M. M.은 말이 수녀이지 내적으로는 자유사상가였다. 카사노바와 나누는 대화에서 그녀의 명민한 생각을 엿볼 수 있다.

> 하느님이 어떤 때는 우리가 누릴 수 있는 즐거움을 마음껏 누리라고 하다가, 또 어떤 때는 욕망을 자제함으로써 자기를 즐겁게 해달라고 하는 게 모순이지 않나요? 떠들썩한 기념일 축제와 신성하고 거룩한 신의 이미지는 서로 모순이지 않나요? 피조물인 인간의 행위가 어떻게 창조주에게 영향을 미치는지 알 수가 없어요. 내가 가진 이성으로 생각할 때 창조주는 피조물인 인간과 별개의 독립적인 존재거든요. 하느님이 만일 자기를 화나게 할

* 카사노바 자서전의 국내 번역본은 다음과 같다. 『불멸의 유혹—카사노바 자서전』, 백찬욱·이경식 옮김, 휴먼앤북스, 2005; 『카사노바 나의 편력』(전 3권), 김석희 옮김, 한길사, 2006.

수 있는 능력을 갖춘 존재로 인간을 창조하셨다면, 인간은 금지된 모든 행동을 다 할 수 있는 권리를 가지고 있다는 뜻이 되는 것 같은데, 아닌가요? 사순절 기간에 하느님이 불행하다고 상상하실 수 있나요?

그녀의 이 똑부러지는 주장에서 당대 유럽 지식인들 사이에 널리 퍼져 있던 이신론理神論의 한 가닥을 엿볼 수 있다. 세상을 만든 창조주가 존재하기는 하지만, 그 신은 이 세상이 이성적인 법칙에 따라 돌아가도록 할 뿐 구질구질한 세상사에 직접 개입하지는 않는다는 지당한 주장이다. '종교가 그녀에게 덧씌운 하느님에 대한 잘못된 생각'에서 벗어나고 나니 오히려 하느님을 더욱 사랑하게 되었다고 그녀는 주장한다. 진정 카사노바와 어울릴 만한 자격이 충분한 여성이라 하지 않을 수 없다.

여러 차례 밀회를 즐기던 M. M.은 두 남자를 동시에 진정으로 사랑하는 게 힘들기도 하고 또 두 사람 모두에게 미안한 감정이 들어서, 원래의 애인인 베르니 대사에게 자신이 카사노바와 만난다는 사실을 고백한다. 이곳 사람들이 흔히 그렇듯이, 베르니 대사 역시 성격이 어찌나 '쿨'한지 카사노바에 대한 이야기를 듣고 또 그의 연애편지를 읽어보고는 카사노바가 썩 괜찮은 사람이라고 판단했다. 그는 M. M.에게 두 사람의 사랑 행위를 숨어서 지켜보고 싶다는 제안을 한다. M. M.은 이 사실을 카사노바에게 알리고 두 사람의 사랑을 베르니가 훔쳐보는 것을 받아들이겠냐고 묻는다. 카사노바는 자랑스럽고 영광스러운 그 자리에 기꺼이 응하겠노라고 답한다. 베르니는 자기 애인이 다른 남자와 사랑하는 장면을 몰래 숨어서 본다고 생각하지만, 사실 그 두 사람은 그 사실을 미리 알고 연극을 하는 것이고, 속는 사람은 오히려 베르니이다. 카사노바가 즐기는 사랑 놀이는 대체로 이런 식이어서, 단순히 기계적인 성행위가 아니라 상당히 복잡한 퍼포먼스이다.

누군가가 지켜본다는 것을 알면서도 카사노바와 M. M.은 엄청난 사랑 행위를 연출한다. 이 대목은 그대로 '에로 영화'로 옮기면 좋을 드라마틱한 이야기들이 연이어진다. 먼저 여자를 번쩍 들어 자신의 몸에서 튀어나온 못(!)에 걸고 방 안을 빙빙 도는 것으로 1차전을 끝낸다. 그 후 두 사람은 기력을 회복하기 위해 음료수를 마시고 굴을 먹는다. 쾌락을 위해 모든 노력을 아끼지 않는 카사노바는 음식에 대해서도 철저한 준비를 한 것으로 유명한데, 그 가운데 굴은 카사노바가 꼽은 대표적인 정력 강화 음식이다. 두 사람은 굴을 먹을 때에도 결코 평범한 방식을 따르지는 않는다. 이들이 굴을 먹는 방식은 한번 따라해볼 가치가 충분히 있어 보인다. 자신의 입에 넣은 굴을 혀로 상대의 입에 넣어주는 것이다. "사랑하는 여자의 입이 요리하는 굴의 맛은 그 어떤 굴 요리보다 맛있다. 침이라는 소스가 있기 때문이다. 그녀의 침을 씹고 삼킬수록 사랑의 욕구는 더욱 커져만 갔다."

M. M.이 옷을 갈아입으러 자리를 비운 사이 장난기가 발동

한 카사노바가 그녀의 가방을 뒤져보니 그 안에는 콘돔이 몇 개 들어 있다. 18세기에 피임법이 발전하면서 이제 사랑의 행위는 출산과 무관한, 오직 쾌락을 위한 행위가 되었다. 그 가운데 특히 동물의 내장 껍질로 만든 콘돔이 초기에 가장 널리 퍼진 방법 중 하나였다. 콘돔을 몰래 훔치고 그것을 내놓으라며 옥신각신할 때에도 두 사람은 시를 지어 주고받는다.

천사가 내 몸 안에 들어올 때, 의심하지 않으리,
오로지 자연만이 나의 배우자임을.
하지만 그의 시를 한 점 의심 없이 믿으려면
망설임 없이 콘돔을 돌려주어야 하리라.
나는 자연의 성스러운 뜻을 따르리니,
그리하여 내 사랑이 두려움 없이 몸 안에서 놀 수 있도록.

이제 두 사람은 침대에서 본격적으로 실력 발휘를 하는데, 숨어서 지켜보는 애인을 배려해 그쪽 방향에서 잘 보이도록 자세를 취한다. "베개를 받쳐 그녀의 엉덩이를 높이고 무릎을 구부려 소파 뒤쪽에서 잘 보이게 자세를 잡았다. 이렇게 함으로써 소파의 작은 구멍을 통해 우리를 훔쳐보던 그녀의 애인이 더할 나위 없이 황홀한 눈요기를 했으리란 건 물어보지 않아도 뻔한 사실이었다." 이 부분에서 '똑바로 선 나무'(이탈리아의 문필가 피에트로 아레티노의 「음란한 소네트」에 나오는 여러 체위 중 하나)와 같은 다소 전문적인 용어들이 등장하여 정확한 독해가 쉽지 않지만, 그렇더라도 뜻을 헤아리는 데에 큰 지장은 없다. 너무 힘을 뺀 M. M.은 "순교하고 십자가에서 끌어내려진 성자같이" 바닥에 축 늘어져 있다가도 다시 살아나서 불타오른다. 마침내 시계가 아침 종을 울려 그녀가 수녀원으로 돌아가야 할 때가 되었다. 그런데 수녀복으로 갈아입는다고 나간 M. M.이 30분 뒤에야 나타난다. 그동안 숨어서 기다리던 원래 애인을 위해 마지막 봉사를 했던 것이리라.

이날 이후에도 그들은 극적인 관계를 이어간다. 카사노바와 M. M.은 극장과 도박장에 함께 가기도 하고, 심지어 수녀원에 잠입하여 밀회를 즐긴다. 중간에 이들의 관계를 눈치챈 C. C.가 한때 M. M.을 대신하여 카사노바와 사랑을 나누다가, 세 사람은 서로 편지를 주고받으며 화해한다. 그뿐 아니다. M. M.의 애인인 베르니 대사가 드디어 정체를 드러낸 후 카사노바와 친구가 된다. 두 남자와 두 여인 사이에 복잡하게 얽힌 관계는 상당 기간 지속되다가, 베르니가 본국으로 돌아가면서 막을 내린다. 이때 즈음이면 카사노바의 열정이 식고, 결국 다른 애인을 찾아 떠난다.

이런 식으로 카사노바가 사랑을 나눈 여인들의 수는 122명에 이르고, 여기에 약간의 동성애 남자친구들이 더해진다.

카사노바가 유혹자의 대명사가 된 것은 일견 당연해 보인다. 많은 문필가들이 그를 그런 식으로 묘사했는데, 거기에는 분명 경멸과 동경이 섞여 있다. 그의 자서전 중 우리말 번역본 『불멸의 유혹—카사노바 자서전』에 들어 있는 츠바이크의 서론이 대표적이다. 츠바이크는 희대의 탕아가 벌인 극적인 모험에 대해 찬탄하는 시각으로 그리고 있을 뿐이다.

> 카사노바는 예외적인 인물이다. 문학계에 우연히 뛰어든 이단자이다. 이 유명한 허풍선이가 창조적인 천재성의 신전에 자기 자리를 가질 수 있는 자격은 거의 없다. 상상력이 넘쳐나는 작가로서의 그의 위치는, 스스로 만들어낸 '생갈의 기사'라는 직위만큼이나 믿을 수 없다. (……) 귀족들 사이에서나 작가들 사이에서 그는 무위도식하는 식객에 불과했으며 불청객이었을 뿐이다.

영화화된 카사노바는 더욱이나 섹스 머신과 같은 이미지로 그려지기 십상이다. 예컨대 1976년에 나온 펠리니의 「카사노바」에 묘사된 주인공은 괴물 같은 성도착자에다가 거만한 성격의 인물로 그려져 있다. 펠리니의 표현에 따르면 카사노바는 기껏해야 '차가운 정액'이다. 이런 작품들에서 정형화된 카사노바는 저급하고 파렴치한 탕아에 불과하다. 한마디로 카사노바는 '작가'

의 반열에 들지 못하는 인물이며, 한낱 구경거리 정도로 간주되었다. 온 세상 사람이 모두 그의 연애 행각만 부각시키면서 인물의 깊이를 없애버린 셈이다.

그렇지만 실상은 그런 정형화된 이미지와는 거리가 멀다. 우선 카사노바는 기계적으로 여성을 꾀어 정복하고 변태적인 사랑을 하는 부류가 아니다. 그가 호색한이라는 점은 말할 나위가 없지만, 그 전에 그는 문필가, 모험가, 지식인, 궁정인, 여행가, 마술사, 노름꾼으로서 당대의 사회 질서를 조롱하고 그것을 뒤흔든 인물이다. 한마디로 그는 계몽주의 시대의 자유인이었다.

그에 대해 잘 이해하려면 그의 자서전 『내 삶의 이야기Histoire de ma vie』를 잘 분석해보아야 할 터인데, 사실 여기에서부터 문제가 시작된다. 이 책이 그동안 원전 그대로 충실하게 출판된 적이 거의 없었기 때문이다. 그의 삶에 대한 재평가는 결국 그의 자서전 원고에 대한 이야기로부터 시작할 수밖에 없다.

카사노바가 자서전을 쓰기 시작한 것은 프랑스 혁명이 시작된 1789년이었다. 그가 평생을 살았던 세계—우리가 흔히 앙시앵레짐Ancien Régime이라 부르는 구체제—는 무너져갔고, 그 자신도 나이가 드니 돈 없고 여자 없는 가련한 신세로 전락하여 겨우 발트슈타인Waldstein 백작의 호의로 보헤미아의 둑스Dux 성의 도서관 사서를 하고 있었다. 지옥 같은 무료함을 달래기 위해 시작한 자서전 집필 과정은 그에게 한 번 더 삶을 사는 기회를 안겨주었다. 그는 멋진 스타일에 화려하고 깊이 있는, 정확하고 철학적이

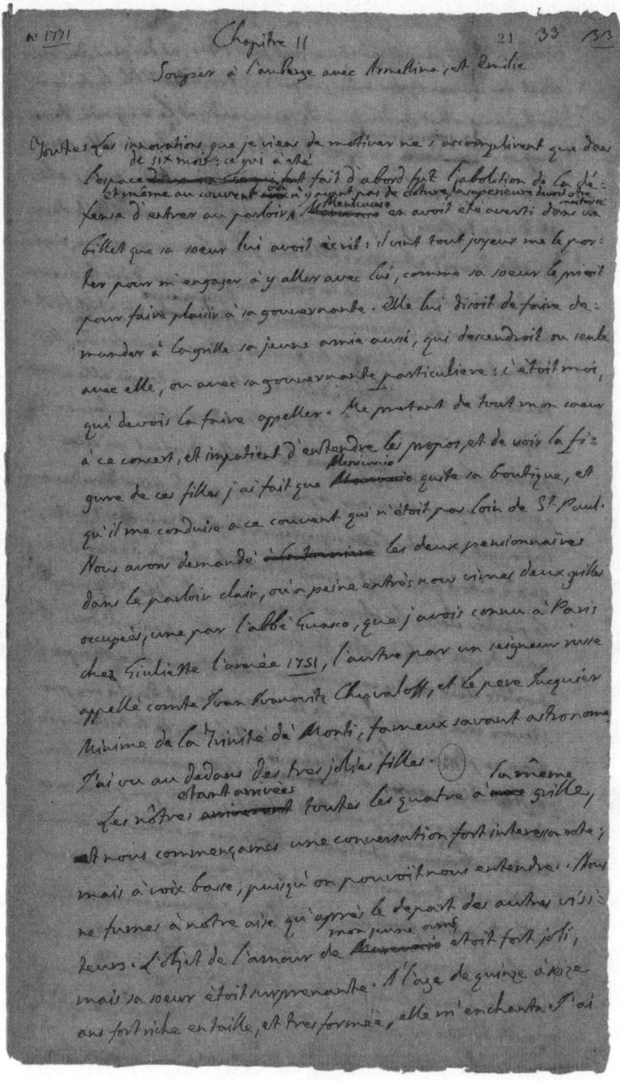

n° 1771 Chapitre 11 21 33 313

Soupper à l'auberge avec Armellina, et Emilie

Toutes les innovations que je viens de motiver ne s'accomplirent que dans l'espace de six mois; ce qui a été fait d'abord fut l'abolition de la défense d'entrer au parloir, et même au couvent où n'y ayant pas de clôture, la superieure devoit être maîtresse. Menicuccio en avoit été averti dans un billet que sa soeur lui avoit écrit: il vint tout joyeux me le porter pour m'engager à y aller avec lui, comme sa soeur le prioit pour faire plaisir à sa gouvernante. Elle lui disoit de faire demander à la grille sa jeune amie aussi, qui descendroit ou seule avec elle, ou avec sa gouvernante particuliere: c'étoit moi, qui devois la faire appeller. Me pretant de tout mon coeur à ce concert, et impatient d'entendre les propos, et de voir la figure de ces filles, j'ai fait que Menicuccio quitta sa boutique, et qu'il me conduisit à ce couvent qui n'étoit pas loin de St. Paul. Nous avons demandé les deux pensionnaires dans le parloir clair, où à peine entrés nous vîmes deux grilles occupées, une par l'abbé Guasco, que j'avois connu à Paris chez Giuliette l'année 1751, l'autre par un seigneur russe appellé comte Ivan Ivanovitz Chuvaloff, et le pere Jacquier Minime de la Trinité de Monti, fameux savant astronome. J'ai vu au dedans des tres jolies filles. Les nôtres étant arrivées toutes les quatre à la même grille, nous commençames une conversation fort interessante; mais à voix basse, puisqu'on pouvoit nous entendre. Nous ne fumes à notre aise qu'après le depart des autres visiteurs. L'objet de l'amour de mon jeune ami étoit fort joli, mais sa soeur étoit surprenante. A l'age de quinze à seize ans fort riche en taille, et tres formée, elle m'enchanta. J'ai

『내 삶의 이야기』 자필 원고

면서도 감각적인 문체로 자신의 일생을 그려갔다. 흥미로운 점은 그가 모국어인 이탈리아어가 아니라 프랑스어로 글을 썼다는 것이다. 자신의 프랑스어 글쓰기가 문제점을 안고 있을지 모른다는 것을 알면서도 프랑스어를 선택한 이유는 당시 프랑스어가 유럽 엘리트들의 언어였기 때문이다. 그는 바로 그들에게 자신의 글을 읽히고 싶었던 것이다.

초고를 쓰고 나서 곧바로 다시 검토 작업에 들어가 최종 원고를 완성한 후 얼마 지나지 않아 그는 사망했다. 1798년 6월 4일의 일이다. 그가 남긴 원고는 3,700쪽에 달하는 방대한 양이었다. 자신이 직접 펜으로 쓴 깨끗한 글씨체가 돋보이는 원고는 그 상태 그대로 잘 보존되어 있다. 이 원고를 처음 본 사람은 당시 카사노바를 돌보아주던 리뉴 공인데, 그의 소감은 "3분의 1은 웃게 만들고, 3분의 1은 꿀리게 만들고, 3분의 1은 생각하게 만든다"는 것이었다. 과히 틀리지 않은 판단이라 하겠다.

카사노바가 죽을 때, 그의 옆에는 조카인 카를로 안졸리니Carlo Angiolini가 있었다. 그는 자신이 사업을 하는 드레스덴으로 이 원고를 가지고 갔다. 그가 죽자 아내 마리안네 아우구스트Marianne August는 이 원고를 라이프치히의 유명 출판사인 브로크하우스Brockhaus사에 판매했다. 이 출판사는 1822~1828년 사이에 독일어 번역본을 출판했다가 이것이 성공을 거두자 프랑스어판도 출판하기로 했다. 그렇지만 독어 번역본이나 프랑스어본 모두 원본 그대로 출판한 것이 아니라 많은 부분을 수정하고 '순화'시킨 일종의 각색본이었다. 1826~1838년에 파리에서 출판된 프랑스어본의 경우 드레스덴의 군사학교 교수인 장 라포르그Jean Laforgue가 손을 보았는데, 생기 없고 틀린 문장들로 되어 있는 데다가, 용기 있고 대담한 사고가 전개된 부분들은 모두 삭제되었다는 평가를 받는다. 이것이 전 세계에 알려지고 번역되어 오랫동안 이 책을 근거로 카사노바의 신화가 창조되었던 것이다.*

1820년 이후 라이프치히 금고에 보존되어 있던 카사노바의 자서전이 원본 그대로 출판된 것은 1960년에 가서의 일이다. 브로크하우스와 프랑스의 플롱Plon사 합작으로 출판된 이 책으로 인해 비로소 카사노바의 실제 면모가 처음 세상에 드러났다. 그 후 이 원고는 1993년 프랑스의 부켕Bouqin 출판사에서 세 권으로 다시 출판되었다. 그러므로 카사노바의 『내 삶의 이야기』가 온전한 모습으로 세상 사람들에게 선보인 것은 두 번에 불과하며, 우리가 그를 있는 그대로 알게 된 것은 겨우 반세기 전의 일이다.

카사노바가 다시 인구에 회자된 것은 프랑스국립도서관이 2010년 2월, 이 원고를 구입하고 나서의 일이다. 도서관 측은 이 기회에 원고 전시, 관련 자료 수집, 성우들의 육성 낭독 등 성대한

* 우리나라에서 출판된 책 역시 이 책을 저본으로 하고 있어 원본이 아니라는 한계가 있다. 국내 번역본의 일러두기에는 "장 라포르그가 편집한 『카사노바의 회고록』을 영국의 소설가 아서 매켄Arthur Machen이 영어로 번역한 『카사노바의 회고록』(1894)을 조지 더닝 그리블이 1/4 분량으로 편집한 『카사노바, 그의 생애와 추억』(1929)을 우리말로 옮긴 것"이라 밝히고 있다.

기념행사를 열었다.* 카사노바의 원고는 곧바로 '프랑스어 보고寶庫, trésor de la langue française'로 분류되었다. 『내 삶의 이야기』는 연구와 편집 과정을 거쳐 2013년에 플레이아드판으로 출판되었다. 앞으로는 이것이 가장 정확한 판본이 될 것이며, 카사노바의 진솔한 모습은 이 책에 근거해서 이해되어야 할 것이다.

계몽주의 시대의 사랑

『내 삶의 이야기』를 읽어보면 지금까지 신화화된 카사노바와는 매우 다른 모습을 발견하게 된다.

자코모 카사노바는 1725년 4월 2일 연극배우인 가에타노 카사노바Gaetano Casanova와 자네타 파루시Zanetta Farussi 사이에서 태어났다. 부모는 유럽 전역을 순회하며 공연을 해야 했기 때문에 어린 자코모는 할머니 손에서 컸다. 연약하지만 재능 있던 그는 15세에 삭발식을 하고 성직에 입문하지만 능히 짐작할 수 있다시피 평생 성직자를 할 인물이 아니었다. 얼마 후 그는 큰 사건을 일으키고 성직에서 떠났다. 로마에 가서 교황 조카의 정부情婦를 건드렸다가 암살당할 뻔하고는 도주한 것이다. 그때부터 그의 전 생애 동안 계속되는 긴 여행이 시작되었다. 평생 그는 밀

* Antoine de Baecque, "Casanova, homme des lumières", *L'Histoire*, no. 369, 2011, pp. 8-15.

라노, 베를린, 빈, 제네바, 프라하, 브뤼셀, 암스테르담, 파리, 마드리드, 페테르부르크, 바르샤바, 리가, 런던을 비롯하여 100곳 이상의 도시를 돌아다녔다. 그야말로 역마살이 단단히 끼어서, 어느 한곳에 오래 머물지 않고 곧 다시 떠나곤 했다. 그의 생애를 요약할 때 우선 들 수 있는 큰 특징은 그는 '움직이는 인간'이며, 코즈모폴리턴이라는 것이다.

그가 세상과 관계를 맺는 방식은 참으로 다양했다. 살아가는 동안 그가 했던 일들은 성직자 외에도 군인, 바이올린 연주자, 사서, 대사의 비서, 스파이 등 지극히 다양했다. 자신의 능력을 발휘하여 스스로 먹고살아야 했기 때문에, 그는 필요한 돈을 벌기 위해 온갖 종류의 일을 마다하지 않았다. 특히 기회만 되면 도박장에서 게임을 했다. 그는 모든 노름을 다 잘했고, 사기도박 행위도 서슴지 않았다. 도박장에서 딴 돈으로 보석을 사서 여인의 환심을 사거나 중요한 인물들을 만나 새로운 관계를 맺는 데에 사용했다. 그는 순발력이 워낙 뛰어난지라 순간적으로 좋은 기회를 잡는 데에 일가견이 있었다. 명사들 모임에 나갔다가 재정 문제가 화제가 되자 경제 전문가인 척하면서 재정 적자를 해결하는 방법 중 하나로 왕실 직영 로또 사업 아이디어를 제시하고는 이 사업의 지분을 얻어냈다. 돈이 떨어지면 어음 사기를 치거나, 손에 가지고 있지도 않은 보석을 판매해서 돈을 구했다. 이처럼 운에 맡겨 돈을 기대하고 실제 가진 것보다 많은 돈을 펑펑 쓰는 것이 그의 삶의 방식이었다.

배우의 아들로 태어난 그는 곡예사 같은 삶을 살았다. 그가 가장 많이 드나든 장소 중 하나는 감옥이었다. 도박에서 속은 사람들이든 아내를 빼앗긴 남편이든 그를 고발하여 감옥에 넣으면 그는 아는 사람의 호의를 입어 그곳을 빠져나와 곧 다른 도시로 도주했다. 그의 생애에서 가장 유명한 사건 중 하나는 탈출이 불가능한 것으로 악명 높은 베니스의 '납 감옥'에 들어갔다가 탈옥한 일이다. 그의 생애는 이처럼 사기와 도주로 점철되어 있다. 자서전에서 자랑스럽게 기록하듯 "필요하면 경솔한 자, 멍청한 자를 속이"고 사태가 불리하게 돌아가면 멀리 도망가버리는 것이다.

그는 자신의 정체성을 계속 만들어간 인물이라는 점에서 흥미롭다. 당시는 신분 질서가 고착되어 있고, 대부분 자신이 타고난 사회 조건에 묶여 있었지만, 그는 때 이르게 자신의 삶을 자유롭게 주조하며 살아갔다. 그는 늘 어떤 무엇인가로 될 수 있는 자질을 가지고 있었다. 누군가가 아프면 그는 의사가 된다. 누군가가 자기 운명에 대해 고민하면 그는 곧 점쟁이가 된다. 누군가가 내세에 대해 불안해하면 심지어 마술사가 된다. 우르페 후작 부인이 죽었다가 다시 어린아이로 환생하도록 도와준 것이 대표적인 사례이다. 그는 자신의 타고난 신분이 불리하였으므로 그것을 직접 만들어냈다. 언제부턴가 스스로를 '생갈의 기사chevalier de Seingalt'라고 부르며 상층 귀족 신분을 위조해냈다. 그렇게 하여 귀족들을 만나고 그들을 즐겁게 하고 아첨하고, 그러고는 속여먹는 것이다.

브라가딘이라는 베니스 상원의원을 후원자로 삼은 것이 좋은 예이다. 브라가딘이 곤돌라를 타고 가다가 뇌출혈로 쓰러졌을 때 마침 그곳을 지나가던 카사노바가 응급조치를 하고 이웃 여관에 데리고 가 그의 생명을 구해주었고, 고마움을 느낀 브라가딘이 카사노바에게 여러모로 도움을 주기에 이른다. 여기까지는 흔히 생각할 수 있는 미담 수준이겠으나, 이들의 관계는 그 이상으로 나아갔다. 카사노바는 브라가딘과 그의 동료들에게 자신이 고대 유대교 신비주의 지식인 카발라의 계승자로서 수호천사를 부리는 인물로 믿게 만들어 브라가딘의 양자가 되었다. 카사노바는 브라가딘의 돈과 영향력을 빌려 3년 정도 지극한 쾌락을 누리며 살았다.

카사노바는 자신의 탁월한 자질들을 발휘하여 유럽 각지의 사회로 뚫고 들어갔다. 무엇보다 그의 몸매가 큰 장점이었을 테고, 자신이 직접 도안한 멋진 의상도 한몫했을 것이다. 여기에서 빼놓을 수 없는 것이 뛰어난 화술과 다양한 재주로 남의 이목을 끄는 능력이다. 그는 어느 곳에 가든 현장에서 사람들의 주목을 끌었다. 18세기 귀족 사회에서 가장 중요한 것은 남을 즐겁게 하는 능력인데, 여기에서 핵심은 곧 재미있게 말하는 능력이다. 아마 그보다 더 재미있게 말할 수 있는 사람도 흔치 않았을 것이다. 그의 삶 자체가 흥미진진한 소재가 아니던가. 여행 이야기, 여성들을 만난 이야기, 그리고 책에서 읽은 박학다식한 내용들, 거기에 신비하고 마술적인 지식들도 넘쳐나서, 남녀노소 그의 말에 귀를 기울이지 않을 수 없게 만들었다.

그의 인간관계는 기하급수적으로 넓어졌다. 이전에 만난 사람들의 소개와 추천장이 곧 다음 사람을 만나는 데에 도움이 되었다. 앞에서 언급한 M. M.과의 연애 사건 때 알게 된 베르니 대사의 추천서는 그가 파리에 갔을 때 사교계로 진출하고 루이 15세의 궁정에까지 들어가 주요 관료들을 알게 되는 데에 큰 도움을 주었다. 그는 곧 유명세를 얻어 많은 사람들의 부름을 받았다. 마리아 테레사 요셉 2세, 프리드리히 대왕, 예카테리나 등 그야말로 역사 교과서에 등장하는 당대 국왕들이 모두 그를 만났다.

그는 한 시대를 몸으로 관통하는 행동가의 삶을 살다가 문필가로 생을 마쳤다. 그는 여러 언어에 능통했고, 많은 책을 읽었다. 결코 최고 수준은 아니지만 여러 지적인 문제에도 깊은 관심을 보여 수학이나 천문학 문제에 천착하기도 했다. 조로아스터교의 서적을 번역했고, 「일리아드」를 각색했으며, 시와 소설, 팸플릿, 과학 논문, 정치 철학 에세이 등을 썼다. 이 모든 것의 집적인 『내 삶의 이야기』는 자신이 몸으로 행했던 철학을 글로 풀어낸 결과물이다. 글을 씀으로써 그는 계몽주의의 인물이 되었다.

그는 당대의 '문필 공화국Republic of Letters'에 입성하여, 계몽주의 시대 철학자들이 교류하던 유명한 살롱에 들락거렸다. 1760년에는 페르네로 가서 볼테르를 만났고, 그 후에는 루소도 만났다. 그러나 이 대철학자들과의 만남에서 대단한 철학 작품이 도출된 것 같지는 않다. 볼테르는 서한에서 "웃기는 인간"을 만났다고 표현했다.

그는 분명 이성의 시대를 살다간 계몽주의의 아들이라 할 만하지만, 그것 역시 그의 모든 면모를 말해준다고 할 수 없다. 그는 마술사 노릇도 하고, 연금술도 수련했으며, 비정통의 치료에도 능했다(특히 성병 치료에 뛰어났다고 한다). 그는 자유석공회(프리메이슨)에 가입하여 이 세상 표면 뒤에 감추어진 진리를 찾고자 노력했다. 그는 지적이며 신비적인 성향을 동시에 가지고 있고, 가짜와 진짜가 뒤섞인 특이한 지식인이었다. 계몽주의와 반反계몽주의를 한몸에 구현하고 있다고 해도 좋을 것이다. 그보다는 차라리 계몽주의가 원래 이성과 반反이성을 동시에 포함하고 있으며, 과학과 마술이 혼재한 것이었다고 보는 것이 타당할지 모른다.

그는 자신의 삶의 방식을 스스로 정한 자유인이었다. 그 어떤 권위 혹은 도그마에 집착하지 않은 채 세상을 두루 다니며 사람들을 만나고 대화하고, 무엇보다 많은 여인들과 사랑을 나누었다. 그가 죽으며 남긴 말은 "나는 철학자로 살았지만 기독교도로 죽는다J'ai vécu en philosophe, je meurt en Chrétien"였다. 그가 어떤 기독교도로 죽었는지는 알쏭달쏭하지만, 철학자로 살았던 것은 분명하다. 분명 그는 새 시대를 알리는 강렬한 사랑의 철학으로 한세상을 살다 갔다.

10

고양이와 여인

: 근대 유럽의 저항 문화

역사에서 저항이나 봉기, 반란은 넘쳐나게 많다. 모든 사람이 만족해하며 행복하게 산다면 얼마나 좋으랴만, 실제로는 억압과 수탈에 시달리던 사람들이 들고일어나는 일이 비일비재하다. 그런데 사실 저항이나 봉기라고 쉽게 말하지만, 그것이 구체적으로 어떻게 일어나는지 파악하는 것은 쉽지 않다. 억눌리던 사람들이 참다못해 막판에 팔 걷어붙이고 곡괭이 들고 뛰쳐나간다는 식으로 너무 쉽게 생각해서는 안 된다. 그런 행위 역시 문화적 맥락 안에서 일어나는 일이지 아무렇게나 생겨나는 게 아니다. 근대 유럽 사회에서 저항과 봉기가 어떤 문화적 배경에서 어떤 방식으로 일어나는지 분석한 고전적인 연구들을 살펴보자.

인쇄소의 대학살

1730년대 파리 생세브랭가街에 있는 한 인쇄소에서 일어난 사건을 분석해보자.*

이 인쇄소에서 견습공으로 일하던 제롬과 레베이예라는 두 총각은 꽤나 고달픈 삶을 살고 있었다. 그들은 장인匠人, master(인쇄소 주인)과 직인職人, journeyman(인쇄소에 정식으로 고용된 숙련공)으로부터 학대에 가까운 대우를 받고 있었다. 무엇보다 음식이 너무 형편없었다. 심지어 고양이 사료로도 부적당한 썩은 고기 조각이 나오는 판이었다. 사실 말이지 주인집 마님이 애지중지하는 고양이 그리즈(회색둥이)가 이들보다 훨씬 나은 대접을 받고 있었다. 당시 인쇄소 주인들 사이에서는 고양이 키우기가 유행이었는데, 그중에는 스물다섯 마리의 고양이를 키우면서 초상화를 그려주고 구운 새고기를 먹이는 사람도 있었다.

게다가 동네 고양이들이 밤마다 울어대서 잠을 방해하는 게 큰 골칫거리였다. 제롬과 레베이예는 밤이 되면 녹초가 된 몸으로 다락방에서 잠을 자다가 꼭두새벽에 출근하는 직인들이 문을 두드리면 잠옷 바람으로 덜덜 떨며 뜰을 건너가 문을 열어주어야 했다. 그러니 늘 잠이 부족해서 고생하는 판인데, 고양이까지 밤새 그들을 괴롭히는 것이었다. 피곤한 몸을 이끌고 아침부

* 로버트 단턴, 『고양이 대학살—프랑스 문화사 속의 다른 이야기들』, 조한욱 옮김, 문학과지성사, 1996.

터 일을 하노라면 늦게까지 달콤한 잠을 자고 느지막이 가게에 나타난 주인은 두 소년에게 성질만 부리기 일쑤였다. 그러니 그들이 울분에 차 있으리라는 것은 쉽게 짐작할 수 있다.

그들은 복수에 나섰다. 레베이예는 흉내의 달인이어서, 사람들의 몸짓과 목소리뿐만 아니라 개와 고양이 소리까지 완벽하게 흉내 낼 수 있었다. 게다가 그는 지붕 잇는 노동자 집안 출신이라 지붕 위로 기어 올라가 돌아다니는 데에 일가견이 있었다. 그는 주인집 지붕 위에서 밤새 고양이 소리를 내어 주인 내외가 한잠도 못 자게 만들었다. 다음 날 밤 또 그다음 날 밤에도 계속 고양이 울음소리를 내자 주인 내외는 마녀가 고양이로 변신하여 지붕 위에서 마법을 퍼뜨리고 있다고 생각했다. 계몽의 시대라는 18세기에도 많은 사람들은 전혀 계몽되어 있지 않았던 것이다. 급기야 안주인은 직원들에게 고양이를 없애라는 명령을 내리면서, 다만 자신의 고양이 그리즈는 놀라게 하지 말라고 부탁했다.

인쇄소 직원들은 신나는 사냥에 돌입했다. 물론 그들은 안주인이 그토록 사랑하는 그리즈부터 죽이고는 사체를 숨겼다. 그리고 인쇄용 철봉이나 빗자루로 무장한 채 고양이들을 내몰다가 어떤 놈들은 그 자리에서 죽이고 어떤 놈들은 자루 속에 넣어 생포한 후 앞마당에서 고양이 사형 놀이를 시작했다. 모두 사형 집행인, 고해 수사, 근위대 같은 역할을 나눠 맡고는 고양이들을 교수대에 매달았다. 지나가다 이 광경을 보게 된 안주인이 비명을 지르며 혹시 그리즈를 죽인 것은 아닌지 물었다. 직원들은 주인 내외를 존경하므로 그런 일은 절대 하지 않는다고 딱 잡아뗐다. 뒤이어 주인이 도착해서 이 장면을 보고는 일 안 하고 뭐 하는 짓이냐며 노발대발 소리를 질렀다. 안주인은 이들이 자기 고양이를 죽인 게 틀림없고, 나아가 그보다 더 심한 모욕을 준 것 같다고 말하려는데 남편이 그녀를 끌고 안으로 들어가버렸다. 뒤에 남은 직원들은 무한한 환희에 빠져들었다.

이들의 기쁨은 여기에서 끝나지 않았다. 그들은 이 모든 장면을 무언극으로 만들어 며칠에 걸쳐 휴식 시간마다 재연하며 놀았다. 레베이예는 최소 스무 번이나 이 무언극의 주연을 맡아 마음껏 재주를 발휘했고, 그때마다 보는 사람들은 커다랗게 염소 소리를 내며 화답했다. 이 사실을 기록한 제롬은 이 일이 자기 평생에 가장 즐거웠던 경험이라고 말했다.

고양이의 특별한 힘

고양이를 잔인하게 죽이는 것이 오늘날 우리에게는 결코 재미있는 놀이로 보이지 않는다. 그들이 그토록 즐거워한 이유는 무엇이었을까? 그것을 이해하려면 18세기 파리의 노동자들이 향유하던 문화의 맥락을 파악해야 한다.

18세기 파리의 인쇄소는 결코 행복한 일터는 아니었다. 흔히 길드(동업조합)는 장인과 직인 그리고 그 아래 일하는 사람들이 화목하게 일하는 가정 같은 곳이라고 말해져왔지만, 그건 이미 오래전에 지나가버린 옛날이야기였고 18세기에는 사정이 완전히 달라졌다. 직원들은 모두 모욕적인 환경에서 고된 노동에 시달렸을 뿐 아니라, 무엇보다 장래 희망이 거의 사라져버렸다. 노동자들은 언젠가 장인이 되어 번듯하게 자신의 인쇄소를 운영하고 싶다는 꿈을 가지고 있었다. 여기에 찬물을 끼얹은 것은 프랑스 정부였다. 1686년 정부 칙령으로 파리의 인쇄업 장인 수를 83명에서 36명으로 축소한 후 고정시켜버린 것이다. 직인의 숫자는 늘 300명을 훨씬 웃돌았으므로 결국 직인에서 장인으로 승격하는 일이 매우 어려워졌다. 장인들은 바쁠 때에는 무자격 노동자들을 임시 고용했다가 일감이 떨어지면 해고하는 식으로 대응했기 때문에 직인들의 처지는 더욱 나빠졌다. 상황이 이렇다 보니 최하 말단인 견습공들의 열악한 처지야 더 말할 나위도 없었다. 장인에게 밉보이면 바로 해고되어서, 1년만 버티어도 고참 소리를 듣는 형편이었다. 이처럼 노동자들이 힘겹게 살아가는 판에 오직 주인만 늦잠을 자고 고급 요리를 즐기고 애완동물을 길렀다. 부르주아로 올라선 장인과 하층 노동자 간의 사이가 갈수록 크게 벌어져갔다. 여기에 더해서 이 인쇄소의 주인 내외가 각자 바람피우고 있다는 것을 직원들은 다들 눈치채고 있었다. 고양이 죽이기는 이런 상황에서 벌어진 복수 행위였다. 이들이 주인집 고양이를 죽이게 된 데에는 물론 우연적인 측면이 있지만, 그 행위 이면에는 아주 특별한 의미가 숨겨져 있었다.

유럽에는 일시적으로 사회 질서가 뒤집어진 상황을 연출하는 축제와 의례의 전통이 있었다. 대표적인 것이 사육제謝肉祭, carnival다.* 사육제 기간 중 민중들은 거의 폭동에 가까운 소란을 피우며 행진하고 광대극을 공연하거나 샤리바리charivari를 행했다. 샤리바리란 오쟁이 진 남편(즉, 다른 남자와 바람피우는 아내를 둔 남편), 매 맞는 남편, 혹은 나이 차가 너무 큰 신혼부부 등 전통적인 규범과 질서에 어긋나 보이는 사람들을 공동체 주민들이 잔인하게 놀리는 민중 의례다. 이런 기회에 사람들은 억압적인 기존 질서의 틀에서 벗어나 그동안 억눌려 있던 감정을 마음껏 분출한다. 일시적이나마 세상은 평소와는 완전히 다른 곳으로 변모한다. 광대극에서는 거지가 관리가 되고 창녀가 귀부인이 된다. 이렇게 뒤집어진 세상에서 사람들이 마음껏 뛰놀고 즐기는 가운데, 때로 지배층에게 거친 항의를 하기도 한다. 그렇지만 이런 전도된 세계가 언제까지나 계속될 수는 없다. 격렬한 축제의 기간이 지나면 사람들은 아쉽게도 다시 질서와 복종의 세계로 되돌아가야 한다. 사육제가 끝나는 '참회의 화요일'에 짚으로 만든 인형인 사육제의 왕King of Carnival이 제의화祭儀化된 재판을 받고 처형됨으로써 뒤집혔던 세계는 문을 닫고 원래의 질서

* 부활주일 전 40일 동안의 기간을 사순절四旬節이라 한다. 이 기간 동안 신도들은 그리스도의 수난을 회고하며 단식과 속죄를 행한다. 사순절에 앞서 3일 동안 벌이는 축제가 사육제이다.

잡힌 세상이 돌아온다.

흥미로운 점은 사육제뿐 아니라 각종 축제나 민속에서 흔히 고양이가 중요한 역할을 한다는 것이다. 예컨대 부르고뉴 지방의 샤리바리에서는 특정 인물을 조롱하는 행위를 할 때 젊은이들이 돌아가며 고양이의 털을 뽑아 울게 만들었다. 6월 24일 성 요한 축제에도 고양이가 등장한다. 사람들은 모닥불을 피운 후 그 위를 뛰어넘고 춤을 추면서 불 속에 마법의 힘을 가진 물체를 던져 넣었다. 이렇게 하면 그해의 남은 기간 중에 화를 면하고 복을 받는다고 믿었다. 이때 흔히 불 속에 고양이를 넣었다. 고양이를 괴롭히는 방식은 지방마다 다양해서, 파리지엥들은 고양이를 자루에 넣어 태웠고 생샤몽 사람들은 불붙인 고양이를 길거리에서 쫓아다니는가 하면 부르고뉴와 로렌 지역에서는 오월제(5월 1일에 행하는 축제) 기둥에 고양이를 묶어놓고 춤을 추었다. 우리 눈에는 어디랄 것 없이 야만적으로 보이지만, 정작 이런 행사를 하는 당사자들은 제대로 격식을 갖추어 시행했다. 메스 지방의 경우 시의 유지들이 광장에 행진해 온 다음 정중한 자세로 장작에 불을 붙이면 군부대에서 응원 나온 소총수들이 고양이를 향해 일제 사격을 가했다. 이런 민속과 의례에서 자주 보이는 요소를 추출해보면 모닥불, 고양이 그리고 마녀사냥의 분위기임을 알 수 있다.

고양이를 선택한 데에는 분명 이유가 있다. 유럽 문화에서 고양이는 무엇보다 마법을 암시했다. 밤에 만나는 고양이는 악마나 그 하수인이라고 생각했다. 비고르 지방에 내려오는 이야기에는, 한 여자가 들에서 헤매던 흰 고양이를 주워 앞치마에 싸서 마을로 들어왔는데 마녀 혐의를 받던 여자의 집 앞에 이르자 고양이가 "고마워, 잔" 하고 말하고는 앞치마에서 뛰쳐나왔다고 한다. 마녀들은 다른 동물보다도 주로 고양이로 변신하여 희생자에게 나쁜 마술을 걸었다. 마술을 피하려면 고양이 꼬리를 자르거나 귀에 가위질을 하거나 다리 하나를 분지르거나 털을 뽑아 태워야 했다. 헛간에서 낯선 고양이를 발견한 농부가 고양이 다리를 분질렀더니 다음 날 마녀로 의심받던 여자의 다리가 부러져 있더라는 이야기도 전한다. 고양이가 빵 가게에 들어오면 반죽이 부풀어 오르지 않고, 어부의 앞길에 고양이가 지나가면 생선이 상한다고도 믿었다. 마술의 세계와 통하는 동물이므로 고양이는 여러 치료 효과를 가지고 있어서, 예컨대 타박상은 수고양이 꼬리에서 피를 빨아 먹으면 낫고, 폐렴은 고양이 귀에서 나온 피를 적포도주에 타서 마시면 효험이 있다. 심지어 막 죽인 고양이의 따뜻한 골을 먹으면 투명인간이 될 수도 있다!

고양이의 특별한 힘은 집안, 특히 안주인과 연관이 있다. 그래서 안주인이 죽으면 고양이에게 검은 리본을 감아주었다. 고양이는 아기를 질식시키기도 하고 집안의 나쁜 일을 알아듣고 소문을 퍼뜨리기도 한다. 사람들은 고양이의 이런 나쁜 영향을 막기 위해 고양이를 처음 집에 들이는 날 발에 버터를 발랐고, 집을 수리할 때에는 산 고양이를 벽 속에 넣고 시멘트를 발랐다.

중세 건물의 벽 속에서 고양이 뼈가 자주 나오는 것을 보면 이런 관습이 꽤 오래된 것임을 알 수 있다. 고양이는 특히 가정생활의 은밀한 부분인 성性과 관련이 있었다. 영어나 프랑스어에서 고양이를 가리키는 단어들 pussy, chat, minet은 오래전부터 여성의 음부를 가리키는 음란한 말로 쓰였다. 여성의 성과 결혼은 고양이와 연관되었다. 고양이를 잘 돌보는 사람은 예쁜 아내를 얻는다는 속담이 그런 맥락에서 나왔다. 여성이 고양이 꼬리를 잘못 밟으면 결혼에 큰 어려움을 겪는다는 믿음도 있었다(어떤 지방에서는 1년, 어떤 지방에서는 7년, 또 다른 지방에서는 고양이가 운 숫자만큼의 햇수 동안 결혼이 연기되었다). 고양이가 여성의 성과 관련이 있다 보니 바람기와 연관되는 것도 자연스러운 일이다. "밤에는 모든 고양이가 회색"이라는 속담이 있는데, 이 말은 모든 여성이 밤에 충분히 사랑스럽고 아름답다는 뜻이라고 18세기의 속담집이 설명한다.

이처럼 고양이는 아주 풍부한 상징을 가지고 있었다. 근대 초에 유럽인들은 고양이 울음소리에서 마법, 향연, 광란, 섹스, 샤리바리 등을 읽어냈다. 이제 이런 사실을 고려하면 생세브랭가의 인쇄소 직원들이 고양이를 죽이고 무언극을 하는 것이 어떤 의미였는지 조금 더 자세히 알 수 있다. 그들은 단지 주인이 애지중지하는 애완동물 한 마리를 죽여서 복수를 한 데에 그친 것이 아니라 유서 깊은 문화적 요소들을 통해 훨씬 더 풍부한 내용의 놀이를 한 것이다.

상징적 복수

처음부터 이 사건의 이면에는 전통적인 마법의 요소들이 내재해 있었다. 레베이예가 고양이 흉내를 내서 주인 내외의 숙면을 방해하자 그들은 마녀의 하수인이 지붕 위에서 나쁜 마술을 행한다고 생각했다. 이들은 신부를 불러 악령을 퇴치할까 하다가 고양이 사냥을 하기로 결정했다. 이는 고양이에게 상처를 가해서 마법을 완화시키는 전통적인 방식을 의미한다. 미신에 빠진 부르주아의 행위는 곧 두 악동에 의해 더욱 악용되었다. 자신들의 장난을 주인 내외가 오해하여 심각하게 받아들이자 이것을 재미있는 놀이로 둔갑시킨 것이다. 그들은 곧 마녀사냥을 연출했다. 그들은 안주인이 아끼는 고양이 그리즈를 때려잡음으로써 상징 차원에서 안주인을 마녀로 몰아갔다. 축제 때 고양이들을 목매달아 죽이는 것이 마녀사냥의 연출이라는 사실을 이해하는 사람에게는 이 의미가 자명했다.

그런데 여기에는 또 다른 숨겨진 비밀이 있었다. 안주인이 신부와 불장난을 하고 있었던 것이다. 비실거리는 남편, 중년의 아내, 그리고 그녀의 젊은 연인이 얽힌 삼각관계를 직원들은 다 알고 있었다. 그래서 레베이예가 주관하고 다른 사람들이 '거친 음악'(염소 소리)으로 호응하는 것은 전통적인 샤리바리에 해당하는 행위였다. 말하자면 이들은 사육제를 따라 하고 있었다. 노동자들은 축제의 모의재판 형식을 빌려 고양이에게 유죄 판결을 내리고 사형에 처함으로써 그동안 그들을 잘 먹이지도 않고 혹사시키며 자신들만 사치스럽게 살아온 주인 내외에게 유죄를 선언하고 동시에 그들의 부도덕성을 비난한 것이다. 노동자들은 상징 차원에서 부르주아의 법 질서를 조롱하며 저항하고 있었다.

노동자들은 자신들만의 우애로운 공동체를 지키려 했다. 인쇄소 직원들이 회식을 할 때 십장이 한 연설에서 그런 측면을 읽을 수 있다.

> 결코 동료들을 배신하지 말고 임금 기준을 유지할지어다. 한 노동자가 제시된 임금을 받아들이지 못해 인쇄소를 떠난다면 다른 사람들 누구도 그보다 낮은 임금으로 그 일을 맡지 말지어다. (……) 그 외에는 모든 것이 허용되니, 과음은 미덕이요 난봉은 젊은 날의 공적이요 부채는 기지의 표시요 무신앙은 성실성으로 간주될 것이다. 이곳은 모든 것이 허용되는 자유롭고 공화주의적 영역이다. 원하는 대로 살라. 그렇지만 정직한 인간이 될 것이요, 위선은 금물이다.

그들은 최소한 마음속으로는 가족 같은 분위기 속에서 함께 생활하는 과거의 조합(길드)을 지키고자 했다. 그러나 세상은 변하고 있었다. 정부의 규제와 부르주아의 욕심에 의해 과거의 따뜻했던 공동체가 파괴되고 형제들의 결속과 우정은 붕괴 위기에 처해 있었다. 이런 상황에서 나온 반응 중 하나가 공동체를 위협하고 모욕하는 주인 내외를 호색한, 마녀라고 조롱하며 비판한 것이다. 그들은 전통적인 의식과 상징을 절묘하게 이용했다. 사실 그들을 고용한 주인을 공격할 때는 주의가 필요하다. 너무 드러나게 놀리면 곧바로 해고될 수 있으므로 그들의 불온한 의도를 표출하면서도 직접 알아차리지는 못할 정도로 놀려야 한다. 안주인은 자신이 아끼던 고양이가 죽어서 충격을 받았을 뿐 아니라, 이들이 그 이상의 심한 공격을 가한다는 것을 직감하고 남편에게 말을 하려고 했으나, 무감각한 주인이 그녀를 끌고 안으로 들어가버린 것이다. 작전은 완벽하게 성공했고, 이제 이들은 두고두고 이 놀이를 반복하며 즐길 수 있게 되었다.

그들은 지배층에게 신나게 복수했지만, 이는 동시에 복수의 한계가 어디까지인지도 보여준다. 그들의 저항은 오직 상징 수준에만 머물러 있다. 다른 의례와 축제가 그렇듯 그들의 저항적인 행위는 단지 미리 주어진 판 안에서만 이루어질 뿐 실제 행동으로 나아가지는 못한다. 실컷 놀려먹고 낄낄거리지만 그것으로 끝이다. 사육제가 지나면 다시 엄격한 질서가 지배하듯, 휴식 시간의 질펀한 놀이를 마치고 나면 다시 피곤한 노동의 세계로 되돌아가야 한다. 세상을 뒤집는다고 하지만, 오직 제한된 정도로만 세상을 뒤집어놓고 그 안에서만 노는 것은 마치 압력밥솥에서 김을 빼듯 갈등을 완화시켜 오히려 질서를 유지하는 역할을 하는 게 아닐까?

무질서한 동물

로버트 단턴의 분석에 의하면 민속놀이나 축제 등에서 이루어지는 저항의 퍼포먼스는 오히려 사회 질서를 유지하는 안전판 역할을 한다는 의미로 읽힌다. 이런 분석은 과연 타당한가? 전혀 다른 해석도 가능하다. 나탈리 데이비스는 상반된 해석을 제시하는 대표적인 역사가다. 그녀의 주장은 저항의 놀이는 놀이로 끝나는 게 아니라 실제 저항으로 이어질 수도 있다는 것이다. 그녀가 분석의 초점을 맞추는 것은 여성이다.*

근대 유럽에서 여성은 한마디로 '무질서한 존재'로 여겨졌다. 여성은 믿음도, 법도, 두려움도, 참을성도 없는 '불완전한 동물'이라는 것이다. 인류가 에덴동산에서 쫓겨난 것도 여자 때문이 아니었던가. 여성이 그런 저열한 성격을 띠는 이유는 생리적 차원에서 찾을 수 있다. 당시 의학의 정설이었던 체액설에 따르면 여성들은 차갑고 축축한 체액의 영향하에 있기 때문에 쉽게 표변하고 속이기를 잘한다. 게다가 여성의 자궁은 굶주린 동물과 같아서 성교나 임신에 의해 안정되지 않으면 몸 전체를 돌아다니며 지배력을 행사하여 이성을 마비시킨다(그렇지 않은 여성은 주님을 담은 그릇이었던 마리아밖에 없다는 주장이 덧붙여진다).** 다시

* Natalie Zemon Davis, "Women on Top", in *Society and Culture in Early Modern France*, Stanford University Press, 1975.

** 자궁이 여성의 몸 안에서 돌아다닌다는 것은 고대로부터 거론되던 이론이다. 자궁의 불안정한 상태를 가리키는 말이 히스테리hysteria이다. 이 말의 어원 자체가 자궁hyater이다.

말해서 여성은 몸 자체가 그렇게 타고났기 때문에 여성이 가진 천성적인 저급성은 달리 어쩔 수 없는 일이다. 결론적으로 여성은 아랫부분lower이 윗부분higher을 지배하는 존재다. 여성이 음험한 마법과 관련이 깊은 것도 이 때문이다. 그러니 여성이 지배자가 될 수 없는 것은 자명하다. 혼돈의 존재인 여성이 세상을 지배하면 무질서를 피할 수 없을 것이다. 프랑스에서는 살리카 법Salic law의 규정에 따라 여왕의 존재가 아예 불가능했다. 영국에서는 엘리자베스 1세의 경우처럼 여왕의 통치가 가능하긴 했지만, 그 경우에는 존 에일머John Aylmer 주교가 주장하듯 의회 권한이 강화되어 여왕의 통치를 통제해야 한다고 보았다. 분명 여왕이란 존재는 자연의 법칙에 어긋난다. 심지어 양봉업자들은 여왕벌을 부정하고 남성 왕벌King Bee이 벌들 세계의 중심이라고 주장했다.

여성에 대한 견해가 늘 이처럼 부정적이지는 않았으나, 근대에 들어서 갈수록 악화되었다는 것이 역사학계의 대체적인 견해이다. 우리는 자칫 먼 과거로 갈수록 여성의 지위가 열악했지만 근대 시기로 오면서 그나마 개선되었으리라 판단하기 쉽다. 사실은 그 반대에 가깝다. 대략 15~16세기 이후부터 여성의 지위가 심하게 악화되었다. 르네상스 시기에 사회 전반적으로 문

물론 남성도 비슷한 문제를 안고 있다. 남성들이 '성적인 즙sexual juice'을 배출하지 않고 몸 안에 오래 담고 있으면 심한 고통을 당하지만 그래도 남성은 기지와 의지로 이를 통제할 수 있다. 구체적인 해결책은 일, 술, 공부라고 한다.

화적 혹은 사회적 표현 영역이 확대되고 기회가 증대되었지만, 이 시기에 공사公私 영역의 분리로 인해 여성의 활동 영역은 오히려 축소되고 남녀 사이의 간극이 더 커졌다. 이 시기부터 더욱 정교해진 여성혐오주의misogyny가 지배적인 이데올로기가 되었다.* 가부장제가 극단적으로 강화된 18세기에 이르면 여성의 독립성은 거의 완전히 상실되었다고 데이비스는 주장한다.

당대의 주류 질서는 여성의 무질서한 면을 어떻게든 다스려야 한다는 점을 강조했다. 겸손과 염치를 가르치는 종교 교육을 시키거나, 일을 많이 시켜서 딴생각할 겨를이 없게 만들거나, 그렇지 않으면 법으로 남편에게 복종하게 하는 수밖에 없다고 생각했다. 여성이 남성에게 복종하는 것은 정치와 사회·문화적 질서 확립의 첫출발이었다. 교회는 여성이 남성에게 복종하는 것이 곧 모든 사람이 하느님의 뜻에 복종하게 되는 첫걸음이라고 주장했다. 국가도 마찬가지였다. 집안에서 남성의 지배, 여성의 복종이 잘 이루어져야 온 국민이 국왕과 국가에 복종하게 된다. 가정은 국가에 대한 충성을 배우는 학교여야 한다. 그런 점에서 남편에 대한 불복종은 곧 국왕에 대한 불복종과 같다. 남편을 살해한 여인은 살인죄라기보다는 반역죄를 지은 죄인으로 기소되었다.

* John Kelly, "Did Women Have a Renaissance?", *Women, History, and Theory: The Essays of John Kelly*, University of Chicago Press, 1984, p. 14; 백영경, 「여성의 눈으로 다시 묻는 '이행'의 의미」, 『여성과 사회』 6호, 1995, p. 141에서 재인용.

「악녀 그리트」(피터르 브뤼헐, 1562년 作)

「악녀 그리트」 부분

이런 맥락에서 자연히 성적 상징sexual symbolism이 사회현상을 나타내는 데 자주 동원되었다. 즉, 지배 질서에 따르고 하층이 상층에 복종하는 것을 표현하기 위해 남녀 간의 관계를 끌어다가 이용했다. 극도의 무질서는 여성이 봉기하여 권력을 휘두르는 상태로 표현했다. 플랑드르의 화가 피터르 브뤼헐이 그린 「악녀 그리트Dulle Griet」(혹은 「매드 메그Mad Meg」라고도 한다)가 대표적인 사례다. 이 그림은 스페인이 네덜란드 지방을 점령했을 때의 참상을 상징하고 있는데, 여기에서 농민 여성 덜 그리트는 파괴의 신으로 그려져 있다. 그녀가 지휘하는 일단의 여자들이 어느 집을 약탈하는 동안 그녀 자신은 지옥의 입구를 들여다보고 있다. 여성의 파괴성과 문란함을 그린 이 그림에서는 특히 덜 그리트가 남성 기사의 무구를 착용하고 있음에 주목할 필요가 있다. 자기 위치를 벗어나 남성의 힘을 빼앗아 휘두르는 고삐 풀린 여성은 질서의 전복, 파괴, 참상을 나타낸다.

성적性的 전도

여성이 남성의 지위와 힘을 가진 것은 당시 결코 올바른 일이 아니었다. 그런데 실제로 유럽의 전통예술, 축제 혹은 문학에서는 남녀가 뒤바뀌는 상황이 자주 나온다. 여장 남자 혹은 남장 여자들이 이야기의 주인공으로 나오고 축제에도 빠짐없이 등장한다. 여성이 제자리를 벗어나는 것을 그토록 위험한 상징으로 여기고 그런 만큼 교회에서 이를 애써 금지시키려 하는데도 이런 현상이 계속되는 이유는 무엇일까?

여자가 남자로, 혹은 남자가 여자로 변신하는 것에는 사실 여러 종류가 있다. 여성이 남장을 하고 남자 흉내를 내는 것은 예컨대 초기 교회의 성녀聖女 이야기들 속에서 자주 접할 수 있다. 『황금 성인전』에는 이교도 남성들에게 겁탈당하는 것을 피하기 위해 남자로 변장한 여성들 이야기가 상당히 많이 나온다. 그렇게 함으로써 자신의 순결을 지키고 기독교도로 남는다는 식이다. 『데카메론』에는 여성이 남자로 변장하여 자신의 정절을 의심하는 남편에게 순결을 증명하는 이야기가 나온다. 조금 더 적극적인 여성들의 경우는 예컨대 위험에 빠진 애인을 구하기 위해 자신이 남자 옷을 입고 전장으로 달려가는 민담ballad에서 찾아볼 수 있다. 이런 것들은 말하자면 그리 위험한 종류는 아니다. 그렇지만 이처럼 얌전하거나 착한 여자 주인공만 있는 게 아니라 훨씬 강한 여장부 스타일의 이야기들도 많다. 라블레의 『가르강튀아』에 나오는 거인 여성 가르가멜Gargamelle이 그런 사례다. 그녀는 엄청나게 먹고 마셔대며 걸쭉한 농담을 하고 여러 남자들과 자다가 '똥 누듯' 가르강튀아를 낳는다. 더 나아가서 남자들을 괴롭히고 복수하는 여자 이야기들도 많이 발견할 수 있다. 그 가운데 가장 유명한 사례는 아리스토텔레스를 정복한 필리스Phyllis riding Aristotle일 것이다. 주지하다시피 아리스토텔레스는 알렉산드로스 대왕의 가정교사였다. 그런데 젊은 알렉산드로스는 인도 출신의 필리스에게 홀딱 빠져서 학업을 등한시한다. 대철학자가 젊은 제자를 야단치며 그런 천박한 여자에게서 벗어나라고 했다는 소식을 접한 필리스는 늙은 철학자에게 복수를 다짐한다. 결국 필리스는 아리스토텔레스를 유혹하여 벌거벗은 채 자신을 태우고 네발로 기어 다니게 만든다(이는 유럽의 고전적인 포르노그래피에 단골로 나오는 명장면이다). 창문으로 이 장면을 엿본 알렉산드로스는 기쁨에 겨워 어쩔 줄 몰랐을 것이다. 젊음이 늙음을, 성적 열정이 메마른 철학을, 여성이 남성을 이기고야 만 것이다.

이런 정도에 그친다면 성도착이 기존 질서를 허무는 데까지 이르지는 않는다. 그러나 축제 때는 사정이 다르다. 문학에서는 남장 여자가 많이 등장하지만, 반대로 축제에는 여장 남자가 더 많이 등장한다. 예컨대 프랑스의 에티엔 성인의 날(12월 26일) 혹은 설날 축제, 바보제Feast of Fools(15~16세기에 행해지던 과격한 축제, 12월이나 1월 초)나 캔들마스Candlemas(2월 2일) 때에는 남성들이 짐승 혹은 여성으로 변장하고 뛰어다녔다. 기존 해석 중에는 이런 놀이가 다산 의식多産儀式이라고 보는 것들이 많다. 여자들이 더 활기차고 재생산에 관여하는 존재이므로 남성이 여성으로 가장하여 뛰어다니면 땅이든 사람이든 생산력을 높이는 데 도움이 되리라고 믿었다는 것이다. 그러나 과연 이런 해석이 맞는지 의심하지 않을 수 없다. 바보제 때 행해지던 놀이를 보면 분명 다산 의식보다는 상류층을 조롱하고 권위를 허무는 요소가 훨씬 더 중요해 보인다.

이 점에서 특히 여성들이 주관하는 축제들을 주목할 필요가 있다. 대개 축제는 남성들이 주관하지만 여성이 주관하는 축제도 꽤 있었다. 프랑슈콩테 지방의 5월 축제가 그런 사례다. 이때에는 그동안 자신을 때린 남편을 물에 빠뜨린다든지 혹은 나귀에 태워 놀리는 한편, 부인들은 남편 허락 없이 맘대로 놀고 마시고 춤출 수 있었다. 원래 5월은 로마 시대 이래로 음기가 강하고 여성의 욕망이 과도한 달로 치부되었다. 5월에 결혼한 신부는 남자들을 휘어잡고 산다고 믿었기 때문에 남성들로서는 5월 결혼을 피하려 했다. 16~17세기에 뉘른베르크에서 행해졌던 축제도 흥미롭다. 이 기간 중 여성들은 '특별 허가증'을 받았다. 이 농담조의 칙령들은 여성들이 남편의 자유를 제한하고 '남자들의 똥구멍이 울부짖을 때까지' 때릴 수 있는 권리를 부여했다. 또 고통받는 부인들에게 3년 동안 남편을 지배할 특권을 허락해준다는 칙령에 따르면 회원들은 무기를 소지할 수 있고, 자기네들의 대표를 뽑아 자치를 누리며, 남편의 허락 없이 나가서 놀 수 있는 반면, 남편들은 집안일을 도맡아 하면서도 여자 허락 없이는 맥주도 살 수 없다고 규정한다. 농담이라고는 해도 꽤나 위협적이지 않은가.

여성들의 지위가 갈수록 악화되고 억압당하던 시대에, 축제 기간에만 일시적으로 여성들이 해방되어 상징적인 차원에서만 남성을 지배하는 것은 제한된 범위 내에서 갈등을 완화시켜 오히려 사회 질서를 유지하는 기능을 한 것일까? 1년 중 정해진 시기만이라도 그동안의 응어리를 풀어서 마음을 달래고 그다음에는 다시 원래의 예속적인 위치로 되돌아가도록 하는 장치일까? 분명 그렇게 해석할 여지가 있다. 이런 해석에 따르면 일시적인 무질서 상황을 용인하는 이유는 거기에 어떤 순기능이 있기 때문이라는 것이다. 일정한 범위 내에서 사회를 비판하는 것은 다시 원래의 질서로 되돌아가는 것을 전제로 한다. 그것은 사회를 갱신renew할 뿐 변화change시키지는 않는다.

그런데, 데이비스는 이 부분에서 새로운 방식으로 질문을 제기한다. 과연 그런 역할만 했던 것일까? 무질서와 혼란의 경험이 언제나 기존 질서를 강화하기만 했을까? 질서를 일시적으로나마 파괴해본 경험을 한 여성에게 새로운 가능성을 제시하고, 그래서 정치적 불복종 혹은 봉기를 승인하지는 않았을까? 다시 말해서 기존 질서의 기반을 허무는 일을 할 수도 있지 않을까? 그녀가 생각하는 것은 일종의 파급 효과spillover effect이다. 축제 기간 중의 경험이 그대로 사라져버리는 게 아니라 일상으로 흘러든다는 것이다. 그 효과는 때로 충격적이고 혁신적이다.

이론상 남성이 완벽한 지배와 통제를 해야 하나 그런 일은 실제로 불가능하다. 이 세상을 현재 그대로 유지할 수만은 없다. 그렇다면 여성이 저항하고 봉기하여 끝내 승리한다면 그 세상은 어떠할 것인가? 그런 사고 실험을 해보는 것이 다름 아닌 축제의 기능이었다. 연극을 통해, 재미있는 이야기 속에서, 혹은 축제 행위에서 그런 가능성을 생각해보고 확인할 수 있다. 이때 용맹한 여성 혹은 강건한 여장부virago는 새로운 실험적 사고의 원천이 된다. 사람들은 잔 다르크의 용맹성을 회고하고, 아마존이 얼마나 잘 다스려지는 국가인지 상상한다.* 왜 여성들이 통치에 참여할 수 없단 말인가?

이런 설명은 말하자면 축제와 민속놀이 등에서 준비되었던 심성이 폭동 당시 행동으로 옮겨졌다는 설명이다. 실제로 역사에는 여성들의 폭동 행위가 자주 나온다. 1637년 영국 국왕 찰스 1세가 에든버러의 칼뱅주의자들에게 영국 국교회 일반 기도서Book of Common Prayer를 강요하려고 했을 때 세인트자일스 교회에서 '깡패 같은 여자들'이 주도하여 저항을 벌였다. 이 여자들은 큰 소리를 질러 설교를 방해했고, 에든버러 주교에게 의자를 집어 던졌으며, 교회 밖으로 쫓겨나자 교회 문에 돌을 던졌다. 1645년 몽펠리에에서 일어난 조세 폭동은 라 브랑라르la Branlare라는 여자가 주도했다. 그녀는 '우리 아이 입에서 빵을 빼앗는 세리들'을 죽이라고 고래고래 소리를 질러댔다.

* 잔 다르크가 사형에 처해졌을 때 최종적인 유죄 이유는 '남성 복장을 했기 때문'이었다. 남성 옷을 입었다고 사형에 처하는 것이 우리에게는 언뜻 이해하기 힘든 논리로 보일 테지만, 당시의 맥락에서 그 의미는 분명하다. 하느님이 정해준 자연스러운 질서를 고의로 파괴하며 무력을 휘두른 것이 그녀가 마녀라는 증거라는 것이다. 한편 여성 문헌학자 마리 델쿠르Marie Delcourt는 잔 다르크가 남성 옷을 고집한 것은 단지 군사적 이유 때문이 아니라 『황금 성인전』에 등장하는 남장 여자 성녀들을 염두에 둔 것이라고 추론했다. Natalie Zemon Davis, 앞의 책, pp. 144-145.

흥미로운 점은 이렇게 여자들이 폭동을 벌이고는 책임을 남편에게 돌린다는 것이다. 여자들은 무질서한 존재이니 무조건 남편에게 복종하라고 하지 않았던가. 그러므로 법적인 책임 역시 남편이 져야 마땅한 일이다. 그러다 보니 남자들에 비해 처벌도 가벼워질 수밖에 없었다. 여자들은 이성적이지 않고 걸핏하면 감정적으로 대응하는 저열한 존재라는 여성관이 상당한 정도의 변명이 되었고, 바로 이 점을 사람들은 교묘하게 이용했다. 때로 남편들이 여자들을 대신 내보내서 항의하도록 사주하는 일까지 벌어졌다. 영국 법원도 '여성들이 성sex 뒤에 숨어 있다'는 사실에 대해 불만을 표출했다.

때로는 축제가 그대로 폭동으로 발전하기도 했다. 1770년대 보졸레 지방에서 남자 농민들이 얼굴을 검게 칠하고 여성 옷을 입고는 새 지주를 위해 농지 조사를 하는 자들을 공격했다. 후일 경찰이 여자들을 조사하자, 여자들은 자신들은 모르는 일이라고 딱 잡아떼면서 '아마도 산에서 요정들이 내려와서 그랬던 것 같다'는 허무맹랑한 답을 했다. 프랑스 혁명 초기인 1789년 10월에 빵을 달라고 소리치며 베르사유 궁으로 행진한 여자들 중에는 여장한 남자들이 다수 끼어 있었다. 1812년에 벌어진 러다이트운동Luddite Movement(산업 혁명 초반에 벌어진 기계 파괴 운동)에서도 유사한 일이 벌어졌다. '러드Ludd 장군의 부인들'을 자처하는 두 남자 직공이 여자로 변장해서 수백 명의 사람들을 인도하여 증기 직기들을 부수고 공장에 불을 질렀다.

근대사회 발전의 뒤켠에 숨죽이고 있던 하층 시민, 무질서하기 그지없는 저열한 존재, 자궁이 이성을 마비시키는 아랫것, 그런 여자들이 "그래 맞다, 나 나쁜 년이다!"라고 자처하며 길거리로 뛰쳐나와 소리치고 돌 던지고 하는 일들이 이 사회를 변혁시키는 힘으로 작용했다는 것이 데이비스의 주장이다. 그때 가여운 남자들은 여자 옷을 빌려 입고 여성의 마력 뒤에 숨어서야 거사에 참여할 수 있었다.

그러면 어느 쪽이 맞단 말인가

로버트 단턴의 '고양이 대학살 사건' 분석은 역사학의 매력을 유감없이 발휘한다. 우리와 너무 멀리 떨어져 있는 지난 세계의 내면을 정밀하게 포착하여 그 당시의 행위가 어떤 맥락에서 어떤 의미를 띠고 일어났는지를 잘 보여준다. 노동자들은 이미 자신들의 세계로부터 멀리 비켜나 있는 부르주아에 대해 증오감을 드러내고 있었다. 그들이 원하는 것은 과거의 따뜻했던 공동체의 부활이었다. 그런 점에서 이들의 행위는 혁신적이라기보다는 과거 지향적이다. 그들의 저항 방식 역시 연면히 내려오는 과거의 축제에서 길어온 것이다. 그들은 주인 내외를 음탕한 마녀로 몰아 상징적 차원에서 가혹한 복수를 하고, 낄낄거리며 웃고 있다. 그러나 단지 그뿐, 그들이 감당해야 하는 현실은 언제까지나

배고프고 추운 인쇄소의 고된 노동과 다락방의 불편한 잠자리일 뿐이다. 불쌍한 고양이 수백 마리를 죽인들 이 암담한 상황에서 벗어나기란 쉽지 않아 보인다. 진정한 저항의 힘은 어디에서 찾을 수 있단 말인가?

여장부 역사학자 나탈리 데이비스가 이 어둠을 밝힐 창을 하나 열었다. 여자들에 주목해보자. 가장 큰 억압 속에서 고통받았던 그 시대에 여자들이 오히려 가능성을 품고 있지는 않았을까. 마녀를 몰아낼 게 아니라 스스로 마녀가 되는 것이다. 이제 과거 축제와 의례의 언어는 아주 새롭게 변형된다. 놀아보니 그거 참 좋은 세상이더라는 생각이 머리에 남아, 다음번 기회가 될 때 실제로 시행해본다는 발상이다. 이런 일에 적극 앞장선 것은 여자들이다. 오히려 어설프게 남성 우위의 질서에 편승하던 가련한 남자들이 여성의 힘을 빌려 기존 질서를 깨는 일에 참여한다. 그녀의 논문 제목 'Women on Top' 그대로 '여자가 위로' 올라간 것이다. 그런데 그런 포지션으로 일이 행복하게 잘 끝났을까? 과연 축제의 언어, 여성의 마력이 이 세상을 새롭게 변혁시켰을까? 그렇게 희망해볼 수는 있지만, 암만해도 데이비스의 해석은 지나치게 긍정적인 게 아닐까 하는 생각이 든다.

근대 사회의 억압적 문화는 또한 억압에 저항하는 문화도 품고 있었다. 그것은 상징적 복수에 머물며 오히려 사회의 안전판 역할을 했다고 볼 수도 있고, 거침없는 봉기로 나아가도록 사람을 깨우치는 학교 역할을 했다고 볼 수도 있다. 두 분석 중 어느 편이 당대 상황을 더 정확히 말해주는지 굳이 하나를 꼽으라면, 나로서는 단턴의 분석이 실상에 가까웠으리라 짐작한다. 그러나 늘 그렇듯 역사의 현장은 실로 복합적이다. 실제로는 플러스·마이너스 두 힘이 교묘히 어우러져 근대 사회를 밀어붙였다고 애매모호하게 말하는 편이 현명한 답이 될 터이다.

11

문명의 어두운 빛

: 아프리카와 서구의 조우

리빙스턴

사하라 이남 아프리카는 19세기 중엽까지도 외부 세계 사람들이 거의 들어가 보지 못한 미지의 장소였다. 체체파리 때문에 가축을 사용하지도 못하고 말라리아가 극성을 부리는 그곳은 외지인들에게는 그야말로 죽음의 함정이었다. 이런 상황에서 데이비드 리빙스턴이라는 한 인간이 처음으로 아프리카 대륙의 문호를 열어젖혔다.*

리빙스턴David Livingstone은 입지전적인 인물이었다. 그는 열 살 때부터 고향인 스코틀랜드의 면직물 공장에서 일했다. 조숙한 소년 리빙스턴은 공부를 해야 한다는 굳은 의지를 품고 대학에 들

* 조이스 애플비, 『가차없는 자본주의—파괴와 혁신의 역사』, 주경철·안민석 옮김, 까치, 2012.

어가기 위해 필요한 라틴어를 독학했다. 심지어 자신이 일하는 방적기 위에 책을 올려놓고 열네 시간의 근무 시간 동안 책을 읽었다. 그런 가상한 노력이 결실을 맺어 드디어 글래스고와 런던의 의학교에 진학할 수 있었다. 그 후 의료 선교에 눈을 떠 남아프리카로 향했고 곧 저명한 선교사 집안의 여성과 결혼했다. 1841년 케이프타운에서 기독교 전도와 탐험이라는 두 가지 소명을 평생의 업으로 받아들인 그는 이후 30년 동안 '암흑의 아프리카Darkest Africa'를 탐사해나갔다. 그러나 그의 천사 같은 노력이 결과적으로 이 광활한 대륙을 지옥 불에 휩싸이게 만들었다.

리빙스턴은 걷거나 소를 타고 아프리카 대륙 내부를 여행했다. 그는 유럽인들이 한 번도 밟아보지 못한 원시의 초원과 사막지대를 돌아다녔고 호수, 시냇가, 급류를 따라 수천 킬로미터를 답파하는 동안 일기에 아프리카의 사람과 식물, 동물들을 생생하게 묘사했다. 리빙스턴은 대서양에서 인도양까지 아프리카 대륙을 횡단한 최초의 유럽인이었다. 기독교적 박애정신이 넘쳐나는 이 선량한 여행가는 줄곧 아프리카의 아름다움과 아프리카인들의 용맹함에 감탄했다. 그 자신도 말라리아에 걸려 고생하면서도 키니네를 이용해 많은 사람들을 치료하고 그 정보를 자세히 기록했다. 이를 바탕으로 1857년 영국에 돌아온 후 『남아프리카 선교 여행과 연구 조사』를 출판하였다. 아프리카 내륙이 풍부한 자원을 가진 미개척지라는 사실이 구체적으로 묘사된 이 책은 원래 의도와는 상관없이 유럽인들의 탐욕에 불을 지피

데이비드 리빙스턴

며 일대 센세이션을 불러일으켰다.

리빙스턴이 아프리카에서 목도한 현상 중 하나는 무슬림들과 스와힐리어를 사용하는 아프리카인들이 주도하는 잔혹한 노예 무역이었다. 19세기에 강력한 아랍 지도자들이 아프리카의 동서 해안 양쪽에서 침투해 들어오면서 많은 부족들을 이슬람교로 개종시켰고 동시에 아프리카인들을 노예로 삼아 잔지바르, 페르시아, 마다가스카르, 아라비아반도에 있는 플랜테이션들로 팔아넘겼다. 사실 그 이전 시기에 유럽인들이 아프리카 서해안에 침입해 들어와 천만 명이 넘는 아프리카인들을 아메리카 각지로 송출하는 '대서양 노예 무역'을 수행했었다. 또 우리에게는 잘 알려지지 않았지만, 아프리카인들을 북쪽 혹은 동쪽으로 팔아넘기는 '지중해 노예 무역'과 '인도양 노예 무역' 역시 계속 이어졌었다. 그런데 19세기 초 유럽에서 그와 같은 비인간적인 노예 무역을 종식시키자는 운동이 시작되었고, 실제로 영국을 필두로 노예 무역을 스스로 중단하는 나라들이 늘어났다. 그러더니 유럽인들은 마치 자신들은 역사상 그런 일을 한 번도 해본 적 없다는 듯 무슬림의 노예 무역을 거세게 비난했다. 리빙스턴 역시 생애의 마지막 10년을 동아프리카 노예 무역의 잔인함을 폭로하는 데 바쳤다. 그의 『잠베지와 그 지류들』이 1865년에 출판되었을 때, 많은 기독교인들이 그 사악한 무역을 끝장내야 한다는 명분에 동의했다. 무슬림이 행하는 일이기 때문에 더더욱 이 노예 무역은 혐오스러운 일로 비쳤다. 그렇지만 이런 아름다운 대의명분은 상아와 고무로 대표되는 아프리카의 부를 차지하려는 더러운 탐욕과 긴밀히 연결되어 있었다. 검은 대륙에 사는 불쌍한 사람들에게 문명의 빛을 비추자는 리빙스턴의 주장에 그토록 많은 사람들이 공감한 이면에는 제국주의적 야심이 숨어 있었던 것이다. 리빙스턴은 유럽의 자만심과 죄의식을 감추어주는 가리개 역할을 하고 말았다.

1866년, 리빙스턴은 나일강의 원류를 찾겠다며 다시 한 번 아프리카로 향했다. 그런데 그가 내륙으로 들어간 이후 5년 동안 외부 세계와 완전히 연락이 끊어졌다. 인도주의자라는 자자한 명성에 매혹적인 미스터리가 덧씌워졌다.

스탠리

1841년 1월 28일, 웨일스의 덴비Denbigh라는 마을에서 한 아이가 태어났다. 당시 기록에는 '존 롤랜즈, 사생아'라고 적혀 있는데, 이런 경우 흔히 그렇듯이 어머니는 가정부 일을 하는 벳시 패리가 분명했지만 아버지는 누구인지 불확실했다. 그녀는 아이를 친정에 맡긴 후 마을을 떠났고, 결국 아이는 여섯 살 때부터 구빈원에 들어가서 살았다. 그때의 이야기는 디킨스의 소설과 하나도 다를 바 없다. 배고픈 것도 문제지만, 구빈원 원장과 여자 직원들, 또 남자 원생들 간에 '해서는 안 될 일들'이 벌어졌다. 이로 인해 그는 평생 출생의 비밀과 남녀 관계에 관한 기묘한 콤플렉스를 안고 살게 되었다.

그는 15세에 구빈원에서 나와 여러 곳을 전전하다가 우연히 미국 배에서 일을 하게 되었다. 그러다 이 배가 미국 남부의 뉴올리언스에 기항했을 때 아예 미국에 상륙하여 그곳에서 새로운 인생을 살기로 작정했다. 정확한 실상을 파악할 수는 없지만 그는 그럴듯한 거짓말로 여러 번의 신분 세탁 끝에 미국 출생의 헨리 모튼 스탠리Henry Morton Stanley라는 인물로 재탄생했고, 그 후 사람들은 그를 미국인으로 생각했다. (가끔 흥분해서 떠들어댈 때면 강한 아일랜드 억양이 튀어나오는 것은 어쩔 수 없는 일이었지만 말이다.)

그의 삶의 변덕스러운 특질을 잘 보여주는 사실 하나는 남북

헨리 모튼 스탠리

전쟁 당시 남군과 북군에 모두 입대했다는 점이다. 처음에 남군의 병사로 참전했다가 포로로 잡힌 후 다시 북군 병사가 되었다. 그는 북군에서 탈영한 후 온갖 폭로성 삼류 기사들을 쓰는 기자가 되었는데 그의 이런 특질은 곧 신문사 운영진의 이목을 끌었다. 『뉴욕 헤럴드』의 영구 순회 특파원으로 승격된 그는 세계를 돌아다니며 특유의 과장 기사들을 써댔다.

어느 날 그에게 신문사로부터 특별한 임무가 부여되었다. 5년 동안 연락이 끊긴 리빙스턴의 행적을 찾아 기사를 쓰라는 것이었다. 1871년 봄, 스탠리는 통역, 안내인, 짐꾼, 무장 호위병, 요리사, 영국인 수병 등 190명의 탐험 원정대를 구성하여 아프리카

동해안을 통해 내륙으로 들어갔다. 놀랍게도 8개월 후 스탠리는 정말로 리빙스턴을 찾아냈다. 그들이 조우했을 때 스탠리가 건넸다는 "리빙스턴 박사님이시죠Dr. Livingstone, I Presume?"라는 말은 세기의 명언이 되었다. 두 사람의 만남은 젊고 용기 있는 아들이 온갖 고난을 겪으며 성스러운 늙은 아버지를 찾아가는 신화적인 구조를 이룬다. 흡사 테세우스가 아이게우스를 만나러 가듯, 유리가 부러진 칼을 들고 주몽을 찾아가는 듯하다. 이 탐험은 19세기의 신화가 되었지만, 실상이 어땠는지는 아무도 모른다. 스탠리는 여러 달 동안 끔찍한 늪지대를 통과하고, 사악한 아랍 노예상인들과 싸우고, 알 수 없는 질병과 악어 떼의 공격을 이겨낸 후 리빙스턴을 만났다고 하지만, 허풍기 다분한 스탠리의 말을 믿을 수도 안 믿을 수도 없는 형편이었다. 그와 동행했던 백인 동료는 다 죽었고, 리빙스턴도 아프리카에 남아 있다가 죽었기 때문에 스탠리가 하는 말을 확인해줄 사람이 없었다. 사실 많은 짐꾼들이 있었지만 당시는 이런 하층 사람들과는 인터뷰를 하지 않던 때였다. 다만 스탠리 자신이 쓴 구절들에서 언뜻 이 모험의 실상을 엿볼 수 있을 뿐이다. 예를 들면 이런 구절이다. "진흙과 습기가 이 게으른 사람들의 힘을 다 빼놓았을 때 채찍으로 등을 휘갈기면 곧 적절한 행동을 시킬 수 있었다."

리빙스턴과 스탠리의 멋진 모험 이야기는 지구 전체를 그들의 영토로 삼으려는 유럽인들의 상상력과 야심을 자극했다. 특히 스탠리는 사회 명사가 되어 아프리카를 백인의 손길을 기다리는 야만의 땅으로 묘사하며 돌아다녔다. 스탠리와 리빙스턴은 인간의 품격이라는 점에서는 차이가 크지만, 제국주의의 팽창을 촉발시켰다는 점에서는 다를 바 없다.

레오폴드

1872년 스탠리의 소식이 전 세계에 타전되었을 때 이것을 누구보다 민감하게 지켜본 사람은 벨기에의 국왕 레오폴드 2세(1835~1909, 재위 1865~1909)였다.*

벨기에는 기구한 운명의 나라였다. 오늘날의 벨기에라는 나라가 정식으로 세상에 출현한 것은 1830년이니 그야말로 유럽의 늦둥이 국가였다. 그때까지 이 나라는 언제나 다른 나라에 귀속된 땅으로 존재했었다. 근대 초까지 스페인 합스부르크 왕실 소속의 주provinces로 편입되어 있다가 차례로 오스트리아, 프랑스의 지배를 거쳐 1815년에는 네덜란드의 지배하에 들어갔다. 유럽이 나폴레옹 전쟁의 참화를 겪은 후, 프랑스가 두 번 다시 군사 도발을 하지 못하도록 이 나라 북쪽에 네덜란드와 벨기에 지역을 합친 강력한 국가를 만들어 프랑스의 목을 옥죄도록 하자는 아이디어로 이뤄진 일이었다. 그러나 1830년 벨기에 주민들

* 아담 호크쉴드, 『레오폴드왕의 유령—아프리카의 비극, 제국주의의 탐욕 그리고 저항에 관한 이야기』, 이종인 옮김, 무우수, 2003.

레오폴드 2세

이 네덜란드의 지배에 저항해 독립을 선언했다. 왕국이 되려면 국왕이 필요하므로 급히 찾아낸 인물이 영국 왕실과 관련 있는 독일 왕족 출신 레오폴드 1세였다. 그는 유럽 대륙 내 최초로 철도 체계를 만들어내는 등 나름대로 벨기에의 산업 발전을 이끌었다. 그 아들이 레오폴드 2세라는 이름으로 두 번째 국왕으로 등극해 벨기에를 통치했다.

신왕新王은 다른 데에는 별 관심이 없지만 식민지 팽창에는 큰 관심을 두고 연구를 거듭했다. 스페인의 세비야의 고문서 보관소에 직접 가서 스페인이 식민지 경영을 어떻게 했는지를 연구했고, 네덜란드의 자바 식민지 지배도 주목해서 보았다. 벨기에가 작은 나라인 만큼 그는 식민지에 콤플렉스를 가지고 있었다. 여기에서 오해하지 말아야 할 점은 그가 벨기에 '국가 식민지'를 원한 것이 아니라 '군주 개인 소유의 식민지'를 원했다는 것이다. 그는 마치 벨기에라는 회사를 운영하는 CEO와 같았다.

그는 런던에서 발행되는 『더 타임즈』를 구독하며 아프리카에 관한 소식을 주의해서 보았다. 거기에는 아프리카의 "말할 수 없는 풍요함이 진취적인 자본가들을 기다리고 있다"고 선언하는 기사들과 함께 잔혹한 노예 무역 업자들이 아프리카인들, 심지어 아이들까지도 잡아다가 노예로 팔아버리는 과정을 생생하게 묘사하는 리빙스턴의 기록들도 실려 있었다. 레오폴드의 마음속에는 노예 무역을 근절하려는 인도적 열정과 아프리카에 식민지를 건설하려는 경제적 열정이 합쳐졌다. 그는 선교사, 지리학자, 시민 운동가들을 끌어들여 기독교와 과학, 인도주의를 대변하는 조직을 만들었다. 물론 그의 인도주의적 열정은 "거대한 아프리카 케이크의 한 조각"을 차지하려는 본래 목적을 위한 겉치레일 뿐이었다. 우선 유럽 각국의 지리학자들을 모아 거창한 회의를 주최하여 국제아프리카협회International African Association를 조직했다. 내막을 잘 모르는 많은 저명인사들은 열광했고, 찬조금도 많이 냈다. 레오폴드의 반反노예 무역 계획은 이 시대 최고의 인도주의라는 찬사를 받았다.

이때 스탠리가 다시 한 번 아프리카를 횡단하는 탐험을 시도했다. 그는 아프리카의 동해안에서 출발하여 2년 반 동안

11,000킬로미터를 주파한 후 1877년에 콩고강 하류에 도착했다. 이 여행은 실로 대단한 위업이었지만 그 내면을 보면 잔혹하기 이를 데 없었다. 자기 자신의 말대로 60~80곳의 마을을 공격하여 수많은 사람들을 죽이며 전진했고, 일꾼들에게는 무자비한 채찍질을 가했다. 도착지 가까운 콩고강 하류 지역에서는 특히 고통스러운 행군이 계속되었다. 일꾼들은 3톤짜리 카누를 계속 들고 이동해야 했다. 더 이상 카누를 이용할 수 없는 폭포와 급류 구간이 기다리고 있었지만, 그들로서는 강이 어떤 상태인지 알 수 없었던 것이다.

여행을 마친 스탠리는 영국이 콩고 지역에 관심을 가져주기를 바랐으나 정작 영국은 냉담한 태도를 보였다. 영국으로서는 이미 많은 식민지를 보유하고 있는 데다가 당시는 대불황의 시기라 새로운 식민지를 얻는 것이 큰 부담이었던 것이다. 자연스럽게 레오폴드가 스탠리에 접근할 수 있었다. 레오폴드는 스탠리와 5년의 계약을 맺어 콩고(이제는 강만이 아니라 그 주변 지역을 지칭하는 말이 되었다) 개발을 맡겼다. 스탠리는 곧바로 콩고 지역으로 돌아가 길을 닦고, 주둔지를 건설하고, 땅을 사고, 협정을 체결했다. 그는 콩고 분지의 450여 부족장들에게 선물을 쥐여주며 영토에 대한 권리를 넘겨받는 조약을 맺었다. 부족장들은 "자발적으로 그들의 상속권과 계승권을 당 협회에 양도하고, 그들의 영토에 대한 모든 주권과 통치권을 영구히 포기한다. 당 협회가 시행하는 작업, 원정사업에 언제라도 노동력이나 기타 수단을 지원한다. 이 나라를 관통하는 모든 도로와 수로의 통행료 징수권, 수렵, 어업, 광산, 삼림 개발권은 당 협회가 절대적인 소유권을 갖는다"는 내용의 문서에 '서명'했다. 그러나 문자도 없는 그 지역 사람들은 문서에 이름을 쓰는 대신 X 표를 한 게 무슨 의미인지 전혀 몰랐을 것이다.

레오폴드는 다음 단계를 밟아나갔다. 이제 '협회'를 '연방 국가'라는 형식으로 바꾼 다음 온갖 교묘한 술책과 로비를 통해 미국과 독일 같은 국가들이 이 나라를 승인하도록 만들었다. 레오폴드는 이런 식의 사기에 가까운 외교술에 기가 막힌 재능을 발휘했다. '콩고 자유국'이라는 이름을 가지게 된 이 나라는 영국, 프랑스, 독일, 스페인, 이탈리아를 합친 면적보다 컸고, 식민 모국인 벨기에의 76배에 달했다.

지금까지는 이 사업에 계속 돈이 들어갔지만, 이제부터는 여기에서 수익을 얻을 차례였다. 그러기 위해 자금을 끌어와야 했고 또 그러려면 인도주의의 겉치레가 더욱 필요했다. 그래서 선교사를 파견하여 기독교를 전파할 뿐 아니라 무엇보다 아프리카인들을 노예제의 굴레에서 벗어나도록 하겠다는 아름다운 주장을 펼쳤다. 물론 그것은 새빨간 거짓말이었다. 콩고 자유국은 이름과 달리 전혀 자유롭지 않았다. 노예제를 근절하겠다는 맹세와 달리 현지 주민들을 철저하게 착취하는 사악한 체제를 수립했고, 대다수 주민들의 토지를 빼앗아 레오폴드의 사유지로 만들었다. 그러고는 백인 군인들과 흑인 용병들을 시켜 마을들을 파괴하면서 야생 고무나무에서 라텍스를 채취하고 다이아몬드를 캐고 코끼리를 사냥하여 상아를 얻었다.

우선은 상아가 가장 수익성 좋은 아이템이었다. 상아로는 나이프 손잡이, 당구공, 빗, 피아노 건반, 체스 말, 조각품 그리고 의치를 만들었다(상아가 원래 코끼리의 이빨이니까 사람 입에도 잘 맞지 않겠는가). 코끼리 송곳니 한 쌍이면 건반 수백 개 혹은 의치 수천 개를 만들 수 있었다. 그렇지만 곧 코끼리 사냥보다 인간 사냥이 더 큰 수익을 가져다준다는 것을 깨달았다. 그것은 고무 수액 수취 사업이었다.

고무*

유럽인 중에 처음 고무를 본 사람은 다름 아닌 콜럼버스였다. 그는 1495년에 두 번째로 아메리카에 갔을 때 에스파뇰라섬의 인디언들이 고무공을 가지고 노는 것을 보았다. 이 고무공이 어찌나 높이 튀어 오르는지 그는 감탄해 마지않았다. 후일 이 이상한 물질의 정체가 무엇인지 진지하게 관찰한 사람은 샤를마리 드 라 콩다민이라는 천문·지리학자였다. 1735년에 그는 남아메리카 정글을 탐험하다가 에콰도르에서 원주민들이 하얀 고무 수

* 이 절의 내용은 다음 글에 소개한 바 있다. 주경철, 「세계사 새로 보기 : 고무」, 『주간조선』 2084호, 2009. 12. 14.

액을 모아 연기를 쐰 다음 여러 다양한 모양의 물건들을 만드는 것을 보았다. 그는 이것을 그림으로 그려서 유럽에 보고했다. 그 지역 사람들은 이 나무를 카우축caoutchouc이라고 불렀는데, 이는 '눈물 흘리는 나무'라는 뜻이다. 이 말은 현재에도 프랑스어에서 고무를 가리키는 말로 그대로 쓰인다. 그런데 영국에서는 18세기에 고무가 연필 지우개로 쓸모가 있는 것을 알아내고는 '문질러 지우는 물건'이라는 의미로 러버rubber라고 불렀다. 18세기만 해도 고무는 기껏해야 신기한 고무공이나 지우개 이상의 용도를 발견하지 못했던 것이다. 그러나 이때부터 고무의 용도는 무한정 확대되기 시작한다.

19세기에는 고무를 이용한 다양한 제품들이 본격적으로 등장했다. 고무 덧신 산업이 대표적이다. 원래 아메리카 원주민들은 고무 수액을 발에 직접 붓는 방식으로 덧신을 만들었는데, 이를 응용하여 뉴잉글랜드 지역에서 고무 덧신을 대량으로 만드는 산업이 발전했다. 스코틀랜드인인 맥킨토시는 천에 고무 수액을 입힌 방수 옷감을 만들었다. 영국에서는 이런 레인코트를 매킨토시 혹은 단순히 맥이라고 부른다. 그러나 이런 초기 제품들은 심각한 문제점을 가지고 있었다. 천연고무는 기온이 내려가면 딱딱하게 굳어서 탄성을 잃고, 기온이 올라가면 끈적거리는데다가 역한 냄새가 났다. 그러니 고무 덧신은 바깥의 추운 날씨에서는 딱딱하게 굳어서 발이 아프게 되고 따뜻한 실내로 들어오면 끈적끈적 녹아서 때로는 벗기 힘들 지경이었다. 천연고무의 이런 문제점을 어떻게 극복할 수 있을까?

해결책을 찾아낸 사람은 찰스 굿이어라는 발명가 겸 사업가였다. 그는 높은 기온에서 고무가 풀처럼 녹아버리는 이유는 수분이 남아 있기 때문이라 생각하고 수분을 없애기 위해 고무 수지에 여러 물질을 첨가하는 실험을 거듭했다. 수많은 실패 끝에 1839년에 마침내 찾아낸 해결책은 황가루를 첨가하고 가열하는 소위 가황 처리법vulcanization이었다. 이렇게 처리된 고무는 온도와 상관없이 안정적으로 강도와 탄성을 유지했다. 이 이후 고무의 사용 가능성은 거의 무한대로 확장되었다.*

19세기 후반은 그야말로 고무의 시대라 해도 과언이 아니다. 새로이 떠오르는 모든 산업마다 고무는 필수 불가결했다. 아무리 훌륭한 기계를 발명했다고 해도 고무가 없다면 사실상 무용지물이 되기 십상이다. 개스킷이나 팬벨트와 같은 부품이 없다고 생각해보라. 고무 절연체 없는 전기 기구를 생각해보라. 산업혁명 시대에 고무는 가장 중요한 물질 중 하나가 되었다.

이 시기에 일반 대중들이 일상에서 많이 접한 고무 제품은 자전거 바퀴였다. 자전거의 등장은 지금 우리로서는 상상하기 힘들 정도의 엄청난 파장을 불러일으켰다. 사람들이 어디로든 쉽게 돌아다닐 수 있게 만든 자전거는 자유의 상징이었다. 기차에

* 그렇지만 정작 굿이어 자신은 발명에만 성공했지 특허를 확보하는 데에 서툴러서 평생 소송에 시달렸고 교도소를 제집 드나들 듯하다가 결국 빚더미 속에서 죽었다. 그는 2백만 달러(현재 가치로는 5천만 달러에 상응한다고 한다)를 벌었지만 그 돈은 모두 변호사 비용으로 탕진했다.

자전거를 싣고 먼 지역으로 떠나서 그곳에서 자전거로 여행하는 것이 유행했다. 여성들이 바지를 입은 채 자전거를 타고 돌아다니는 모습을 본 당시의 노인들은 세상이 망해간다며 개탄했지만, 그만큼 자전거는 여성의 권익 향상의 중요한 상징이 되었다. 그래서 여성이나 아이 할 것 없이 자전거를 쉽게 타고자 했지만, 여기에 다소간의 문제가 있었다. 스코틀랜드의 벨파스트에 사는 수의사인 존 던롭에게는 일곱 살 난 아들이 있었는데, 아이는 자전거를 타면 페달을 밟느라고 지치는 게 아니라 흔들림 때문에 더 지친다고 불평했다. 당시 자전거 바퀴는 통짜 고무로 된 것이어서 충격 완충이 거의 안 되었고 조정이 힘들었다. 던롭은 안이 비어 공기를 채워 넣는 튜브형 타이어를 발명하여 대성공을 거두었다. 자전거가 널리 보급된 것은 이 타이어가 나온 이후의 일이다.

자전거 다음에는 자동차가 뒤를 이었다. 특히 포드 자동차가 대량 생산되는 미국은 자동차의 왕국이 되었다. 1910년에는 미국에 20만 대의 차가 생산되었는데, 1920년에 가면 1,200만 대가 등록되어 있었다. 유럽 역시 곧 그 뒤를 좇았다. 당연히 엄청난 수의 자동차 타이어 수요가 생겨났다.

이렇게 고무의 수요는 끝없이 늘어났다. 그런데 그것들을 어떻게 얻었던 것일까?

인간 사냥

고무 수액을 얻을 수 있는 나무는 여러 종류가 있다. 그 가운데 가장 많은 양의 수액을 얻을 수 있는 것은 헤베아Hevea 속 고무나무, 특히 아마존 지역에서만 자라는 헤베아 브라질리엔시스Hevea Brasiliensis였다. 그러나 문제는 이 나무가 헥타르당 서너 그루밖에 없어서 열대 우림에서 이 나무를 찾아 수액을 채취하는 일이 보통 힘든 일이 아니라는 데에 있었다. 현지의 숙련 노동자들이 하루 종일 일해도 10킬로그램 남짓 얻는 게 고작이었다. 이 사업을 주관하는 외지인 사업가, 일명 '고무왕'들은 막대한 돈을 벌어서 세계 최고 수준의 갑부가 되었지만 현지인 노동자, 즉 세링게이로seringueiro들은 식량과 채취 도구를 비롯한 모든 물품을 스스로 구입해야 하는 불리한 조건 때문에 대개 2년 치 임금을 가불받은 상태였으므로 일종의 채무 노예 상태에서 헤어나지 못했다. 그들은 하루에 70~80킬로미터씩 열대 우림을 돌아다니며 수액을 채취해야 했다. 더구나 과도한 채취로 인해 이 나무들이 결국 멸종 위기에 놓이게 되었다.

헨리 위크햄이라는 인물이 이 문제를 타개하는 데에 결정적 공헌을 했지만, 그것은 과히 정당한 방식은 아니었다. 브라질 정부의 금지와 감시를 뚫고 고무나무 씨앗을 영국으로 밀반출한 것이다. 그가 빼돌린 씨앗들은 런던의 유명한 큐Kew 식물원에서 발아하여 묘목으로 자라났고 지극정성으로 키운 이 묘목들이

캘커타, 실론, 남부 인디아, 버마 등 아시아 여러 지역에 보내져서 실험 재배되었다. 결코 쉬운 일은 아니었지만 결국 싱가포르와 말레이시아에서 농장 재배에 성공했다. 그 결과 1901년에는 말레이시아에서만 100만 그루의 고무나무가 자랐으며, 이후 그 숫자는 아시아 여러 지역에서 기하급수적으로 늘어났다. 그리고 이 농장에 필요한 인력을 대기 위해 많은 중국인 노동자들(쿨리, 苦力)이 동남아시아로 몰려왔다.

서구 각국은 모두 다른 나라에 의존하지 않고 자기 식민지에서 안정되게 고무를 공급받고 싶어 했다. 그러나 모든 나라가 다 영국과 네덜란드처럼 고무나무 농장을 성공적으로 운영하지는 못했다. 따라서 무리를 해서라도 식민지 열대 우림에서 고무 수액 채취를 확대하는 수밖에 없었다. 그 가운데 벨기에의 식민지였던 콩고에서 벌어진 일은 몸서리쳐지는 잔혹성으로 악명을 떨쳤다.

콩고에서 고무 수액을 채취하는 나무는 푼투미아 엘라스티카Funtumia elastica종으로서, 긴 해면질 넝쿨이 나무를 타고 30미터 높이까지 올라가 그곳에서 가지를 쳐 다른 나무로 뻗어가는 특징을 가졌다. 원래는 이 넝쿨의 표면을 살짝 벤 다음 그곳에서 나오는 수액을 받아야 하지만 넝쿨을 완전히 절단하면 더 빨리 채취할 수 있으므로 관리들의 금지에도 불구하고 모두 그런 식으로 일을 했다. 그 결과 마을 주변의 넝쿨들은 빠른 속도로 사라져갔다. 이제 수액을 채취하려면 하루나 이틀 거리를 걸어가야 했고, 그나마 지상에서 가까이 있는 넝쿨이 바닥난 후에는 점점 더 높은 곳으로 기어 올라가야 했다. 높은 나무에서 떨어져 등이 부러져 죽는 사람들이 속출했다. 쏟아붓듯 비가 내리는 지역에서 표범의 공격 위험에 시달리며 나무 꼭대기로 기어 올라가는 이런 힘든 일은 아무도 하려 하지 않았다. 그러니 일을 강제로 시키려면 특별한 방법이 필요했다. 그것은 사람을 볼모로 잡는 행위였다. 마을을 덮친 군대는 여자, 어린아이나 노인 혹은 이장을 볼모로 잡은 다음 마을 사람들이 고무 수액을 가져오면 그들을 풀어주었다. 볼모로 잡혀 있는 동안 여자들은 흔히 강간을 당했고, 형편없는 식사로 인해 풀려난 다음에도 죽는 일이 빈번했다.

콩고에서 영업하는 회사는 할당 제도를 도입했다. 각 마을에 할당된 양은 대개 2주 안에 한 사람당 말린 고무 3~4킬로그램을 채취해야 하는 수준이었다. 이 할당량을 채우려면 숲속에서 한 달에 24일 정도를 일해야 했다. 정해진 양을 채우지 못한 사람은 시코트chicotte(하마 가죽을 말려서 만든 나선형의 채찍)로 매질을 당했는데, 맞다가 의식을 잃는 일이 태반이었고 100대 정도 맞으면 대부분 목숨을 잃었다. 고무 채집에 협력하지 않는 마을은 군대의 공격을 받고 몰살당했다. 유럽 장교들은 아프리카 동맹군에게 학살을 대행시키면서 총알을 제대로 사용했다는 증거를 요구했고, 그래서 아프리카 군인들은 시체의 오른손을 잘라서 훈증 처리하여 가져왔다. 그러나 때때로 군인들은 사냥에 총알을 사용하고는 산 사람의 오른손을 절단해 오기도 했다. 이런 끔찍한 일들이 열대 우림 지역에 지워지지 않는 잔혹한 상흔으로 남게 되었다.

모렐

사실 콩고에서 무슨 일이 벌어지고 있었는지 외부 세계는 전혀 몰랐다. 현장에서 끔찍한 광경을 목도한 선교사들이 그런 이야기를 하려 해도 세상에 알릴 방도가 없었던 것이다. 이 사태를 정확히 알리고 비판한 사람은 에드먼드 딘 모렐이라는 뜻밖의 인물이었다.

그는 영국인 어머니와 프랑스인 하급 관리 아버지 사이에서 태어나 영어와 프랑스어 두 언어에 모두 능통했다. 그러나 아버지가 일찍 세상을 떠났기 때문에 열다섯 살에 학교를 중퇴한 뒤 파리에서 일을 하기 시작했고, 후일 리버풀 소재 해운 회사인 엘더 뎀스터 회사의 직원이 되었다. 이 회사의 배들은 콩고를 오가는 모든 화물을 독점운송했다. 모렐은 영국과 벨기에 사이를 오가며 회사 일을 하는 동시에 해운업 전문 잡지에 아프리카 무역 관련 기사를 써서 기고했다. 애초에 그는 레오폴드 국왕의 체제를 찬미하는 글을 썼다. 그러나 예리한 관찰력을 가진 그는 앤트워프 항구에서 뭔가 의심스러운 일들을 발견했다. 콩고에서 들어오는 증기선이 실어 오는 물품과 또 그 배에 실어 콩고로 보내는 물품의 실제 양과 서류상의 목록을 비교하니 이상한 일이 한 두 가지가 아니었다.

첫째, 콩고로 가는 선박에는 늘 엄청난 양의 탄환과 수천 정의 소총이 실렸다. 이 무기는 도대체 어디에 쓰이는가?

둘째, 콩고에서 벨기에로 들어오는 화물량은 콩고 정부의 공식 발표를 훨씬 밑돌았다. 중간에 사라지는 이 수량은 어디로 가는가?

셋째, 콩고로 들어가는 상품은 거의 없는데 콩고에서는 갈수록 더 많은 상아와 고무를 수출했다. 말하자면 콩고 사람들은 거의 아무런 대가도 받지 못하면서 노동을 하고 있는 셈이다. 이런 여러 정황으로 보건대 콩고에서는 노예 노역이 진행되고 있음에 틀림없다. 만년에 그의 친구가 된 아서 코난 도일 경이 창안한 주인공 셜록 홈즈처럼 그는 정확한 자료 수집과 예리한 추론을 통해 실상을 파악해낸 것이다.

처음 모렐은 순진하게 해운 회사 사장을 찾아가 사실을 보고했다. 그러나 사장은 말단 직원의 말을 듣고 회사의 최우량 고객을 놓치고 싶은 생각은 추호도 없었다. 회사는 그의 입을 막기 위해 승진과 봉급 인상이라는 당근, 전보 발령이라는 채찍을 병행하며 압박을 가했다. 그러자 모렐은 회사를 나와 『서아프리카 통신』이라는 신문을 창간하고 폭로 기사를 썼다. 누구도 그의 펜을 막을 수 없었다. 그는 세 권의 저서, 두 권의 공동 저서, 영국·프랑스·벨기에의 유력 신문에 보낸 수백 건의 기사를 쓰는 동시에 『서아프리카 통신』을 직접 운영하며 대부분의 기사를 스스로 썼다. 그의 글은 아주 정확한 증거를 가지고 쓴 기사들이었다. 반대파들이 트집을 잡기 위해 그의 기사의 오류를 찾으려고 노력했지만 허사였다.

곧이어 그의 글에 영향을 받은 의원들 몇이 동조했고, 그동안 참혹한 실상을 알고 있지만 이를 세상에 알릴 길이 없어 한탄하던 선교사들, 회사 관리 등이 그에게 정보를 보내왔다. 레오폴드 측이 콩고 남자들에게 고무 수집을 강요하기 위해 그들의 아내를 볼모로 잡은 적이 없다고 성명을 발표하면 모렐은 현장에서 여자들을 볼모로 잡은 현황을 기록한 문서를 공개하며 비판하는 식이었다. 선교사들은 폐허가 된 마을, 절단된 손목, 손발이 없는 어린이들을 찍은 사진을 보내왔다. 사살당한 사람들의 목록과 구체적 상황을 기록한 자료와 진술도 공개되었다.

학대를 목격한 스웨덴과 미국 선교사들은 레오폴드의 콩고 진출에 반대하는 운동을 펼쳤다. 코난 도일, 조셉 콘래드, 마크 트웨인과 같이 자신의 견해를 표명할 수 있었던 사람들은 레오폴드의 허위로 가득 찬 야만성을 비판하는 글을 썼다. 그러나 레오폴드는 가증스럽게도 테뷰런 박물관Tervuren Museum을 짓고 거기에 콩고인들이 이교異教와 노예제에서 해방된 것을 축하하는 아프리카 예술품을 전시하며 자신의 자비로움을 과시했다. 1908년 임종에 가까워 레오폴드는 그의 식민지 지배권을 정부에 양도했는데, 이때부터 이 지역은 벨기에령領 콩고Belgian Congo라는 이름으로 불리게 되었다.

암흑의 핵심

서구인들은 제국주의적 팽창을 인간 진보를 위한 위대한 계획의 일부라 여겼다. 식민지의 자원을 착취하면서도 그것이 단지 자본주의적 역동성의 발현일 뿐 아니라 유럽인들이 세계 문명의 발전을 이끌어주는 행위로 둔갑시켰다. 한나 아렌트가 지적했듯이 서구인들은 본국에서라면 결코 용인될 수 없는 일을 해외에서는 기꺼이 행하면서도 그들의 오만함으로 인해 자신들이 저지르는 악에 대해 눈을 감았다.

조셉 콘래드의 소설 『암흑의 핵심』은 제국주의에 대해 가장 날카로운 비판을 가한 작품으로 알려져 있다.* 소설 속에서 콘래드의 분신인 말로는 증기선을 타고 콩고강을 거슬러 내륙 깊은 곳으로 들어가서 커츠라는 인물을 만난다. 아프리카의 깊숙한 내부에 자신의 장엄한 영지를 구축하고 엄청나게 많은 상아를 수집하여 쌓아두고 있는 이 인물은 위압적이고도 흉포한 제국주의 악의 표상이다. 그는 과학과 진보의 사절을 자처하며 아프리카로 들어왔지만 정글의 유혹에 빠져들었고, 자제를 모르는 욕망은 결국 그를 깊은 어둠 속으로 끌고 들어갔다. 시인·언론인·화가·과학자의 풍모를 지닌 이 위대한 인물은 결국 두개골

* 조셉 콘래드, 『암흑의 핵심』, 이상옥 옮김, 민음사, 1998. 이 작품을 영화화한 대표적인 작품으로는 프랜시스 포드 코폴라 감독의 「지옥의 묵시록」이 있다. 다만 영화 배경을 월남전으로 바꾸었다.

로 자기 집을 장식하는 광인으로 변모한다. 주재소 가까이에 이르러 선상에서 말로가 망원경으로 커츠의 집을 보았을 때 그의 눈에 처음 들어온 것은 "검고 반들반들하고 홀쭉하고 눈을 감은 그리고 하얀 치열을 보여주는 말라비틀어진 입술이 달린 인간의 머리"였다. 계몽의 빛을 안고 들어온 커츠는 결국 온통 어두운 공포에 사로잡힌다. 커츠가 고상한 감정에 충만하여 쓴 보고서는 모든 야만인을 절멸하라는 절규로 끝난다.

이 충격적이고 기괴하고 복잡한 소설은 콘래드가 콩고에서 8년 동안 겪은 경험의 산물이다. 커츠가 죽으면서 속삭이듯 한 말 "무서워라, 무서워라"는 무슨 의미였을까? 말로는 "커츠 자신의 영혼이 이 세상에서 겪은 모험에 대해 내린 심판"이라고 해석하며, 이런 심판을 내린 커츠는 삶의 의미에 대해 나름대로 궁극적 깨달음을 얻었으리라 생각한다. 과연 그럴까? 서구는 도대체 어떤 깨달음에 이르렀다는 말인가? 오늘날 우리는 이 작품에서 또 다른 층위의 진실을 읽을 수 있다. 폴란드 출신으로 영국에 귀화한 작가가 보기에 벨기에의 저급한 제국주의 지배는 온통 사악하고 잔혹한 착취에 불과하지만, 영국의 경우는 훨씬 더 순수하고 인간적이며 효율적이고 심지어 신성하다. 반면 그가 그리는 흑인들은 아무 말을 못하거나 고함을 지르거나 주문을 외우고 있을 뿐 제대로 자신의 말을 하지 못하는 존재들로 그려져 있다. 총칼로 정복한 것을 결국 펜으로 추인한 셈이다. 서구인들이 자신을 비추어 보는 거울은 검은빛을 되비치는 듯하다.

12

만지로

: 일본 근대화의 숨은 영웅

1853년 7월 8일 오후 5시경, 미국의 페리 제독Commodore Matthew Perry이 이끄는 '흑선(구로후네黑船)' 네 척이 에도 앞바다에 도래했다. 페리 제독은 미국 정부를 대표하여 일본에 개항을 강요했다. 이 사건은 17세기 이래 200년 넘게 강고하게 문을 걸어 잠갔던 일본이 거대한 변화의 물결에 휩쓸리게 된 중요한 계기가 되었다. 다음 해, 페리 제독이 두 번째로 찾아와 더욱 본격적으로 개항을 요구하자 쇼군 정부는 어떻게 대응해야 할지 난감해했다. 이 상황에서 큰 도움을 준 인물이 나카하마 만지로中濱 万次郎였다. 지금까지 일반인들에게 널리 알려지지는 않았으나, 일본 근대화의 이면에서 실로 중요한 역할을 했던 만지로, 그는 어떤 인물일까?

만지로의 세계 일주

만지로는 시코쿠의 나카노하마中ノ浜라는 작은 마을의 빈한한 가정에서 자라났다. 1841년, 열네 살의 만지로는 과부가 된 어머니와 동생들의 생계를 돕기 위해 일거리를 찾아 이웃 도시 우사宇佐로 가서 작은 어선에 탔다. 다섯 명이 승선한 배는 물고기 떼를 쫓아 먼바다로 나갔다가 풍랑을 만났다. 난파한 배는 일주일 동안 하염없이 태평양 쪽으로 표류하다가 도리시마라는 무인도에 표착했다. 배는 바위에 부딪혀 부서졌고 겨우 목숨을 건진 다섯 명의 어부들—만지로 외에 푸데노조, 유스케, 고에몬, 도라에몬—은 다섯 달 동안 동굴에서 근근이 연명하며 구조를 기다렸다. 이 중 유스케는 다리까지 부러진 심각한 상태였다. 마침내 근처를 지나던 미국의 포경선 존 하울랜드John Howland호가 이들을 구조했다. 윌리엄 위트필드 선장이 지휘하는 이 배는 1839년 10월 미국 매사추세츠의 뉴베드퍼드항에서 선원 28명을 태우고 조업 기간 3년 예정으로 출항하여 고래를 쫓아 태평양 각지를 돌아다니던 중이었다. 본격 석유 시대가 시작되기 이전인 18~19세기에 고래 기름은 조명 원료나 윤활유로 사용하는 핵심 자원이었다. 특히 향유고래가 중요한 어종으로서, 큰 고래일 경우 기름이 1,900리터까지 나왔으므로 이 고래를 잡는 어업이 활기를 띠었고, 신생 미국을 상징하는 국민 산업으로 발전했다. 전 세계를 항해하는 뉴잉글랜드의 포경선들은 미국의

만지로 초상화

위용을 나타내는 상징이었다. 미국의 포경업이 정점에 달했던 1840년대에는 600척 이상이 세계의 바다로 나갔다. 이 포경선 중 한 척이 마침 만지로 일행을 구조하게 된 것이다.

문제는 이 시기에 일본이 철저한 쇄국정책을 고수하고 있었다는 점이다. 외국 선박이 입항하는 건 고사하고 심지어 어떤 이유에서든 외국에 나갔던 자국인마저 입국을 막았고, 이를 어기면 자칫 사형당할 수 있었다. 만지로를 비롯한 어부들 자신이 이런 사실을 잘 알고 있던 터라 이들이 고향으로 돌아갈 방법이 없었다. 별수 없이 만지로와 동료들은 미국 포경선을 타고 세계 일주를 하게 되었다. 미국 선원들은 만지로를 '존 멍John Mung'이라 불렀는데, 어감으로 보건대 분명 놀리는 의미일 것이다. 그렇지만 교육을 제대로 받지는 못했어도 만지로는 '멍~한' 인물이 아니었다. 그는 선원들이 일하는 것을 면밀히 관찰했고 기본적인 영어도 터득해갔다. 다섯 달 후 존 하울랜드호는 중간 보급 기지인 하와이에 들렀다. 호놀룰루는 태평양 항해를 하는 선박들이 중간에 기항하는 항구로서, 이곳에 들어온 배들은 대개 몇 주 정도 쉬었다가 다시 바다로 나갔다.

위트필드 선장은 일본 어부들이 호놀룰루에서 새로운 삶을 살도록 주선해주었다. 다른 사람들은 하와이에서 새로운 삶을 살기로 결심했지만, 만지로는 생각이 달랐다. 그는 계속 배에 남아 일하고 싶어 했다. 14세의 만지로에게 36세의 위트필드 선장은 아버지와 같은 역할을 했다. 그는 만지로를 매사추세츠에 데려다 주겠다고 약속했다. 만지로는 다른 일본인 동료들에게 작별을 고하고 다시 포경선에 타서 한 철 더 포경 항해를 마친 후 1843년 5월 뉴베드퍼드에 도착했다. 위트필드는 곧 약혼녀 앨버티나 키스Albertina Keith와 결혼해 이웃 도시 페어헤이븐Fairhaven에서 만지로를 데리고 살았다. 만지로는 최초의 미국 거주 일본인이 되었다. 그러나 그는 언젠가 고향으로 돌아가리라는 희망의 끈을 놓지 않았다. 만지로는 일본에서 정식 교육을 전혀 못 받았으나 사실 지적 능력이 뛰어났던 게 틀림없다. 영어도 많이 늘어서, 곧 현지의 학교에 입학해 공부할 정도가 되었다. 위트필드는 만지로에게 선생을 붙여서 영어 실력을 키워준 다음 수학, 항해, 측량 등을 가르치는 발리트 학교Bartlett School에 입학시켰다.

포경선에서 생활하는 동안 만지로는 해상 사업을 보며 매력을 느꼈을 뿐 아니라, 해양 관련 일을 해야 언젠가 일본으로 돌아갈 가능성이 있기에 이 방면 일을 하고 싶어 했다. 이 학교에서 만지로는 서구의 항해 기술을 온전히 습득할 수 있었다. 게다가 방학 기간에는 통 제조술을 습득했는데, 이것은 고래 기름을 담는 통이 많이 필요한 포경선에서 일자리를 얻는 데 유리한 기술이었다.

1846년, 19세의 만지로는 포경선 프랭클린호에 승선할 수 있었다. 이 배는 대서양으로 나가서 아프리카 남단을 돌아 인도양을 지나 태평양으로 향했다. 이 배가 일본 근해에 도착하여 만지로는 최초로 세계 주항周航을 한 일본인이라는 기록도 남기게 되었다. 이 배 또한 호놀룰루에 기항했으므로, 만지로는 이 기회에 옛 동료들과 재회했다. 다리가 부러졌던 유스케는 상처에서 회복하지 못해 그 사이 이미 숨졌고, 덴조(원래 푸데노조인데 하와이 사람들이 발음하는 데 어려워해서 덴조라고 부르게 되었다)와 고에몬은 고향으로 돌아간다며 1년 전에 미국 배에 탔다가 실패해 다시 호놀룰루로 돌아와 있었다. 만지로가 큰돈을 벌어 언젠가 일본으로 돌아갈 방법을 찾자고 제안하자 두 사람은 응낙했지만, 도라에몬은 일본에 돌아가면 사형당할 우려가 있으니 하와이에 남겠다는 뜻을 밝혔다.

프랭클린호가 1849년에 뉴베드퍼드에 귀항했을 때, 만지로는 당시로서는 상당한 거액인 350달러를 수중에 넣고 있었다. 그는 언젠가 일본으로 돌아가려면 돈을 더 벌어야 한다고 생각했다. 마침 캘리포니아에서 금광이 발견되어 수많은 사람이 몰려들던 '골드러시' 시대였다. 그는 배를 타고 캘리포니아로 가서 사업을 벌여 몇 달 만에 600달러를 벌었다. 그야말로 드라마틱한 일들이 계속 벌어졌다. 그는 이제 귀향 계획을 실천에 옮길 수 있으리라 판단했다. 1850년 하와이로 가서 덴조와 고에몬을 다시 만나 본격적인 귀향 계획을 세웠다. 우선 중고 보트를 한 척 사서 이름을 '어드벤처러Adventurer'라고 지었다. 이 보트를 태평양 횡단 항해를 하는 화물선에 실은 다음, 일본 근해에 이르렀을 때 세 사람이 보트를 타고 하선해 일본으로 들어간다는 계획이었다. 마침 태평양 항해를 하려는 화물선 사라 보이드Sarah Boyd 호를 찾아내서 계약을 하고 보트를 실었다. 겁 많은 도라에몬은 끝까지 귀향을 포기하고 하와이에 남았다.

1851년 2월, 류큐 근해에 내린 세 사람은 몇 시간 노를 저어 오키나와섬에 들어갔다. 난파 사고 후 10년 만의 일이다. 당시 류큐 왕국은 도쿠가와 막부의 통제가 비교적 약하리라고 예상하고 이곳을 상륙 지점으로 정한 것이다. 그렇지만 이들을 기다리는 것은 철저한 취조였다. 류큐 왕국 관리는 6개월 동안 그들을 연금한 채 행적을 자세하게 조사한 후 가고시마로 인계하여 6주 동안 조사했고, 그 후 다시 나가사키에서 이들을 불러 쇼군 관리가 또 조사했다. 만지로의 설명에 관리들은 혼란스러워했다. 전보라는 신기술에 대해 설명하자 아무도 믿으려 하지 않았고, 미국의 민주주의 체제와 평등한 분위기에 대해 우호적으로 말하는데다가 일본도 빨리 개방 정책을 펴서 외국 선박들에게 입항을 허락하면 좋겠다는 의견을 제시하자 의심의 눈초리로 보았다. 취조가 끝나고 세 사람은 나가사키에서 연금 상태로 아홉 달을 기다렸다가 이번에는 시코쿠로 가서 또 다시 조사를 받았다. 끝없는 조사의 연속이었다. 다시 몇 달이 지나 이들이 오키나와에 들어온 후 1년 반이 지난 1852년 10월 드디어 석방 결정이 났고, 만지로는 꿈에 그리던 고향 나카노하마로 가서 어머니와 동생들을 다시 만날 수 있었다. 이제 만지로는 25세가 되었다.

일본 개화의 숨은 주역

일본은 1630년대부터 쇄국정책을 시행해서 모든 외국인들의 입국을 막았다. 그렇지만 일본이 완벽하게 차단된 상태는 아니었다. 예외적으로 네덜란드 상인들과 중국 광둥 상인들에게 입국을 허용해서 일본이 필요로 하는 물품을 얻는 동시에 서구의 지식과 정보를 획득했다. 소위 란카쿠蘭學(홀란드의 서적을 통해 배우는 서구 학문을 뜻한다)가 그것이다. 다만 외국인들은 1641년 나가사키 앞의 작은 인공 섬 데지마出島에 마련한 소규모 거류지에만 머물러야 했다. 당국은 외국인과 자국민 간 접촉을 철저히 봉쇄하려 했다. 일본인들이 허락 받지 않고 해외로 나가는 것도 엄금했다. 여기에는 예외가 없어서 예컨대 어부가 고기잡이 하러 바다에 나갔다가 풍랑을 만나 먼바다로 밀려나서 할 수 없이 외국에서 머물게 된 경우에도 다시 돌아올 수 없었다. 일본의 이런 쇄국 상태는 200년 넘게 지속했다.

그렇지만 19세기에 들어서면 일본의 쇄국 체제는 여러 곳에서 깨지고 있었다. 예컨대 페리 제독의 내항 이전에 러시아의 배가 찾아와서 개항을 요구하기도 했다. 일본인 중에도 만지로와 유사하게 바깥세상을 접한 인물들이 생겨났다. 오토키치音吉 또는 乙吉(1818~1867)가 대표적이다. 1832년 오토키치는 14세의 나이에 쌀 운반선 호준마루寶順丸 선원으로 일하다가 풍랑을 만나 태평양 멀리 떠밀려갔다. 그는 무려 14개월 동안 표류한 끝에 1834년 미국 서부 해안에 도착했다. 당시 살아남은 사람은 오토키치(15세) 외에 이와키치(29세), 규키치(16세) 등 세 명의 '키치 브러더스'였다.

이들은 이 지역 마카Makah 인디언들에게 붙잡혀 노예로 살다가 영국계 회사 직원에게 인계되었다. 이들을 이용해 일본의 문호를 개방할 수 있지 않을까 생각하고 런던으로 보냈으나, 영국 정부는 그 아이디어를 수용하지 않고, 이들을 마카오로 보내 일본에 귀환시키려 했다. 그렇지만 일본 측은 이들의 입국을 완강히 거부했다. 오토키치는 마카오와 상하이, 싱가포르 등지를 전전하며 두 번 결혼했고, 번역가와 선원 일을 하다가 영국 국적을 얻었다. 이제 '오토 상'은 '오토슨John Matthew Ottoson'이 되었다. 그는 일본어를 잘하는 중국인 행세를 하며 일본에 들어가기도 했고, 1854년 영국-일본 우호 조약을 체결할 당시에는 영국 측 통역을 담당하기도 했다. 후일 일본으로부터 귀국 허가를 받았으나 아내와 헤어질 수 없어서 싱가포르에서 여생을 보냈다. 2005년 싱가포르의 일본인 묘지에서 그의 유해 절반을 수습하여 고향 미하마美濱에 묻었다고 한다.

만지로는 오토키치보다 일본의 개화에 훨씬 더 중요한 역할을 했다. 고향에 온 지 사흘 만에 도사번 다이묘인 야마우치가 만지로를 소환했다. 야마우치는 개혁 지향적 인물이어서 만지로에게 지역 엘리트 자제들에게 외국 경험을 가르치도록 주선했다. 미천한 어부 신분으로 그런 일을 할 수는 없으므로 만지로를 다이묘의 가신, 곧 하급 사무라이 신분으로 승격시켰다. 만지로는 서구의 항해, 포경술 외에 알파벳도 가르쳤다. 후일 그는 일본 최초 영어 교과서를 집필했는데, 이 교과서는 오랫동안 일본 학생들의 필독서였다. 기이하게도 만지로는 일본 문자는 교육 받지 못해 까막눈이면서 영어를 가르친 것이다.

흑선 도래 사건이 벌어진 것이 바로 그다음 해인 1853년이다. 페리 제독은 미국 정부를 대신해 일본의 개항을 요구하면서 밀러드 필모어 대통령의 친서를 천황에게 전해달라고 요구하고는 황궁까지 진군해가겠다고 협박했다. 당황한 일본 관리들은 친서 전달은 약속했지만 답신 여부는 불확실하니 돌아가라고 말했다. 일단 홍콩으로 돌아간 페리 제독은 이듬해인 1854년 2월 다시 에도만으로 향했다. 당시 쇼군 정부는 강력한 전함을 앞세워 개항을 요구하는 미국 측 요구에 당황했다. 무엇보다 미국에 대한 정보가 필요했을 뿐 아니라 당장 미국 측과 회의를 할 때 영어를 통역해줄 사람도 구해야 했다. 이 상황에서 큰 도움을 준 인물이 만지로였다. 이 당시 일본인 중에 미국에 살아본 적이 있고 그 나라의 사정에 대해 잘 알고 있는데다가 영어도 확실하게 할 수 있는 인물로는 아마도 만지로가 유일했을 것이다.

에도로 소환된 만지로는 자신이 알고 있는 대로 소상하게 정보를 제공했다. 그렇지만, 관료 중에는 그를 의심하는 사람도 많았다. 자꾸 미국에 우호적으로 이야기하는 것을 보니 진정 일본의 이익을 위해 일하는 건지 믿을 수 없다는 것이다. 그래서 협상장에서 미국 대표들과 마주 앉는 공식 통역 직위는 모리야마 에이노스케森山榮之助라는 인물에게 돌아갔다. 이 사람은 네덜란드 상인에게서 영어를 배웠는데, 미국 측 반응은 "다른 통역이 필요 없을 정도로 거의 완벽하게 영어를 잘한다"는 것이다. 미국인들이 잘 몰랐던 것은 공식 통역 외에 비밀 통역이 있었다는 사실이다. 만지로는 협상장 옆방에서 미국인들 대화를 엿듣고 바로바로 그 내용을 알려주었다. 그럼에도 일본은 결국 압박에 못 이겨 3월 31일 가나가와조약(미일화친조약)을 체결하여 미국에 문호를 개방했다. 일본은 미국 선박에 식량과 석탄 등을 제공하고 영사관 설치에 동의했으며 최혜국 대우를 약속했지만 일본이 극구 꺼리는 무역 관련 사항은 조약에 넣지 않았다.

이후 만지로는 메이지유신 시기에 일본의 개화에 지대한 공을 세웠다. 그동안의 경험을 살려 여러 분야에서 중요한 정보를 제공하고 사람들에게 영감을 주었다. 당시 일본이 무엇보다 긴급하게 필요로 한 것은 대선大船을 갖춘 강력한 해군이었다. 1854년 5월, 막부가 주도하여 마스트 3본 형태에 용골龍骨을 갖춘 최초의 서양식 범선 호오마루鳳凰丸호를 건조했고, 더 나아가서 증기선 건조도 기획했다. 이 과정에서 만지로가 조선造船 디자인에 결정적 도움을 주었다. 그는 미국의 항해 학교에서 공부할 때 너새니얼 보디치Nathaniel Bowditch의 『미국 항해술 개설The New American Practical Navigator』이라는 교과서로 열심히 공부해서 항해에 관한 많은 지식을 얻었기에 귀국 후 이 책을 공들여 번역했는데, 실제로 이 책이 큰 도움을 주었다. 만지로는 그 외에도 이 시기에 설립된 여러 기관에서 항해와 포경업 등에 대해서도 가르쳤다.

그러는 동안 막부에서는 네덜란드에서 증기선을 도입하고 해군 운용에 관한 지식을 전수받자는 의견이 나왔다. 1855년 네덜란드 국왕 빌럼 3세가 호의로 증기선 숨빙Soembing호(자바의 화산 이름에서 유래했는데, 후일 간코마루觀光丸로 개칭했다)를 선사하는 동시에 해군 교관단을 파견하여 해군 관련 지식을 교습해주었다. 여기에 더해 1857년에는 일본이 주문한 증기선 군함 야판Japan호와 제2차 교관단이 함께 들어왔다. 이 배는 3본 마스트에다가 외륜이 달린 목제 기선이었다. 기관機關(모터)은 항구를 드나들 때에만 사용하고, 항해할 때에는 돛을 사용하는 방식이었다. 곧 이름을 '역경易經'에서 따온 '간린마루咸臨丸'로 바꾸었다. 막부는 1년 반의 1차 교육을 받은 학생들이 교관이 되어 다음 기수 학생들을 가르치는 식으로 군함교수소軍艦教授所를 운용했다. 이렇게 하여 일본 근대 해군이 첫걸음을 뗐다.

마침내 이렇게 준비한 항해 실력을 테스트할 기회가 찾아왔다. 미국 총영사 타운센드 해리스의 압박으로 1858년 미일통상조약을 맺자, 2년 후인 1860년 이 조약의 비준을 위해 미국에 사절단을 파견하게 되었다. 만지로는 통역으로 사절단에 참여했다. 쇼군은 워싱턴에 대사를 파견하는 이 기회를 이용해 지난 수년간의 노력을 통해 일본도 근대 선박을 운용할 실력을 갖추었음을 확인하고 싶어 했다. 선원들도 마찬가지였다. 그들 또한 그동안 갈고닦은 원양 항해술을 직접 실험해보기를 원했다. 그래서 사절단을 간린마루호에 태워 태평양을 건너자는 아이디어가 나왔다. 그런데 미국 측이 보기에 이것은 너무 위험한 실험이었다. 이제 막 실습을 마친 초보 선원들에게 태평양 항해를 맡겼다가 무슨 일이 일어날지 알 수 없는 일이 아닌가. 그래서 간린마루호는 시험 항해를 하는 데 만족하고, 사절 일행은 미국이 제공하는 선박 포해튼Powhatan호로 가기로 결정했다. 사실 경험이 일천한 선원들이 처음 태평양을 건너는 항해를 한다고 하니 죽을지도 모른다는 우려 때문에 많은 사람이 탑승을 정중히 거절했다. 후일 게이오 대학을 창설한 후쿠자와 유키치福澤諭吉 같은 호기심 많은 인물들이 이렇게 빈자리가 남는 것을 이용해 선원 자격으로 이 역사적 항해에 동참할 수 있었다.

미국 측도 걱정이 되어 항해 엔지니어 존 브루크와 10여 명의 미국 선원을 간린마루호에 태웠다. 외국인들의 도움을 받아 항해한다는 사실에 자존심 상한 선장 가쓰 가이슈勝海舟와 사무라이들은 노골적으로 불만을 드러냈다. 그렇지만 막상 먼바다로 나가자 우려가 현실이 되었다. 브루크는 일본 선장과 선원들의 항해 실력이 형편없다는 기록을 남겼다. “배가 쿠로시오해류를 타자 롤링이 심해졌다. 모든 일본 선원이 병이 났다. 안개가 끼어 시계가 안 좋았다. 일본인들은 돛을 잘 조정하지 못했고 사관들은 무능력했다. 아마도 이들은 악천후에 대한 경험이 없는 것 같았다. 선원들은 완전히 우리에게 의존했다.” 이런 상황에서도 그나마 항해 경험이 풍부한 만지로가 배의 운항에 큰 도움을 주었다. 브루크는 만지로의 활약에 대해 찬탄하며 이런 코멘트를 했다. “저 사람은 다른 어느 누구보다도 일본의 개항에 큰 역할을 했다.”

간린마루호와 포해튼호는 1860년 2~3월 중에 어렵사리 태평양을 건너서 캘리포니아에 도착했다. 공식 사절인 77명의 사무라이들은 기차를 타고 파나마지협을 지난 다음 다시 배를 이용해 워싱턴으로 향했다. 제임스 뷰캐넌 대통령을 만날 때 이들은 에보시烏帽子라는 검은 모자에 비단 기모노를 입고 두 자루의 칼을 차고 있었다. 그런데 미국 측 인사들이 소박한 프록코트를 입고 있고, 부인들도 동행한데다가 식사 후에 남녀가 함께 춤추는 광경을 보고는 놀라움에 입을 벌리고 서 있었다. 의회를 방문해서 격렬한 논쟁이 벌어지는 모습을 보자, 자기네 같으면 진작 칼을 뽑았을 거라고 수군댔다. 이후에도 미국 여러 도시를 돌며 병원·천문대 등을 둘러보고는 엄청난 문화적 충격을 받았다. 이즈음 일본의 선각자들은 세상 돌아가는 것을 직접 보면서 눈을 떠가고 있었던 것이다.

언급한 대로 간린마루를 타고 미국에 간 사람 중에는 젊은 시절의 후쿠자와 유키치도 있다. 그는 서구를 직접 보고 싶다는 일념에 선원 자격으로 이 배에 오른 것이다. 그런데 그가 직접 경험한 미국의 과학 기술은 그리 큰 흥분을 안겨주지 못했다. 철도 같은 것은 이미 책을 통해 알고 있던 그대로였다. 그가 주목한 것은 미국의 사회·정치 제도다. 그는 미국인들에게 초대 대통령 가문의 후손들이 어떻게 되었는지 물어보았다. 일본은 도쿠가와 가문의 자손들이 2세기 반 동안 통치하지 않는가. 그런데 미국인들은 워싱턴 대통령의 후손에 대해서는 아예 아무런 관심도 두지 않았다. 혹시 자세한 사정을 알 수 있을까 해서 그는 웹스터 사전 한 권을 사가지고 왔다. 미국에서는 신분이 큰 의미가 없고 오직 능력이 중요하다는 사실에 가쓰 가이슈 선장도 감동을 받았다. 여성에 대한 미국인의 태도도 매우 인상적이어서 선장은 미국에서 들었던 '레이디 퍼스트lady first'라는 말을 일본에 퍼뜨렸다. 후쿠자와 유키치는 샌프란시스코에서 사진관을 찾았다가 그 집 딸과 함께 사진을 찍었는데, 귀국한 후 사람들에게 젊은 서구 여자와 찍은 사진을 보여주며 자랑했다. 그러고 보면 그때까지 대부분의 일본인들은 서구 여성을 한 번도 본 적이 없었던 것이다.

간린마루호의 귀국 항해는 성공적이었다. 다행히 돌아올 때 바다 사정이 나쁘지 않아 큰 탈 없이 항해를 마쳤다. 간린마루호의 태평양 왕복 항해는 당시 엄청난 위업으로 칭송받았다. 일본도 서구인들처럼 최신 항해 기술을 구사할 수 있다는 자신감이 넘쳤다. 실제로 이 시기 이후 일본의 조선업과 해군은 비약적으로 발전하게 된다. 그중 특기할 인물이 이와사키 야타로岩崎弥太郎다. 만지로에게 항해와 조선에 대해 배운 제자 중 한 명인 이와사키는 1875년 미쓰비시 증기선 회사를 설립하고 상하이 노선을 열었다. 정부와 유착 관계에 있던 미쓰비시 회사는 정부로부터 나가사키 조선소를 인수받아 조선회사로 발전시켰다. 조만간 일본은 주요 증기선 조선 국가로 발돋움했다.

만년의 만지로

메이지유신 이후 새 체제에서도 만지로는 여러 학교의 교수 요원으로 일했고 동시에 여러 해상 사업의 운영 위원으로 활동했다. 그중 하나가 유럽 시찰이다. 근대화된 군대가 필요하다고 판단한 메이지 정부는 1870~1871년 유럽에서 보불전쟁(프로이센과 프랑스 간 전쟁)이 일어나자 전쟁 상황을 직접 관찰한다는 목표로 시찰단을 파견하는데, 만지로 또한 여기에 동참했다. 유럽으로 가려면 먼저 태평양을 건너 미국 서부로 간 다음 뉴욕으로 이동해 유럽행 배를 타야 했다. 일행이 뉴욕에서 5일 동안 머물 때 만지로는 이틀간 외출을 허락받아 페어헤이븐을 방문했다. 1870년 가을 어느 날, 위트필드는 문을 노크하는 소리에 나가보았다가 만지로가 서 있는 것을 보고 크게 놀랐다. 무인도에서 죽을 위험에 처해 있던 자신을 구출하여 포경선에서 함께 일하며 세계의 바다를 돌고, 그 후 미국 생활과 교육을 주선했던 은인을 20년 만에 다시 만난 만지로의 감회는 남달랐을 것이다.

그런데 이 일로 인해 만지로는 공직을 떠나게 되었다. 사절단이 귀국한 후 만지로는 견책을 받았다. 공무로 출장을 나가서 사사로운 일로 대열에서 이탈했다는 것이다. 사실 이 시기에 이르면 그의 건강 상태도 안 좋았을 뿐 아니라, 메이지 정부로서도 그동안 많은 경험이 쌓여서 만지로의 지식과 정보에 전적으로 의존할 필요가 없었다. 은퇴한 만지로는 1898년 71세 나이로 사망했다. 그에 대한 기억은 사람들 뇌리에서 점차 사라져갔다.

그렇지만 만지로의 영향은 그 후로도 알게 모르게 지속되었다. 예컨대 그가 저술한 영어 교과서는 오랫동안 학생들의 필독서였다. 그에게 영어를 배운 제자 중에는 후쿠자와 유키치도 있다. 미국의 민주주의 제도에 대한 만지로의 지식은 메이지 체제

만지로와 위트필드 선장(추정), 매사추세츠 뉴베드퍼드 도서관 소장

의 중요 인물들에게 큰 영향을 끼쳐서 1889년 헌법에 반영되었다는 평가도 있다. 만지로는 서구인은 야만인이라는 편견을 깨고, 일본의 문호를 개방하는 데에 일조했다. 아마도 만지로는 일본이 국력을 키우는 동시에 미국식 민주주의 체제를 배워서 평화로운 국제 협력 관계를 이루기를 꿈꾸었을 터이지만, 실제 역사가 그런 방향으로 나아가지는 않았다. 강대국으로 부상한 두 나라는 20세기 전반 세계대전에서 충돌하게 된다.

사회와 국가의 발전 역량은 사람 능력을 얼마나 잘 살리느냐에 달려 있다. 때로 한 사람의 지식과 경험이 역사 발전을 크게 촉진하는 수도 있다. 그동안 널리 알려지지는 않았지만, 우연한 난파 사고 끝에 미국 포경선을 타고 세계를 일주하고 미국에서 생활하며 서구식 사회와 경제 발전을 경험하고는 천신만고 끝에 귀국하여 일본 개화에 큰 공헌을 한 만지로가 그 대표적인 사례다.

13

벨러미와 모리스

: 행복하고 정의로운 사회를 꿈꾸기

인류 역사는 일견 산업 혁명 이전과 이후로 나뉜다고 해도 과언이 아니다. 늘 인간 사회를 옥죄던 두 가지 장애, 즉 식량과 에너지 문제에 결정적 돌파구를 연 것이 이때의 일이다. 이런 발전이 과연 인간을 행복하게 해주었을까? 장기적으로 보면 그렇다고 답할 수 있다. 그렇지만 당대에는 이야기가 다르다. 당시의 엔지니어들은 인간의 노력을 대신해주는 증기기관이 흑인 노예들을 해방시켜주리라고 희망했으나 실상은 오히려 수많은 노동자들이 기계의 리듬에 맞추어 장시간 고된 노동을 해야 했으니, 어쩌면 또 다른 노예화를 초래한 측면도 있다. 도시에는 가난한 프롤레타리아가 군집한 빈민가가 생겨나고 자연환경은 극도로 더럽혀졌다. 산업화가 세상을 지옥으로 만들었다고 해도 과언이 아니다. 어디에서부터 잘못된 것일까? 그리고 어떻게 하면 이런 극심한 사회·경제 그리고 환경 문제들을 해결할 수 있을까?

19세기 후반, 새로운 사회의 전망을 살펴보는 작품들이 쏟아져 나왔다. 자본가의 자애로운 인류애에 기대거나 의회에서 합의를 통해 제도를 개선하는 방식은 더 이상 기대할 수 있는 방안으로 여겨지지 않았다. 자본주의 체제의 해체만이 답이라고 생각하는 작가와 사상가들이 늘었다. 19세기 후반 대파업과 유혈 시위 등이 이어지면서 더욱 기존 체제에 대한 비판이 거세졌다. 그렇지만 구체적으로 현 체제를 어떻게 깰 것이며, 그 다음 세계는 어떤 모습이 될 것인가? 많은 작가들이 이런 문제에 대한 답을 추구했다. 이들은 현재보다는 더 개선되고 더 정의로운 세계를 그렸지만, 물론 구체적인 내용은 작가마다 다를 터이고 서로 대립하기도 했다. 에드워드 벨러미Edward Bellamy(1850~1898)와 윌리엄 모리스William Morris(1834~1896)가 대표적이다.

국가가 자본주의 체제를 대신한다면

자본주의 경제의 문제점은 부익부 빈익빈의 모순과 극심한 사회 갈등이다. 이런 문제를 말끔히 해소하여 모든 사람이 평화롭고 행복하게 살아가는 사회가 과연 가능할까? 에드워드 벨러미의 『뒤를 돌아보면서Looking Backward 2000~1887』는 그런 이상이 실현된 미래 사회를 그린 유토피아 작품이다.

1888년 이 책을 출판할 때 작가는 자기 작품이 얼마나 엄청난 성공을 거둘지 전혀 예상하지 못했을 것이다. 출판 첫해에만 이미 6만 부가 팔렸고, 1890년 가을에 조사한 바에 따르면 31만 부가 인쇄 중이었다. 이후 제2차 세계대전까지 전 세계적으로 600만 부가 팔렸고, 세계 각지에서 이 책에 대한 논쟁을 불러일으켰다. 과거 출판된 수많은 유토피아 작품에 비해 이 책은 한 가지 결정적으로 다른 점이 있다. 대부분의 유토피아 작품은 내재적인 메시지는 수용한다고 해도 스토리 자체는 황당한 허구이기 십상이어서, 작품에서 그리는 사회가 문자 그대로 실현될 것이라는 기대는 당연히 하지 않는다. 그런데 이 책에서 그리는 미래 사회는 너무나 그럴듯해서, 저자의 뜻을 추종하는 '벨러미주의자Bellamyite'들이 전국적으로 클럽을 결성하고는 이 책 내용을 현실에서 있는 그대로 실천하자는 운동, 이른바 '내셔널리스트 운동'을 벌였다. 책 내용이 군사적 성격이 강한지라 은퇴한 장교들이 주축이 되어 1888년 12월 보스턴에서 최초의 내셔널리스트 클럽Nationalist Club을 결성했고, 1889년 5월에는 『내셔널리스트』라는 잡지도 창간했다. 워싱턴, 시카고, 뉴욕, 캘리포니아 등지에서 이와 같은 운동이 개진되었는데, 참가자들은 산업, 철도, 공공 서비스 영역의 국유화를 주장했다.

도대체 어떤 내용이길래 이런 초유의 사태가 벌어진 것일까?

1887년 미국의 보스턴, 에디트라는 여성과 약혼한 주인공 줄

리언 웨스트는 두 사람이 살아갈 집이 완공되면 결혼하기로 약속한 상태다. 그런데 노동자들의 파업으로 공사가 계속 지체되어 불만이 쌓이다 못해 급기야 불면증에 시달리게 된다. 그는 특수한 구조로 지어서 바깥에서는 존재 자체도 알기 힘들 정도로 완전히 폐쇄된 지하실에서 최면술을 이용한 특별 요법을 받고 잠이 든다. 그런데 그날 밤 집에 불이 나는 바람에 이 상태대로 오랜 세월이 흐른다. 다른 사람들은 아마도 웨스트가 화마에 휩싸여 죽었으리라고 생각했을 것이다. 그가 잠에서 깨어나 보니 무려 113년이 지난 서기 2000년! 이렇게 해서 19세기 인물이 21세기 사회에 나타나서 미래 사회를 경험하게 된다. 놀랍게도 이때 미국은 사회주의 천국으로 변해 있었다.*

주인공을 발견한 사람은 리트 박사인데, 리트 박사의 부인과 딸 에디트가 함께 그를 잘 돌봐주면서 21세기 미래 사회를 안내한다. 작품의 끝에 가면 웨스트는 에디트와 결혼하는데, 놀랍게도 이 에디트는 원래 약혼녀였던 19세기의 에디트의 증손녀라는 게 밝혀진다! 이렇게 현재와 미래는 기묘하게 만나고 소통한다.

이 작품이 쓰인 시대는 농업사회에서 산업사회로 이행하는 시기다. 증기기관과 철강이 등장하여 대산업이 성장하고 거대

* 이처럼 먼 미래의 가상 사회를 그린 작품을 특히 유크로니아 작품이라고 부른다. 현실과 다른 장소topos를 그린 것이 유토피아Utopia라면 다른 시간chronos의 세계를 그린 작품이 유크로니아Uchronia이다.

1890년 네브라스카에서 열린 내셔널리스트 클럽 대회 기념 사진

도시들이 우후죽순 들어서는 한편 프롤레타리아 계급이 비참한 곤경에 몰린 때다. 대기업 간 극심한 경쟁은 사회갈등을 극도로 심화시키고 결국 폭력적인 충돌 사태가 빈발했다. 그런데 2000년에 와보니 이런 냉혹하고 거친 사회가 완전히 변화해서 이상사회로 변해 있었다.

미국은 어떻게 해서 사회주의 국가가 되었을까? 벨러미의 상상에 따르면 그 과정은 자본주의 발전의 자연스러운 결과다. 무한 경쟁이 계속되면 그 와중에 자본가 중 누구는 승리하고 누구는 몰락한다. 자연히 소수의 자본가만 남게 된다. 여기에서 멈추지 않고 계속해서 거대 재벌들 간 극한 경쟁이 벌어지면 급기야 단 하나의 자본만 살아남아서 나머지 모든 자본을 다 흡수한 최후의 독점 상태가 된다. 이렇게 남은 유일 자본은 스스로 국가가 되었다. 한 국가, 한 자본이 온 세상을 장악한 것이다.

다시 강조하거니와, 폭력적 혁명으로 자본주의 체제를 전복하는 게 아니라 오히려 자본주의 체제가 갈수록 강력해지다 보니 결과적으로는 저절로 완전히 다른 세계로 전환한다는 전망이다. 그렇게 완성된 국가 자본주의는 어떤 성격일까? 다른 사상가들이라면 파렴치한 국가기구의 옹호 아래 사악한 초강력 자본가가 인민의 고혈을 쥐어짜는 지옥 같은 세상이 되리라고 예측했겠지만, 벨러미는 최종 독점 단계가 오히려 이상적 사회가 되리라는 정반대 견해를 제시한다. 이때까지 인간 사회를 피폐하게 만든 기본 요인은 경쟁이었는데, 마지막 단계에 이르러는 경쟁이 더는 없어지자 역설적으로 사회적 연대가 강화되었다. 그리하여 이때까지 극도로 발전한 과학기술과 산업의 힘으로 이루어낸 물질적 성과를 모든 사람이 골고루 누리게 된다는 것이다.

이제 산업은 완전히 국유화되었다. 국가-자본에 고용된 사람들은 옛날처럼 장시간 노동에 시달리는 게 아니라 짧은 시간만 일하면 된다. 엄청난 과학기술 발전으로 생산성이 높아졌기에 많은 노동을 투입할 필요가 없기 때문이다. 주목할 점은 노동조직을 군대 방식으로 운영한다는 점이다. 이름도 산업군産業軍, industrial army이다. 모든 사람은 21세에 산업군에 들어가서 24세까지 일을 배우면서 자기에게 맞는 일을 탐색하다가 취향에 맞는 직업을 최종 결정한 후 45세까지 근무한다. 누구나 동일한 임금을 받되, 다만 다른 사람들이 꺼리는 힘들거나 위험한 일을 하면 노동시간을 줄여주는 식으로 보상한다. 그러니 큰 갈등 없이 모두 자신의 맡은 일을 성실히 수행한다. 그리고 비교적 이른 나이인 40대 중반에 은퇴하여 편안하게 인생 2막을 즐기며 살아간다.

완벽한 계획경제하에 국가가 생산과 배급의 담당자로서 국민에게 필요한 물품을 충분히 공급한다. 시민 모두 똑같은 구매력을 가지고 있으니 부자들만을 위한 생산 같은 것은 아예 불가능하다. 과도한 낭비나 과시 소비도 없어질 테고, 노후를 대비해 죽어라 일하며 저축할 필요도 없다. 국가가 요람에서 무덤까지 책임지기 때문이다. 평생 힘들게 모은 재산을 아들딸에게 물려주는 일이 아무런 의미가 없기 때문에 유산 상속도 사실상 없어진다. 돈을 빼앗으려는 절도와 강도가 없을 테니 범죄도 거의 사라지고, 따라서 교도소도 극소수 범죄자나 정신병자를 가두는 용도로만 일부 남아 있다. 빈곤이 없어져서 부도덕의 문제가 저절로 해소된 것이다.

벨러미가 자기 시대에 목도한 것은 대기업 간 가차 없는 경쟁이었다. 지옥 같은 싸움 끝에 다수는 살아남지 못해 쓰러지고 살아남은 소수 기업들이 더욱 큰 지배력을 행사하는 독과점 상태로 진행해가는 중이었다. 카네기와 록펠러 같은 대자본가가 가공할 힘을 휘두르기 시작한 때다. 이런 사태는 어디까지 진행하여 어떤 결과를 낳을 것인가? 끝없는 경쟁의 결과 최종 승리한 하나의 자본만 남고, 그것이 이 세상 모든 것을 다 지배하여 결국 국가와 결합하리라는 것이 그의 상상이었다. 사실 이런 생각을 해본 사람은 적지 않을 터이다. 그런데 벨러미는 이 지점에서 돌연 사고방향을 정반대로 뒤집었다. 경쟁의 극한에서 역설적으로 모든 경쟁이 사라지고, 그동안 획득한 발전의 성과를 모든 사람들이 누리게 되리라. 원래 벨러미는 최종 도달점을 서기 3000년경으로 예견하고 작품을 쓰기 시작했는데, 집필 과정에서 다시 살펴보니 독과점화가 이미 크게 진척되어서 시기가 훨씬 앞당겨지리라 생각을 바꾸었다고 한다. 아마도 서기 2000년이면 이 과정이 완수될 것으로 보았다.

상상의 천국, 현실의 지옥

말할 필요도 없지만, 서기 2000년에 미국이 사회주의 천국으로 변하지는 않았다. 그렇지만 왜 예측이 틀렸냐고 저자에게 따지는 것은 큰 의미가 없다. 그보다는 작가가 왜 이런 구상을 했는가, 작가의 전망이 우리에게 어떤 점을 일깨워주는가를 살펴보는 게 중요하다. 한편으로 19세기 중산층은 당시 노동자들의 참담한 상황을 보고 이들의 처우가 개선되기를 바라 마지않았다. 그렇지만 다른 한편 반복되는 파업과 봉기에 넌더리를 냈고, 노동 계급에 대한 공포와 혐오에 빠졌다. 중산층은 노동 계급의 혁명 운동을 지지하지 않았으며, 사실 노동 계급 자신도 자본주의 체제를 파괴하고 난 후 어떻게 하겠다는 확실한 전망도 없었다. 이런 상황에서 벨러미가 제시한 '중간의 길'이 엄청난 호응을 얻은 것이다. 생산 수단 국유화라는 점에서 사회주의자들과 목표를 공유하되, 파괴적 혁명을 피하고도 모든 사람이 행복하게 살 수 있는 방향으로 나아간다고 하니 얼마나 매력적인가. 사회주의 천국의 이념이 미국 중산층의 꿈과 만난 것이다.

기묘하게도 벨러미의 아이디어는 부분적으로 레닌의 사고와 통한다. 국가 사회주의는 혁명이 아니라 진화에 의해 스스로 이루어진다고 보는 견해는 결국 자본주의의 모순이 격화되는 과정 자체가 스스로의 붕괴를 가져온다는 결정주의라 할 수 있다. 다만 그 마지막 과정에서 레닌은 최후의 일전을 거쳐 프롤레타리아가 최종 승리를 쟁취해야 한다고 생각했던 반면, 벨러미는 폭력 없이 이상 사회로 변화하는 게 가능하다고 생각한 점에서 차이가 난다. 벨러미주의자들은 그 과정을 빠르게 진척시키는 과업은 무능한 노동자당으로서는 불가능하고 자신들만이 가능하다고 보았다. 사실 벨러미는 마르크스주의자가 아니다. 자신은 마르크스를 모르고, 사회주의라는 말도 혐오한다고 말했다. 사회주의라는 말에서 느끼는 것은 폭동의 석유 냄새, 온갖 종류의 엽기적인 성적 타락, 신과 종교를 말할 때의 모욕적 언사라는 것이다. 마르크시스트와는 표면적으로 유사한 점들이 있다 하더라도 기본 철학이 다르다.

벨러미의 작품은 프롤레타리아 투쟁에 근거하기보다는 차라리 현대 미국의 백화점 모델에 근거하고 있다. 실제 작품에 보이

에드워드 벨러미

는 상품의 배분 방식을 보면 창고형 백화점이 연상된다. 19세기에 나온 이 작품에서 돈 대신 카드를 사용한다는 설정도 놀라운 예견이다. 미래 사회에서는 돈이 사라질 뿐 아니라 아예 상업이 사라진다.

이 작품은 비판을 받는 면도 많지만 시대를 앞서 매우 혁신적인 면도 많다. 흔히 놓치기 쉬운 점이지만, 이 책은 여성 문제와 장애인 문제에 관한 휴머니즘이 돋보인다. 여성에게 물질적 독립과 자유를 허용했고, 병자와 장애인은 동정의 대상이 아니라 권리 차원에서 사회가 복지를 보장한다. 일하든 못하든 모든 사람이 보수를 받는데, 이는 일한 대가가 아니라 인간 존재상의 권리로 규정한다. 기술적인 면에서도 그 시대에서 생각하기 어려운 독창적 면모들이 눈에 띈다. '텔레폰'으로 음악과 뉴스를 중개하여 집에서 듣는다는 설정이 한 예다. 이런 점들은 그야말로 미국적 성격이 뚜렷하다. 고급 기술과 높은 생산성, 가내 생활의 편리함 등을 숭배하고, 사회적 기생주의에 대한 혐오가 강하다. 일찍이 45세에 은퇴해 편안한 중년과 노후 생활을 즐기는 미국 중산층 사람들의 이상이 엿보이지 않는가. 그런 점에서 이 작품이 그리는 세계는 '베일로 얼굴을 가린 부르주아 자유주의'라는 작가 알렉상드르 시오라네스쿠의 견해도 일견 타당해 보인다. 이 작품은 민중의 지혜니 역사적 힘이니 하는 추상적 요인을 믿는 게 아니라 현실에서 출발하여 이상 사회를 그렸다. 중간 계층의 절제된 요구가 반영된, 혁명과 개선의 중간 타협물이다. 다만 군사적·전제적 성격과 관료제 성격도 뚜렷하다. 이 체제는 군대조직(산업군)의 지도부가 사실상 국가를 통치하기에 가능하다.

『뒤를 돌아보면서』는 철학자 존 듀이, 경제학자 소스타인 베블런, 여성주의 작가 샬럿 질먼 등 많은 지식인의 지지를 받았으나, 물론 반대 의견도 만만치 않았다. 과연 계획경제가 효율적으로 작동할 것인가? 그런 체제가 정말로 인간을 행복하게 해 줄 것인가? 이런 의문에 대해 현실에서 확인할 기회가 찾아왔다. 역설적이지만 미국 중산층 작가의 상상과 매우 유사한 체제가 스탈린 시대 소련에서 실현된 것이다. 전권을 잡은 국가기구가 모든 경쟁을 억압하고 군사적 방식으로 통제하는 계획경제는 벨러미의 구상과 판박이로 같다. 그 결과가 어떠했는지는 우리 모두 너무나도 잘 알고 있다. 스탈린 체제는 결코 행복한 사회를 이루지 못했고, 정반대로 지극히 억압적 전제주의로 귀결되고 말았다.

왜 많은 지식인과 다수 국민이 드디어 찾아냈다고 열광했던 해결책이 현실에서는 최악의 억압 체제로 귀결되었을까? 인간 본성과 안 맞기 때문이 아닐까? 우리가 원하는 종류의 행복을 우리 스스로 찾아내지 않고 국가에 의탁한 데서 실패 원인을 찾아낼 수 있을 것이다. 국가가 우리에게 소득과 용돈을 나누어주고, 일자리를 만들어 고용하고, 부족한 물품을 나누어준다고 해서 국민들은 만족하지 않는다. 내 소중한 삶을 왜 국가가 나서서 규정하고 명령을 내리려 하느냐는 반발이 불을 보듯 뻔하다.

벨러미가 노동 조직을 군대식으로 짠 데에서 그런 사실을 알 수 있다. 시민들의 직업을 군대에서 보직 배정하듯 정하는데, 사실 그러지 않을 수가 없을 것이다. 사회와 경제의 유지에 필요한 작업의 배정을 자율적으로 맡겨서는 계획경제가 잘 유지될 수 없기 때문이다. 작품에서는 시민들이 짧은 시간 일하면서도 풍족한 생활이 가능하기 때문에 매우 만족하며 사는 것처럼 그리지만, 현실에서는 그와 같은 방식에 불만족인 사람이 차고 넘칠 것이다. 국가기구는 오직 보조적 도움을 주는 데 그쳐야 한다. 내 삶의 주체가 나 자신이 아닌 사회는 '천국'이 되기는 애초에 글렀다. 흔히 그러하듯 잘못된 유토피아 기획은 디스토피아로 전락할 가능성이 크다.

중세를 향한 역주행: 모리스의 공산주의 낙원

영국의 미학자이자 사회주의운동가인 윌리엄 모리스는 벨러미의 책에 대해 '중산층 응석받이cockney 사회주의'라며 비판했다. 도대체 혁명적 파괴 없이 새로운 체제를 만든다는 것이 가능하단 말인가? 모리스는 자신의 유토피아 저작 『존재하지 않는 곳에서 온 소식News from Nowhere』에서 엄청난 유혈 투쟁의 결과로써 새로운 체제의 등장을 그린다. 그렇게 하여 이루어낸 이상적 사회 체제 모습 역시 벨러미와는 판이하게 다르다. 벨러미는 국가가 모든 것을 챙겨주는 이상 사회를 그린 데 비해 모리스는 국가가 사라진 사회를 그렸다.

모리스는 1834년 부유한 부르주아 가정에서 태어나서 옥스퍼드 대학을 졸업했다. 어린 시절에 자기 집에서 수제 맥주를 만들어 마시고 드넓은 자기 영지의 아름다운 자연 환경 속에서 살았다고 하니, 성장 배경으로 보면 극렬 사회주의자의 면모와는 거리가 멀어도 한참 멀어 보인다. 원래 신학을 공부하여 목사가 되고자 했으나 억제할 수 없는 예술적 성향으로 인해 길을 달리했다. 그는 라파엘전파Pre-Raphaelites의 영향을 받았다고 한다. 이 운동에 대한 사전적인 설명은 "19세기 중엽 영국에서 일어난 예술 운동으로, 라파엘로 이전처럼 자연에서 겸허하게 배우는 예술을 표방한 유파"라고 하는데, 간단히 그 특성을 짚는다면 교양 없는 실리주의philistinism와 산업 자본주의의 흉측함 등을 거부하

윌리엄 모리스

고, 서정적인 중세풍을 찬미하는 것이다. 즉 모리스의 첫 반란은 미학적 성격이다. 그는 존 러스킨의 영향을 받아 중세로 회귀하고자 했다. 돈이 지배하기 이전 시대, 장인적 노동이 자신을 위한 미를 추구하는 시대로 되돌아가자는 것이어서 이런 측면만 보면 순진한 고답적 도주에 불과한 태도로 보인다. 중요한 것은 이와 같은 미학적 태도가 곧 사회악에 대한 저항 의식과 결합한다는 점이다. 예술 파괴자인 산업 자본주의는 물질적·도덕적 비참함을 가져오고 결국 노동 계급을 불평등의 희생자로 만들었다는 주장이다. 모리스의 눈에 미학과 정치는 서로 연결된 하나다. 모리스는 평생 예술가이고 시인이며 전사였다.

그에게 큰 충격을 안긴 첫 번째 사건은 1871년 파리 코뮌 사태였다. 프랑스와 프로이센 간 전쟁의 와중에 파리 시민과 노동자들이 사회주의 성격의 자치 정부를 수립하려다가 엄청난 탄압을 받았다. '피의 1주일'이라 불리는 7일간의 시가전 끝에 3만 명의 시민이 죽고, 그 이후에도 많은 사람이 처형당하거나 유형을 선고받았다. 이런 시대 상황에서 모리스는 로버트 오언Robert Owen과 마르크스 등의 저작을 읽고 사회 혁명의 필요성에 공감했다. 그는 원래 자유당원이었으나 진보적 사회주의자로 전환하고 노동자계급 민주연맹Democratic Federation에 가담해 활동했다. 두 번째로 그에게 큰 충격을 준 사건은 1887년 11월 런던 트래펄가 광장의 유혈사태다. 봉기 참여자들에 대한 잔혹한 진압 상황은 그의 작품에 '피의 일요일Bloody Sunday' 사건으로 기록되었다. 이제 그는 사회주의 운동에 무력감을 느끼고 정치 활동에서 물러났다. 그는 즉각적인 무장 투쟁을 주장하는 아나키스트들이나, 급진적 혁명은 불가능하다고 판단하여 의회를 통해 점진적 개선을 주장하는 페이비언주의자Fabianist들과 모두 갈라선다. 마르크시스트인 모리스는 폭력 혁명의 역사적 필요성을 믿지만, 단 프롤레타리아가 주체가 되는 혁명이 아니라 오히려 기성세력의 강화를 통한 혁명 방식을 생각했다. 이런 시점에서 벨러미의 책을 읽고는 그에 대한 대응으로 『존재하지 않는 곳에서 온 소식』을 집필하여 1891년 출판했다. 그가 사망하기 5년 전이다.

이 작품 또한 벨러미의 작품과 비슷하게 유크로니아 방식을 취한다. 사회주의 투사 윌리엄 게스트는 꿈속에서 완전히 변화된 22세기 말 런던으로 가게 된다. 그곳에서 딕Dick이라는 젊은 이를 만나 그를 가이드 삼아 미래 사회를 둘러본다는 내용이다. 19세기 말 청년이 본 미래 영국 사회는 놀라운 광경의 연속이다. 비참하고 더러웠던 산업 지구가 사라지고 그곳에는 녹색 정원 속 빌라들이 자리 잡고 있다. 평화로운 표정의 사람들은 기막히게 빛나는 옷을 입고 있는데 이는 남에게 잘 보이려는 과시 목적이 아니라 아름다움에 대한 추구 때문이다.

작품의 구성은 사실 매우 단순하다. 주인공이 대영박물관이 어떻게 되었는지 궁금하여 찾아갔다가, 그곳에서 나이 많은 해먼드를 만난다. 그는 딕의 증조할아버지다. 해먼드는 지난 세기들에 있었던 변화 그리고 공산주의 사회의 탄생을 직간접적으로 경험해서 잘 알고 있는 사람이다. 해먼드의 설명을 통해 어떻게 지난 날 자본주의 체제를 폭력적으로 파괴했는가를 알게 된 후, 템스강을 타고 올라가며 미래 사회의 여러 측면들을 경험한다. 이 여행은 미래 사회의 다양한 모습들을 살펴보는 동시에 사랑과 행복을 경험하는 기회이기도 하다. 로맨틱한 사랑과 마르크시즘이 기묘하게 결합한 이 소설에서, 딕의 아내 클라라를 비롯해 지극히 아름다운 여성들이 그에게 도움을 준다. 그가 본 사회에서는 사유재산이 폐지되고 모든 것을 공유할 뿐만 아니라 노동이 곧 창조 활동이므로 삶 자체가 아름다운 예술이다. 낙관적인 미래 사회의 여러 측면들을 두루 경험해본 끝에 축제가 벌어진다. 그런데 여성의 눈길이 암만해도 주인공을 바라보고 있지 않은 것 같다. 지금까지 말한 내용은 실제 벌어진 일이 아니라 꿈이었던 것이다…….

유토피아와 디스토피아

사회주의와 공산주의 사회에 대해 흔히 이런 질문을 제기한다. 다 똑같이 나누어가지면 누가 열심히 일하려 하겠는가? 사람이란 힘든 일을 피하고자 할 텐데 그렇다면 사회가 어떻게 유지될 것인가? 다른 사상가들의 답은 이런 식이다. 인간의 노동이 힘든 고역이라는 것은 맞다. 그것은 일종의 필요악이다. 그러니 사람들이 나누어서 일을 하되 최소한으로 줄여주고 모든 사람이 풍요로운 삶을 누릴 수 있도록 조정해야 한다. 벨러미가 바로 그와 같은 답을 제시한 셈이다. 모리스는 이 점에서 극단적으로 다른 답을 내놓는다. 노동은 피할 일이 아니다. 해방된 사회에서 노동은 즐거움이고 따라서 강제하지 않아도 모든 사람이 기꺼이 일하고자 할 것이다. 왜 그런가?

과거에 노동은 시장의 요구에 따라 수행하는 착취 대상이었는데 그런 조건을 해체하고 나니 이제 자신을 표현하는 창조 작업이 되었고 그 자체가 곧 기쁨이다. 19세기에는 세계 시장의 수요에 맞추어 양적으로는 엄청난 생산을 하지만 기실 쓰레기 같은 저급한 물품을 온 세상에 뿌려대지 않았던가. 기계도 인간의 수고를 덜어주는 게 아니라 더 많은 생산을 위해 작동하여 인간을 더 힘들게 했다. 이런 상황에서 노동이 왜곡되지 않을 수 없다. 그런데 그런 왜곡에서 해방된 후 생산 과정은 감각적이고 의식적인 즐거움을 제공하며, 따라서 노동은 즐거움의 원천이다.

그게 어떻게 가능하며, 어떻게 해서 그런 체제가 만들어졌는가 하는 점에 대해 모리스의 설명은 사실 전혀 명료하지 않다. 벨러미와 달리 모리스의 유토피아는 정확한 서술이 부족하다. 다만 한 가지 분명한 점은 이런 체제가 자연스럽게 혹은 저절로 된 것이 아니라 엄청난 계급투쟁 끝에 쟁취했다는 사실이다. 그는 평화적 해결 방안을 믿지 않는다. 완전한 해방은 두 단계의 폭력적인 봉기를 거치며 달성된다. 일차적으로 사회운동과 노동조합의 압박으로 국가사회주의가 형성되겠지만 이것은 프롤레타리아의 조건을 개선하는 데 그칠 뿐 아직 진정한 해방이 아니다. 계급 갈등은 여전히 강고하게 남아 있다. 모리스가 벨러미에 그토록 반대한 이유도 여기에 있다. 모리스가 보기에 벨러미는 사실 전환기에 불과한 국가사회주의를 최종 단계라고 오판하고 있다. 모리스의 예상에 의하면 이 시점에서 파업과 봉기들이 이어져 마침내 노동자들과 군 간에 충돌이 일어나고, 거대한 봉기의 결과 최후의 내전이 벌어지며, 결국 여기에서 반동적인 소유계급이 패배한다. 말하자면 벨러미가 그리는 사회에서 한 걸음 더 나아가야 최종적인 이상사회에 도달한다.

이때 가서야 드디어 사람들은 자유 속에서 행복을 찾는다. 의

무 교육과 훈육 시스템이 존재하지 않아서 아이들은 원하는 때에 읽고 쓰는 법을 익힌다. 과거에 사회적 상승을 위해서나 필요한 흐리멍덩한 지식들을 왜 의무적으로 가르쳐야 하는가? 모리스의 세계에서 개인은 자신의 주체적 삶을 살며 획일적인 것들을 거부한다. 의회도 사라진다. 자본주의 사회에서 의회는 실은 지배계급의 이익을 지켜주는 기관이면서 사람들에게 정치적으로 참여하고 있다는 환상만 심어주었다(미래 사회에서 의회 건물은 거름 더미를 쌓아두는 곳으로 변모했다). 힘으로 민중들을 억압하던 도구인 군이니 경찰이니 하는 것들도 사라지고 없다.

그렇다면 국가와 대자본이 사라지면 무엇이 남는가? 놀랍게도 모리스의 답은 '이웃'이다. 따뜻한 인간성을 되찾은 사람들이 이웃을 위해 일하고 서로 도우며 살아간다. 사람들은 더 이상 시장에 내다 팔 저급한 쓰레기 상품을 대량으로 만들지 않고나 자신이 쓰거나 내 이웃에게 선물할 물품을 수작업으로 정성껏 만든다. 두어 달 지극정성으로 멋진 의자를 만들어 이웃에게 선물하는 식이다. 필요한 일은 통치가 아니라 단지 '관리'일 뿐이다. 이곳은 자유의 세계로서 건전하고 행복한 사람들이 살아가는 곳, 자본주의가 몰락하여 자연스러운 선함을 되찾은 곳이다. 모리스는 불변의 인간성이라는 것을 부정한다. 빈민 근성이니 범죄자 성향이나 상인 정신이니 하는 것들은 다 허구다. 인간성은 환경에 의해 만들어진다. 환경이 바뀌면 범죄자 같은 것도 없어진다. 인간뿐 아니라 자연도 마찬가지다. 공장이 사라지고 난

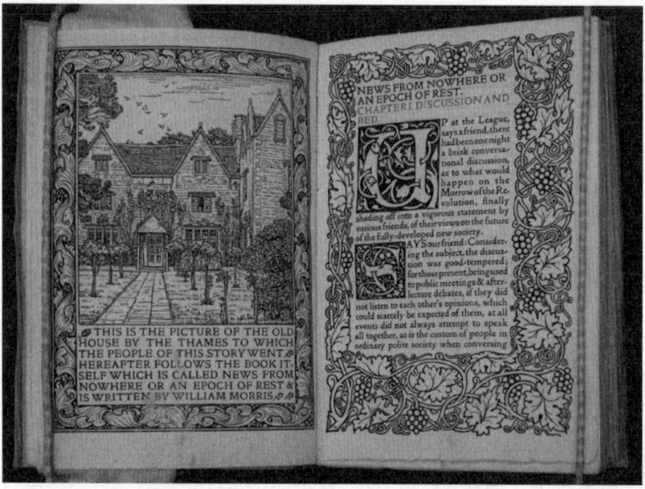

『존재하지 않는 곳에서 온 소식』 본문 일부

후 자연은 원래의 순수함을 되찾았다. 말하자면 아름다운 자연 속에서 아름다운 본성의 사람들이 아름다운 삶을 살아간다. 그것이 대체 어떤 사회란 말인가? 아마도 가장 비슷한 예를 찾는다면 지난 과거, 곧 중세 사회라 할 수 있다!

이 작품에 긍정적 평가를 하는 소수 평자들의 의견에 따르면 모리스는 사회주의의 발전 결과가 공산주의라는 사실을 분명히 밝혔고, 그렇게 달성한 무계급 사회의 삶이 어떤 것인지 잘 보여주었다. 모리스는 몽상적인 게 아니라 정통 마르크시스트 계보에 속하는 사상가라는 평가다. 혁명을 거쳐 일차적으로 국가사회주의로 진행하고, 다시 최종적으로 공산주의로 나아간다. 국가사회주의 단계는 예전의 사회적 관습들을 해체하고 점차 새로운 심성을 창조해가는 전환의 시기로서, 늙은 해먼드가 이 전환 단계를 상징한다. 그다음 최종 단계가 바로 이 소설에서 보여주는 사회이다. 억압적 국가기구와 자본이 소멸한 덕분에 삶의 조건이 변화하여 인간 본성이 완숙해지고 이상적인 공산주의 사회가 완수된다. 이제 어떤 종류의 압박도 없고, 기생적 삶이나 중간착취 같은 것이 사라지므로, 모든 사람이 풍요를 누리는 동시에 자발성과 창조의 즐거움을 향유한다. 모리스는 삶에서나 작품에서나 미학과 정치를 혼합하고자 했고, 예술의 완수는 사회사상의 완수라고 보았다. 이 작품이 그런 점을 잘 보여준다.

물론 모리스의 작품 세계에 대해 이러한 긍정적 평가보다는 부정적인 평가가 훨씬 많은 것이 사실이다. 다수의 평론가들이 작품에 대해 현실 도피 혹은 어린 시절 꿈의 투사라고 이야기한다. 전적으로 자본주의를 부정했을 뿐 '그다음'이 없다고도 말한다. 자본주의 체제를 혁명적으로 파괴한 다음의 세계를 중세로 그리는 것은 역사적으로 불가능한 역주행과 같다. 어느 비평가는 모리스가 그리는 목가적 사회의 존재 가능성을 정말로 믿는다면 그것은 지성에 대한 모욕이 될 것이라고 평했다. '러스킨'식 중세주의로 귀환한 그의 작품은 그야말로 '완전한 불일치'의 대표 사례다. 아름답기는 하되 실현 가능성이라고는 전혀 없는 순진한 그의 이상주의는 '거대한 바캉스 계획' 혹은 '영국판 디즈니랜드'라는 비아냥을 들었다. 천년왕국주의적 공산주의, 무정부주의적 자유 같은 내용은 미적 차원에서 찬미할 만하지만 사상의 측면에서는 완전 꽝이다. 너무나도 순수하고 아름다운 꿈 같은 이야기를 정말로 믿고 따를 사람은 아마 없을 것이다.

유토피아는 '세상에 없는 나라'라는 의미다. 이 세상에는 없으나 소망스러운 곳, 언젠가 우리 모두 그곳으로 가서 살고 싶은 이상 세계다. 고통스러운 현실이 그런 꿈을 만들었을 것이다. 그런 의미에서 유토피아 작품은 그것을 산출해낸 현실 세계를 반영하고 있고, 반대로 그와 같은 공상의 세계가 '지금 여기' 이 세상을 비추어보는 거울 역할을 할 수도 있다. 산업화의 모순이 인간 세상을 고통으로 몰아가던 시기에 만들어진 두 작품은 허망한 꿈으로 끝날 수도 있고, 어쩌면 가공할 디스토피아 세계의 길을 열어줄 가능성도 있다. 그럼에도 사회가 직면한 문제들에 대해 진지하게 고민하고 더 나은 세계를 꿈꾸었다는 점이 중요하다. 새로운 시대에 새로운 문제들이 거듭 제기될 터이고, 사람들은 늘 새로운 유토피아의 꿈을 그릴 것이다.

14

밤과 안개

: 홀로코스트·이미지·기억*

* 이 장의 일부는 무크지 『디자인문화비평 6』에 실린 바 있으며, 여기에서는 내용을 추가하는 등 글을 전면적으로 재편했다.

홀로코스트

나치 독일이 자행한 홀로코스트는 인간의 광기가 어디까지 이를 수 있는지 묻게 만든다.* 제2차 세계대전 초기에만 해도 유럽 전역에 1,100만 명의 유대인들이 살고 있었다고 하나, 1945년이 되면 이 중 600만 명이 목숨을 잃었다. 독일처럼 잘살고 문화적으로 발전한 나라가 수백만 명의 무고한 사람들을 수용소에 감금하고 조직적으로 살해한 이 현상을 어떻게 이해해야 좋을까.

수용소는 사람들 간에 고통을 나누고 함께 죽음을 준비하는

* 유대인 학살을 나타내는 말로 '쇼아'와 '홀로코스트'라는 두 용어를 많이 사용하는데, '쇼아'는 히브리어로 '재난'을 뜻하며 '홀로코스트'는 희랍어에서 나온 말로 '동물을 구워 신에게 드리는 희생'을 뜻한다.

성스러운 공동체가 결코 아니었다. 단 한순간이라도 생명을 연장하기 위해 서로 치열하게 싸웠고, "모두 절망적이고 잔인할 정도로 혼자였다". 남이 죽어야 내가 살기 때문이다. 그곳에서는 늘 삶과 죽음이 함께 있었다.

> 병동에서 '선발'이 있었다. 선발될 확률은 전 수용소 인원의 17퍼센트이고 환자 중에서는 30~50퍼센트다. 비르케나우 화장터 굴뚝에서는 열흘 전부터 연기가 나고 있다. 포즈난 게토에서 수송되어 올 엄청난 수의 유대인들의 자리를 마련해야 하는 게 틀림없다. (……) 10월의 차가운 공기 속으로 알몸으로 나온 우리들은 두 개의 문 사이를 몇 걸음에 달려 나가서 SS대원에게 카드를 넘기고 다시 숙소의 문으로 들어가야 한다. SS대원은 두 행동이 이루어지는 불과 몇 초 사이에 우리의 얼굴과 등을 한눈에 보고 각자의 운명을 결정한다. 그렇게 하여 자기가 받은 카드를 오른쪽 남자에게, 혹은 왼쪽 남자에게 건네준다. 이게 우리들 각자의 죽음과 삶을 가르는 것이다. 3~4분 사이에 200명이 수용된 한 막사의 선발이 완료되고 오후에 1만 2천 명이 수용된 전 수용소의 선발이 끝난다.
>
> 우리는 숙소로 돌아가 옷을 입는다. 아직은 아무도 자신의 운명을 확실히 알지 못한다. 모두들 제일 나이 많은 사람들, 제일 여윈 사람들, '무슬림들'(곧 화장장으로 끌려갈 것으로 보이는 사람들을 가리키는 은어) 옆으로 모여든다. 그들의 카드가 왼쪽으로 갔다면

왼쪽이 선발되는 게 틀림없다.

침묵이 서서히 주변을 압도한다. 그때 나는 3층에 있는 침대에서 쿤 노인이 머리에 모자를 쓰고 상체를 거칠게 흔들며 큰 소리로 기도하는 모습을 본다. 그 소리를 듣는다. 쿤은 자신이 선발되지 않은 것을 신께 감사하고 있다. 쿤은 생각이 없는 사람이다. 그는 옆 침대의 그리스인, 스무 살 먹은 베포가 내일모레 가스실로 가게 되었다는 걸 모른단 말인가? 베포 자신이 그것을 알고 아무 말 없이 침대에 누워 아무 생각도 하지 않은 채 작은 전등만 뚫어지게 바라보고 있는 게 보이지 않는단 말인가? 그 어떤 위로의 기도로도, 그 어떤 용서로도, 죄인들의 그 어떤 속죄로도, 간단히 말해 인간의 능력 안에 있는 그 무엇으로도 절대 씻을 수 없는 혐오스러운 일이 오늘 벌어졌다는 것을 쿤은 모른단 말인가?

내가 신이라면 쿤의 기도를 땅에 내동댕이쳤을 것이다.*

생존자들의 증언은 우리를 전율케 한다. 그렇지만 그들 역시 자신이 가까스로 빠져나온 그 지옥을 온전하게 설명해주지는 못한다. 프리모 레비가 이야기하듯 생존자는 이미 거짓 증인이다. 학살의 경험을 있는 그대로 전할 수 있는 사람은 가스실에서 죽은 사람일 수밖에 없기 때문이다. 이 관점에 따르면 생존자들

* 프리모 레비, 『이것이 인간인가—아우슈비츠 생존 작가 프리모 레비의 기록』, 이현경 옮김, 돌베개, 2007, pp. 193-199.

해방 이후 미군에 의해 촬영된 다하우 강제수용소 막사

유대인 희생자를 위한 추모비가 세워진
독일 베를린의 홀로코스트 기념관

은 단지 자기가 겪은 부분적인 경험만 증언할 뿐이고, 결코 대학살의 실체를 다 말할 수는 없다. 그들은 다만 이해의 영역을 넘어선 어떤 가공할 사건이 일어났다는 사실만 알려줄 뿐이다. 이런 시각에서 보면 홀로코스트를 이미지로 재현하는 미학화는 이 사건 자체에 대한 모독이다. 일견 이런 견해에 동의할 수도 있다. 그럼에도 우리가 홀로코스트에 대해 알고 이해하는 데에는 분명 이미지가 지대한 영향을 미치고 있다. 문자 텍스트보다도 더 강력한 영상의 힘이 우리의 기억과 상상을 지배한다.

수용소 생존자 중 한 명인 엘리 위젤은 이렇게 말한 적이 있다. "반드시 해야 하지만 도저히 할 수 없는 그 이야기를 어떻게 할 수 있단 말인가? 나로서는 불가능하다." 하물며 보여줄 수 없는 이미지를 보여주어야 하는 것은 또 어찌할 것인가? 실로 단순하지 않은 과제다. 세 편의 영화를 통해 이 문제에 대해 생각해보도록 하자.

쉰들러 리스트

홀로코스트를 다룬 영화 중 가장 널리 알려진 것으로는 스티븐 스필버그 감독의 「쉰들러 리스트Schindler's List」(1993)를 들 수 있다.

사실 스필버그가 이런 묵중한 주제의 영화를 만든다고 했을 때, 그 사실 자체가 놀라운 일이었다. 그는 「E. T.」 「인디아나 존스」 「쥐라기 공원」과 같은 도피성 오락 영화에서 뛰어난 재능을 보인 감독이다. 그의 영화는 주로 어린이들이 주인공으로 등장할 뿐 아니라 더 나아가서 전체적으로 '애들 영화' 같은 냄새가 난다. 그런 가운데에도 그가 특유의 휴머니즘을 견지한 것은 사실이다. 억압받는 흑인 여성 문제를 다룬 「컬러 퍼플」(앨리스 워커의 동명 소설을 영화로 만든 작품이다)이 그의 필모그래피 최초의 '스필버그적이지 않은' 영화라고 한다. 이 이후 그는 점차 사회성 짙은 작품을 만들어갔는데, 그 정점을 차지하는 것이 「쉰들러 리스트」다. 흑백 필름에 다큐멘터리 스타일을 가미한 이 영화는 이전 오락 영화들에 비하면 훨씬 중후하고 절제된 분위기를 띤다. 이 영화는 1993년 가을에 개봉되자마자 곧바로 화제를 모았다. 우리 시대 최고의 흥행 감독이 인류사의 가장 심각한 문제를 감동적으로 그려낸 것이다(사실 제2차 세계대전을 다룬 극영화는 수없이 많았지만 수용소의 공포를 정면으로 다룬 작품은 거의 없었다). 우리나라에서도 무거운 주제에 세 시간이 넘는 긴 상영 시간 때문에 흥행에 성공하지 못하리라는 예상을 깨고 백만 명 가까운 관객을 모았다. 그리고 이 영화를 만든 공로로 스필버그는 후일 독일에서 최고 명예인 십자훈장을 받았다.

이 영화의 스토리는 잘 알려져 있다. 돈만 아는 냉정한 사업가인 오스카 쉰들러는 제2차 세계대전이 일어나자 전쟁 물자 사업에 뛰어들어 싼값에 유대인들을 고용해 큰돈을 벌었다. 그런데 이 과정에서 그는 유대인의 비극을 절감하게 되었고, 그들을 구하기 위해 온갖 노력을 아끼지 않은 결과 1,100명에 달하는 유대인의 목숨을 구할 수 있었다. 살아남은 유대인들은 금니를 뽑아 반지를 만들어주며 거기에 '한 생명을 구하는 것은 세상을 구하는 것'이라는 탈무드 글귀를 적어 넣어 그에게 고마움을 표했다. 유대인의 목숨을 구하기 위해 자기희생을 치른 독일인이라니, 이야말로 지옥에 피어난 한 떨기 꽃과 같지 않은가.

이 이야기는 분명 감동적이고, 감독의 휴머니즘에 대해서도 동의할 수 있다. 그럼에도 불구하고 이 영화를 그렇게 단순하게만 받아들이기에는 석연치 않은 점이 있다. 이 영화가 자아내는 감동이 너무 작위적이라는 느낌을 지울 수 없기 때문이다. 사실 이 영화에서 쉰들러가 왜 갑자기 냉혹한 장사꾼에서 박애주의자로 변신했는지는 명료하게 설명되어 있지 않다. 어쩌면 쉰들러 본인도 설명을 잘 못하는 듯하다. 언젠가 그는 한 유대인에게 이렇게 말했다고 한다. "나는 다른 선택의 여지가 없었다네. 만일 개 한 마리가 트럭에 깔리려 하는 것을 보았을 때 자네라면 돕지 않았겠는가?"* 이 문제에 대해 영화 내에서의 설명은 매우 단순하다. 쉰들러가 나치들의 유대인 '사냥' 장면을 목격했을 때, 우연히 한 어린이의 피신 장면을 가슴 아프게 본 것이 그의 변

* 이 영화에서 주인공 역을 맡았던 리암 니슨은 이렇게 소회를 말한 적이 있다. "나는 아직도 그가 왜 그렇게 많은 생명을 구했는지 모르겠습니다. 그는 모든 사람이 좋아하는 인물이었지요. 그는 사람들이 자기를 좋아하는 것을 좋아했고, 대단한 아첨꾼이었습니다. 어쩌면 그는 어떤 위대한 일 한 가지를 해보고 싶은 충동을 느끼지 않았을까요."

화를 설명하는 유일한 요인이다. 흑백 필름 위에 부분적으로 컬러를 입혀 이 아이만 분홍 색조로 드러나게 한 이 유명한 신scene은 분명 사람의 마음을 사로잡지만, 그래도 그것만으로 쉰들러의 변화를 설명하기에는 너무 부족하다. 사실 스필버그의 기법은 대개 이런 식이다. 작은 감동의 요소로 많은 것을 대신하고, 그것을 관객들에게 호소하는 것이다. 때로는 그것이 과하여 거부감을 일으킬 지경이다. 이 영화의 마지막 장면에서 주인공이 도망가기 직전, 그가 생명을 구해준 유대인들 앞에서 차를 부여안고 "이 차를 팔면 그 돈으로 열 명을 더 구할 수 있었을 텐데" 하고 흐느끼는 장면이 그런 사례다(문화의 차이인지 모르겠으나, 미국 관객들은 이 장면을 보고 정말로 감동하는 눈치다). 그리고 갑자기 흑백 화면이 컬러 화면으로 바뀌며 푸른 하늘이 비치고 쉰들러가 구해준 사람들이 그의 묘에 돌을 하나씩 얹는 장면으로 이어진다. 그는 이런 도식적인 방법을 동원해 우리에게 감동을 강요하고 있는 것은 아닐까.

홀로코스트에 대해 이 영화는 어떤 이야기를 어떻게 하고 있는가? 그의 영화는 말하자면 나치 독일과의 화해를 제기했다. 물론 그가 노골적으로 나치에게 면죄부를 주려고 한 것은 결코 아니다. 다만 인간은 기본적으로 선한 존재라는, 자기 식의 휴머니즘을 전하려고 했을 것이다. 1,100명의 생명을 구한 이야기가 감동적이지 않다는 의미가 아니다. 그러나 그것이 6백만 명의 죽음을 가져온 악을 상쇄하는 해독제로 쓰여서는 곤란하다. 어쨌든 분명한 것은 이 영화가 흥행을 위한 상품이지 홀로코스트에 대한 역사 해석이 목표는 아니라는 점이다. 그러니 누구나 쉽게 받아들일 수 있는 손쉬운 답을 주고 그것을 효과적으로 만들기 위해 감동을 자아내는 수밖에 없다.

할리우드 영화는 영웅을 필요로 하기 마련이다. 여기서는 쉰들러가 그 영웅이다. 쉰들러라는 한 영웅이 수많은 사람의 목숨을 구했다. 이제 홀로코스트는 그를 중심으로 해석된다. 쉰들러와 여자, 쉰들러와 섹스, 쉰들러와 돈, 쉰들러와 유대인…… 이런 식으로 모든 일이 그를 중심으로 일어난 것처럼 짜여 있다. 그것은 진짜처럼 보이지만 결코 진짜일 수가 없다. 이를 두고 비평가들은 설명할 수 없는 것을 쉽게 '설명해버리는' 진부화의 잘못을 범하고 있다고 비판한다. 우리가 이 영화를 보고 나서 마음의 평안함을 얻는다면 그것 자체에 문제의 소지가 있다. 전쟁 중에도 의인은 있다는 식의 위안을 얻는 대신 정작 우리가 진지하게 물어야 할 제2차 세계대전과 유대인 학살의 의미는 뒤로 물러나게 되기 때문이다. 결국 이 영화는 하나의 멜로드라마가 되었고, 홀로코스트는 단지 영웅을 부각시키기 위한 배경으로 전락해버렸다. 스필버그의 영화가 형편없는 작품이라든지 흥미 없다는 이야기는 아니다. 이 영화는 홀로코스트라는 어려운 주제를 감독 특유의 방식으로 풀어나간 흥미진진하고도 중요한 작품이다. 다만 여기에서 이야기하고 싶은 바는 이 영화가 당의정을 입힌 손쉬운 답을 제시할 뿐, 인류사 최대의 비극 중 하나인 홀로코스트 문제에 대해 '역사적 성찰'을 불러일으키지는 못한다는 점이다.

쇼아

클로드 란츠만의 「쇼아Shoah」(1985)는 「쉰들러 리스트」와 가장 대척점에 선 영화라 할 수 있다.

이 영화는 아홉 시간 30분짜리 대작으로서 그 내용은 거의 전적으로 홀로코스트와 관련된 사람들과의 인터뷰로만 이루어져 있다. 수용소 생존자들의 처절한 증언, 수용소 근처에 살았던 폴란드인들과의 대화(그들은 당시나 지금이나 거침없이 반유대주의를 드러낸다), 나치 수용소에서 간수로 일했던 경험을 토로하는 전직 나치 장교를 몰래 찍은 영상, 그리고 홀로코스트를 연구하는 역사가와의 인터뷰가 계속 이어진다. 그 외에는 아우슈비츠 정문의 모습, 혹은 어디론가 알 수 없는 목적지를 향해 움직이는 기차의 이미지 같은 것만이 가끔 인터뷰 사이에 들어가 있을 뿐이다. 홀로코스트 영화를 만들면서 그 당시의 참혹한 장면을 보여주는 사진이나 필름 자료를 전혀 쓰지 않은 것은 감독의 특별한 문제의식과 관련이 있다. 그는 다른 어느 감독 혹은 역사학자보다도 '재연 불가능성'의 문제에 민감하다. 그가 견지하고 있는 태도는 그 어떤 방법을 사용하더라도 홀로코스트의 절대 공포를 있는 그대로 전달할 수는 없다는 것이다. 지옥의 이야기를 어찌 단순하게 이해시킬 수 있단 말인가. 할 수 있는 일이라고는 오직 홀로코스트에서 살아 돌아온 사람들의 이야기를 있는 그대로 전하고, 그토록 엄청난 사건이 존재했던 그 장소로 데리고 가는 것뿐이다.

이 영화에 대해 이야기할 때 가장 많이 언급하는 사례 중 하나인 아브라함 봄바Abraham Bomba의 증언을 보자. 유대인 절멸 수용소를 운영하면서 한두 시간 만에 몇백 명씩 죽이고 소각하는 일을 계속해야 했던 나치의 입장에서 가장 크게 신경을 썼던 부분은 가스실로 가는 사람들이 마지막 순간까지 자신이 곧 죽는다는 사실을 모르도록 조치하는 것이었다. 사실 한 시간 안에 자신이 죽어서 재가 된다는 사실을 알면 그 누가 가만히 있겠는가. 그래서 나치는 전직 이발사들을 모아 대기실에서 사람들의 머리를 깎는 척했다. 봄바가 일한 곳에는 여자들 몇백 명이 벌거벗은 채 밀려들어 오곤 했다. 그러면 이발사들이 짧은 시간 동안 대충 머리를 깎는 척했다. 그러고는 옆방에서 소독을 하게 되어 있다고 속이고는 가스실로 밀어 넣는 것이다. 그런데 어느 날, 그와 함께 일하던 동료는 기막힌 일을 경험한다. 바로 그의 아내와 여동생이 그곳에 들어온 것이다! 그가 할 수 있는 일이라고는 죽음의 방으로 들여보내기 전까지 그들과 가급적 오랜 시간(그래봐야 10여 분에 불과하지만) 머물렀던 것일 뿐…….

또 다른 생존자는 막사에서 차출되어 땅에 묻은 시체를 파내는 일을 했다. 나치는 사람들을 죽인 다음 구덩이에 집단 매장을 했는데, 어느 때부턴가는 증거를 없애기 위해 시체들을 도로 파내서 소각하기로 결정한 것이다. 땅을 깊이 팔수록 더 오래전에 묻은 시체라 그런지 점점 얇아지고 부슬부슬 부스러지곤 했다. 그러던 어느 날 그가 파낸 시체 중에 다름 아닌 아내의 시체가 나오는 게 아닌가. 그는 아내의 시체를 꺼내 옆에 누이고 곁에 서 있는 나치 병사에게 차라리 자기를 죽여달라고 애원한다. 그러나 나치 병사는 차갑게 대꾸한다. "너는 일할 힘이 있으니까 아직 안 죽여."

이 영화의 인터뷰 내용은 모두 채록되어 책으로 출판되었다.* 이 내용을 책으로 읽을 때에도 물론 독자들은 가슴 아프게 느끼겠지만, 화면으로 볼 경우 그와는 비교가 안 될 정도로 큰 충격을 받는다. 그 이유는 무엇보다도 실제로 그것을 경험했던 사람들의 떨리는 목소리, 표정, 눈물, 한숨 등이 그대로 전달되어 이를 보고 듣는 사람들의 마음에 직접 와 닿기 때문이다. 이것이 이 인터뷰의 강점이다. 란츠만 감독이 11년 동안 전 세계를 돌며 총 350시간의 인터뷰를 한 것은 그 고난의 기억을 지켜내려는 처절한 싸움이었다.

그렇다면 란츠만은 홀로코스트에 대해 어떤 이야기를 하려고

* 영어본과 프랑스어본 두 가지가 있다. Claude Lanzmann, *Shoah: An oral History of the Holocaust : The Complete Text of the Film*, New York, 1985; *Shoah*, Préface de Simone de Beauvoir, Paris, 1985.

이런 인터뷰를 진행했을까? 우리는 다양한 증인들의 인터뷰를 통해 그야말로 엄청나게 많은 홀로코스트의 디테일들을 접하게 된다. 그중 어떤 것들은 비슷한 내용의 반복일 수도 있고, 또 어떤 것들은 오히려 서로 다른 내용을 이야기함으로써 부분적으로 모순될 수도 있다. 그러나 그것은 전혀 문제가 안 된다. 란츠만의 생각에 홀로코스트라는 거대한 사건은 도저히 하나의 설명틀 안에 담아내는 것이 불가능하다. 거기에는 상이한 증언들, 다양한 해석, 복합적인 관점이 뒤섞일 수밖에 없다. 감독의 의도는 이 어마어마한 사건을 완전히 이해시키려는 것이 아니라 오히려 이 사건은 도저히 이해 불가능한 일임을 말하려는 것이다. 이 영화를 보는 사람은 그 긴 시간(하루 종일이든 밤새워서든) 고통스러울 정도로 계속되는 증언들을 접한다. 그러나 그것들을 들으면 들을수록 이 비극의 전모가 명료해지는 게 아니라 반대로 더 흐려지는 느낌을 받는다. 그런 가운데 다만 암흑의 공포가 더 크게 확산되어 우리를 압도할 뿐이다. 이처럼 이해할 수 없고, 전달 불가능하며, 쉽게 말해서는 안 될 일을 명쾌하게 정리한다는 것은 곧 왜곡과 거짓말이 수반됨을 의미한다. 앞에서 이야기했듯이 홀로코스트를 두세 시간짜리 드라마로 만드는 것은 '진부화의 잘못'을 저지르는 일이 되고 만다.

감독의 철학을 잘 보여주는 사례가 영화의 끝부분에 나온다. 카메라가 서서히 한 연못을 줌인zoom-in하여 비춰주면서 이곳이 수천 명의 유대인들을 화장한 재를 버린 곳이라고 설명한다. 카메라가 수면 가까이 클로즈업할수록 수면의 형상이 흐려지고 결국 회색빛만 화면에 가득하게 된다. 이것이 바로 감독의 의도를 잘 드러내는 메타포일 것이다. 그 엄청난 사건을 가까이 들여다보려 하지만 결코 명료하게 알 수 없다는…….

그러나 여기에서 이런 질문을 던질 수 있다. 우리는 홀로코스트에 대해 정말 아무 이야기도 할 수 없는가? 란츠만의 영화 「쇼아」는 아무 이야기도 하지 않았고 아무런 해석도 가하지 않았는가? "우리는 그것에 대해 이야기할 수 없다"는 이야기만 할 수 있고, "우리는 알 수 없다"는 앎을 얻은 것 외에는 그 어떤 것도 알 수 없는가? 사실은 그렇지 않다. 란츠만 역시 본인 특유의 해석을 수행하고 있다. 그는 350시간의 인터뷰 내용 가운데 자신의 해석에 필요한 부분을 취하고 나머지는 버렸다. 우리는 그가 버린 인터뷰 내용이 어떤 것이었는지 알 수 없다. 사학개론 수업에서 흔히 이야기하는 바처럼, 사료 중 어떤 것을 취하고 어떤 것을 버리느냐 하는 첫 과정부터 이미 역사가는 자신의 해석 작업을 수행하고 있는 것이다. 그다음 편집 과정에서는 더 명확하게 감독의 철학이 구현된다. 이 영화의 구성에 대한 치밀한 분석을 시도한 이상빈에 따르면* 이 영화는 "시몬 스브레니크의 노래로부터 시작하여 바르샤바 게토의 투사들의 이야기로 마무리되는 발단-전개-결말의 구조"를 가지고 있으며, "희생자의 부정적이고도

* 이상빈, 「〈쇼아〉를 중심으로 살펴본 수용소 영화 분석」, 『역사와 문화』 2호, 2000.

수동적인 이미지에서 투사의 적극적인 증언으로의 이행"이 이루어지고 있다. 즉, 이 영화는 증언을 있는 그대로 채록한 객관적인 내용의 영화가 아니라 감독 개인의 견해가 전체적으로 일관되게 개입하고 있는 영화이다. 심지어 감독은 증언을 일부 연출하기도 했다. 앞에서 언급한 아브라함 봄바의 증언은 이스라엘의 이발소를 빌려서 찍은 것으로 알려져 있다. 이는 봄바가 수용소에서 머리를 깎으며 경험한 사실을 더 확실하게 '재연'하기 위해서일 것이다. 정도의 차이가 크다고 하지만 사실 이것이 「쉰들러 리스트」의 재연 연출과 근본적으로 무슨 차이가 있단 말인가?

이런 과정을 통해 감독이 말하고자 하는 것은 무엇인가? 마르크 페로가 이야기하듯이* 때로 영화의 진행을 위해 감독이 집어넣은 부차적인 요인들이 감독의 의도를 더욱 명확히 드러내는 수가 있다. 우리는 이 영화에서 인터뷰 외에 들어간 요소인 움직이는 기차 신을 주목하지 않을 수 없다. 기차는 우리를 태우고 정해진 종착지로 데리고 가는 것을 상징한다. 이런 신의 마지막에는 언제나 절멸 수용소가 등장한다. 이 의미는 명확하다. "모든 것은 죽음으로 끝난다. 그것은 피할 수 없는 운명이었다." 「쇼아」는 생존의 이야기가 아니라 죽음의 이야기며, 더 나아가서 '우리 모두의 죽음'의 이야기다. 인터뷰에서 누구 하나 '나'라고 말하지 않는다. 이 영화는 유대 민족 전체에 드리워진 죽음의 드라마이

* 마르크 페로, 『역사와 영화』, 주경철 옮김, 까치, 1999.

며, 그 드라마는 지금도 진행 중이다. 오늘날에도 기차가 다니고 있는 것처럼 우리를 죽음으로 이끌고 있는 운명은 여전히 우리를 태우고 어디론가 죽음의 장소로 데리고 간다. 그때나 지금이나 본질상 같은 성격의 힘이 작동하고 있다. 그러므로 1944년의 기억은 단순히 사라져간 과거가 아니라 현재 살아 있는 기억이다. 이것은 섭리를 강조하는 유대 신학의 내용이다. 장구한 인류 역사에서 고통을 겪은 민족은 유대 민족밖에 없는가? 그렇지 않다. 그런데 다른 모든 인류사의 비극은 제쳐두고 유대인 학살에 대해서만 "이 엄청난 고난, 절대 공포는 도저히 이해할 수 없고 그것을 나타내려는 순간 왜곡에 빠지게 된다"고 주장하는 것은 오직 유대인의 고난만을 절대화하는 신학적 주장에 불과하다.

유대 신학자가 아닌 역사학자의 눈으로 보면 이 작품의 메시지는 대단히 불편하다. 이 영화에 등장하는 인물들은 나치라는 가해자, 폴란드인이라는 방관자, 그리고 유대인이라는 피해자 세 가지 유형으로 나뉜다. 그 외의 다른 어떤 해석도 허락되지 않는다. 예를 들어 폴란드인은 그때나 지금이나 악을 방치하고 용인한 역할을 하는 '오직' 방관자일 뿐이다. 이 영화는 이런 구조를 통해 유대인이 겪은 고통이 신의 섭리였다는 점을 이야기하고, 또 그 고통을 가한 독일인들과 폴란드인들에 대한 증오를 표출하고 있다. 트레블링카 수용소에서 일했던 나치 장교의 증언을 숨어서 찍은 내용에 대해 란츠만이 말한 내용("나는 그를 필름으로 찍고 싶었다. 그리하여 그를 카메라를 통해 죽이고자 했다")을 보면 이 작품이 증오에 기반해 있고 증오를 부추기는 특징을 가진다는 비평은 정확한 평가로 보인다.*

밤과 안개

알랭 레네의 「밤과 안개Nuit et Brouillard」(1955)는 거의 60년 전에 만들어졌지만 지금도 가장 많이 언급되는 다큐멘터리 중 하나이며 홀로코스트를 다룬 최고의 작품 중 하나로 꼽힌다.

레네 역시 홀로코스트의 재연 불가능성이라는 문제를 예민하게 인식하고 있다. 그 어떤 이미지와 설명으로도 집단 수용소의 잔혹성을 온전히 담아낼 수 없으며, 따라서 완벽한 재연은 불가능하다. 현재 우리에게 남은 것은 단지 얼마 안 되는 과거의 흔적에 불과하다. 과거를 기억해야 하지만 그것이 불가능하다는 고민이 이 영화의 기저에 녹아 있다. 과연 과거의 집단 수용소를 어떻게 기억하고 또 어떻게 전달할 것인가?

그가 선택한 방식은 현재와 과거의 비연속적인 대조이다. 이 영화는 현재를 나타내는 컬러 필름과 과거를 나타내는 흑백 필름 두 부분으로 구성되어 있다. 영화가 시작되면 카메라는 마치 무엇인가를 찾으려는 듯 아우슈비츠 수용소의 빈 땅 위를 서서

* Tzvetan Todorov, *Face à l'extrême*, Paris : Seuil, 1991; 이상빈, 앞의 논문에서 재인용.

히 이동하며 촬영해나간다. 카메라는 현재의 아우슈비츠를 조사하는 중이다. 기찻길을 지나 화장실과 바라크(막사)를 훑는다. 그러나 그곳은 단지 텅 빈 공간일 뿐이다. 마치 아무 일도 없었다는 듯 풀만 자라는 그곳에서 별다른 증거는 보이지 않는다. 다만 가스실 안에서 죽어가던 사람들이 절망적으로 콘크리트 천장을 후벼 파서 만들어진 손톱자국 정도를 겨우 찾을 수 있을 뿐이다(얼마나 절망적이었으면 콘크리트에 손톱자국이 났을까). 분명 엄청난 학살이 있었지만 카메라는 끝내 증거를 찾지 못하고, 공허만 발견한다. 지난날의 수용소를 완벽하게 재현해낼 수는 없는 일이다. 그렇다면 어떻게 할 것인가? 카메라는 우리에게 직접 보여주는 대신 성찰을 촉구한다.

학살의 흔적이 남아 있지 않다면 우리는 이 사건을 그대로 잊을 것인가? 그럴 수는 없다. 우리는 우선 최대한의 노력을 기울여 성찰을 위한 자료를 모아야 한다. 그것이 이 영화에서 과거를 나타내는 흑백 부분으로서, 당시의 필름 조각들과 사진 등의 자료를 편집한 것이다. 그것은 그야말로 참고 보기 힘들 정도의 참혹한 모습들이다. 이 영화는 가까스로 찾은 과거의 모습과 현재의 모습을 서로 대조시키며 우리에게 말을 건다. 과거의 자료들을 단순히 제시하는 것이 아니라 그것을 어떻게 기억해야 하며 어떻게 해석할 것인지 묻는다. 영화를 보는 우리는 관객이 아니라 증인이 된다.

"이 수용소의 실제 가운데 남은 것…… 이 수용소를 만든 사람들이 경멸했고 이 수용소에서 고통을 당했던 사람들은 이해하지 못했던 이 수용소…… 그 남은 것 가운데 우리는 오직 껍질만을…… 그림자만을 보여줄 수 있다." 내레이션은 의도적으로 말을 더듬고 있다. 말을 하다 중간에 쉬거나 혹은 일부러 끝을 맺지 않는다. 이렇게 보여줄 수 없고 말할 수 없음을 인정함으로써 홀로코스트는 원래의 복잡성을 그대로 유지한다. 우리가 보고 있는 것이 단지 '껍질'과 '그림자'에 불과하다는 말은 곧 수용소에 대해 기억하고 해석하는 것은 결국 우리 자신일 수밖에 없다는 의미다. 기억은 과거와 현재가 서로 교접할 때 이루어진다. 그렇기 때문에 이 영화의 내레이션이 과거의 잔혹한 장면을 이야기할 때 현재 시제를 쓰고, 현재의 모습을 보여줄 때는 과거 시제를 사용하는 것이다. 그 결과 과거의 이미지에 현재가 투영되고 현재의 이미지에 끊임없이 과거가 개입하게 된다.

이런 대조와 엇갈림의 방법으로 사용된 또 다른 중요한 요소가 한스 아이슬러Hanns Eisler(나치에 의해 추방되었으며 나중에 동독 국가를 작곡한 사람이다)가 맡은 음악이다. 이 영화에서 음악 역시 두 가지로 나뉘어져 있다. 플루트와 바이올린을 이용한 부드러운 톤은 현재를 나타내고, 피아노와 트럼펫을 사용한 급박한 피치카토의 톤은 과거를 나타낸다. 예를 들어 레니 리펜슈탈의 다큐멘터리 「의지의 승리」의 필름 클립을 사용하여 1933년 나치 당대회 모습을 보여줄 때 음악은 더 커지고 빨라진다. 그의 음악은 할리우드 영화 음악과는 격이 다르다. 전형적인 할리우드 음악은 우리를 센티멘털하게 만들려고 한다. 다시 말해서 감정에 직접 호소하여 관객을 조종하려는 경향이 있다. 그에 비해 이 영화의 음악은 그런 목적과는 거리가 먼 품위를 유지하면서, 영화의 기조인 과거와 현재의 대비를 도와줄 뿐이다.

그런데 영화의 뒷부분에 가서 잔혹성이 격화될 때 오히려 음악은 격정을 풀고 가벼운 톤으로 바뀐다. 수많은 사체들을 불도저로 밀어 화장터로 옮기는, 차마 눈 뜨고 못 볼 끔찍한 장면에서 아이슬러는 가볍게 날아가는 듯한 플루트 음을 사용했다. 왜 그랬을까? 용기를 가지고 과거의 참혹함에 직면해야지 그것을 회피해서는 안 되기 때문이다. 음악마저 고통스러운 톤을 강조하면 우리는 어쩌면 그 참담한 기억을 차라리 떨쳐버리려 할지도 모른다. 그러므로 그의 음악은 가장 무시무시한 장면에서 그것을 감당하도록 용기를 북돋워주면서, 우리가 보고 있는 그 참혹한 사건의 의미에 대해 성찰하는 것을 돕고 있다.

이 영화의 제목으로 쓰이는 '밤과 안개'라는 말은 1941년 12월 7일자 나치의 법령 'Nacht und Nebel'에서 유래했다. 그 법령은 이렇게 시작된다. "제1조 점령국 내에서 독일 국가와 점령군의 안전과 대기태세를 위태롭게 하는 범죄에 대한 처벌은 원칙적으로 사형으로 한다. 제2조 전항에서 규정한 범죄는 범법자, 적어도 주범에 대해 사형선고가 내려지고 재판과 처형이 매우 빠른 시간 내에 행해질 수 있을 경우에만 점령국에서 취급한다. 그렇지 않을 경우 범법자 또는 주범을 독일로 압송한다." 이

압송 과정은 그 누구도 알아채지 못하게 '밤과 안개 속으로' 사라지듯 이뤄져야 한다. 그러므로 이 제목은 엄청난 범죄 행위가 누구도 알지 못하는 새에 이루어졌다는 점을 말한다. 동시에 우리의 기억 역시 '밤과 안개 속으로' 사라져버릴 수 있다는 경고이기도 하다. 과거를 기억하는 것은 우리의 의무이자 책임이다.

나치 전범들에 대한 재판을 다룬 영화의 마지막 장면에서 책임의 문제가 제기된다.

"나는 책임이 없습니다." 간수가 그렇게 말한다.
"나는 책임이 없습니다." 장교도 그렇게 말한다.
그렇다면 누구에게 책임이 있단 말인가?

내레이션의 이 단호한 물음 역시 이중적이다. 우선은 수용소의 비극을 만든 책임이 누구에게 있는가를 따진다. 수용소의 말단 간수나 중간 간부들은 모두 자신들은 위에서 시킨 일을 했을 뿐이라며 발뺌하려 한다. 과연 그런가? 수백만 명을 죽음으로 몰아넣고는 자신은 책임이 없다고 주장하는 것이 가당한 일인가? 그런데 그렇게 따진다면 우리 역시 책임을 면할 수 없다. 우리는 그 시대 그 장소에 있지 않았으므로 당연히 책임이 없다고 말할지 모른다. 그러나 우리가 이 사건을 기억하지 않고 또 다른 사악한 힘이 발동하도록 내버려둔다면 우리 역시 추궁을 당하게 된다. 우리에게는 기억해야 할 책임, 학살이 반복되지 않도록 해야 하는 책임이 있다. 왜 그런가? 수용소를 만든 그 '악의 능력'은 여전히 남아 있기 때문이다.

알랭 레네가 이 영화를 만들 때 그가 염두에 두었던 것은 분명 알제리 사태였다. 그 자신이 나중에 분명히 말했듯이 "요점은 알제리였다".* 당시 프랑스 군인들이 식민지 알제리에서 온갖 고문과 투옥, 살인을 저지르고 있지 않았던가? 알제리 전쟁(1954~1962) 중 프랑스가 알제리에서 100만 명을 학살한 것이 나치의 홀로코스트와 무엇이 다르단 말인가? 수용소는 멀리 지나가버린 과거가 아니다. 우리의 기억이 '밤과 안개 속으로' 사라져버린다면 수용소는 언제든 우리에게 다시 닥칠 수 있다.

감독의 이런 문제의식을 염두에 두고 이 영화를 다시 보면 한 가지 매우 놀라운 사실을 알게 된다. 그것은 이 영화 내내 '유대인'이라는 단어가 단 한 번도 나오지 않는다는 점이다. 홀로코스트를 다룬 영화를 만들면서 어떻게 유대인을 한 번도 거론하지 않을 수 있단 말인가? 란츠만 같은 입장에서 보면 이는 홀로코스트 문제에 대한 본질적인 침해일 것이다. 유대인을 일부러 거론하지 않은 이유는 감독이 다른 이야기를 하고 싶었기 때문이다. 그것은 홀로코스트가 단지 유대인에게만 일어나는 일이 아니라 인류 보편의 문제임을 의미한다. 이 영화는 유대인만이 아니라 모든 희생자의 이야기이며, 유대 민족의 역사가 아니라

* 임재철 엮음, 『알랭 레네』, 한나래, 2001, p. 21.

인류 전체의 역사를 말하고 있다.

영화 중에 프랑스 헌병이 유대인 압송 과정을 감시하는 사진이 들어가 있는 것도 이런 문제의식과 관련이 있다. 프랑스 관객이라면 그 사진을 보는 순간 움찔했을 것이다(마치 독립운동가를 고문한 조선인 순사의 모습을 보는 느낌 같다고나 할까). 사진은 제2차 세계대전 당시 프랑스의 피티비에Pithiviers를 찍은 것인데, 이곳은 프랑스 내 유대인을 집결시킨 다음 강제 수용소로 보내는 작업을 하던 곳이다. 그 업무는 프랑스인 헌병이 담당했다. 프랑스가 나치의 피해자이기만 한 것이 아니라 가해자이기도 했다는 점은 당시로서는 차마 인정하기 힘든 미묘한 문제였다. 한때 프랑스 검열 당국은 사진의 일부분을 흐릿하게 만들도록 강요했다.

우리는 이 영화를 보면서 불편하다 못해 고통스럽다. 그렇지만 이 영화는 포르노그래피처럼 자극적인 이미지를 던져주면서 단순히 고통을 강조하고 눈물이 나게 하는 것이 아니라 우리에게 문제를 제시하고 성찰할 것을 요구한다. 우리는 끔찍한 모습 앞에서 전율하는 데 그치지 않고, 전율을 일으키는 그 역사를 살펴보고 그것의 현재 의미를 생각하게 된다. 그런 점에서 이 영화는 지적으로 도전적이며, 우리의 사유를 자극한다. 프랑스의 영화감독 트뤼포는 "이 영화의 힘은 가공할 정도의 점잖음terrible gentleness"이라고 했다. 이 영화의 미덕은 그런 품격 있는 방식을 통해 우리가 참혹한 과거를 회피하는 대신 용기를 가지고 직시하도록 만든 데에 있다.

새로운 기억

기억은 끊임없이 다시 창조된다. 기억을 놓아버려서도 안 되며, 기억을 독점해서도 안 된다. 기억은 우리 존재의 핵심 구성요소이기 때문이다. 현대 사회가 껴안고 있는 가장 고통스러운 문제 중 하나인 홀로코스트는 우리에게 끊임없이 이런 문제를 환기시킨다. 홀로코스트라는 현대사의 가장 중요한 사건에 대해 영화는 여러 방식으로 접근했다. 극영화, 다큐멘터리, 혹은 인터뷰 등 각각은 나름의 장단점을 가지고 있다. 홀로코스트 문제만이 아니라 더 일반적으로 영화는 과거 역사 사실에 대해 증거를 모으고 해석하고 서술하는 데 얼마나 기여할 수 있을까?

영화를 통한 역사학은 문자 세계 속의 역사학과는 분명히 다른 가능성을 가지고 있다. 이제 그 가능성을 진지하게 탐색하고 우리 나름의 창의적인 방식을 만들어내야 한다. 그것이 구체적으로 무엇이 될지는 알 수 없지만 이런 기대는 할 수 있으리라. 지금까지 역사학과 역사의식은 소수 엘리트에 의해 독점되어왔다. 일반 대중과 바로 직면할 수 있는 영화는 그런 역사의식의 독점을 깨고 그것을 다시 일반 대중에게 돌려주는 기능을 맡아야 한다. 영화는 기록을 남기기 힘든 평범한 사람들의 증언을 담을 수도 있고, 한 시대와 사회의 구석구석을 직접 영상에 담음으로써 가장 구체적인 사료로 활용할 수도 있다. 또 주류 담론을 깨고 폭로하는 제3의 해석을 사회에 제시할 수도 있다.

그러나 이미 영화 초창기부터 의식 있는 영화인들 스스로 영화가 가진 위험을 지적해왔다. 영화는 인민의 아편이 될 수 있다. 그것은 우리의 눈을 뜨게 만들기는커녕 오히려 캄캄한 절벽으로 몰아갈 수도 있다. 실제로 많은 영화들이 전 세계 사람들의 꿈을 조작하고 있지 않은가.

마르크 페로가 말하듯 "에너지의 덩어리"요 "길들여야 할 야생동물"과 같은 이미지는 무한한 가능성을 가지고 있지만 동시에 위험하기도 하다. 영화가 단지 꿈같은 이야기를 하는 데 그치는 것이 아니라 사회에 대해 진지하게 해석하고 발언하려면, 역사가의 엄밀성과 영화인의 창의성이 더해지고 동시에 사회와 역사에 대한 깨어 있는 의식을 가지고 있어야 한다.

15

68운동

: 현대 사회를 변화시킨 상상력의 혁명

현대 사회는 1968년 5월 이전과 이후로 나뉜다고 해도 과언이 아니다. 68운동 이후 사람들은 이전과는 다르게 생각하고, 다르게 느끼고, 다르게 말하고, 다르게 살아갔다. 부모와 자식, 선생과 학생, 남녀 및 친구 관계도 이전과 달라졌다. 말하자면 사람들은 새로운 현대 사회에서 새로운 삶을 살기 시작한 것이다. 이런 변화를 초래한 동력은 기존의 억압적이고 관료제적인 체제에 거칠게 저항하고 봉기한 젊은이들에게서 나왔다. 파리에서 시작한 저항운동은 유럽의 이웃 국가들, 대서양 넘어 미국과 멕시코, 그리고 일본에 이르기까지 전 세계에 충격을 가하여 새로운 세계로 나아가도록 만들었다. 그야말로 기존 권위를 무너뜨리려는 '전 사회적 대항이 벌어진 국제적 운동'이며, '전 지구적 반란'이었다.

그렇다면 이 격렬한 저항은 1789년 프랑스 혁명의 재연이었을까? 프랑스와 세계 각국의 구체제가 붕괴하고 새로운 체제로 변신했을까? 억압받던 계급이 권력을 쟁취했을까? 그렇지는 않다. 프랑스만 보더라도 1968년 5월에 파리를 일대 격변의 소용돌이 속으로 몰아넣었던 시위와 봉기는 짧은 기간의 폭발 이후 허망하게 끝났다. 정치 변혁이라는 관점에서 보면 68운동은 기존 체제 속에 침몰하여 실패로 끝난 것으로 보인다. 그렇지만 변화는 하루아침에 온 것이 아니다. 68운동은 나중에 가서야 꽃피어날 씨앗들을 퍼뜨린 상상력의 혁명이었다.

무엇이 젊은이들을 분노하게 했는가

1968년 3월 22일, 프랑스 파리 근교의 낭테르 대학에서 소요가 일어났다. 그 전날, 대학생 여덟 명이 미국의 베트남 침공에 항의하는 의미로 아메리칸 익스프레스 건물을 습격한 후 성조기를 불태운 혐의로 체포되었다. 학생운동을 이끌던 다니엘 콘벤디트Daniel Cohn-Bendit는 강의실을 돌며 학생들을 규합하여 이들의 석방을 요구하는 시위를 하다가 대학본부 건물 8층을 점거했다. 이것이 소위 '3월 22일 운동Mouvement du 22 mars'이다. 이 돌발적 사건이 이후 프랑스의 대학가와 사회 전반을 격동의 흐름으로 몰아넣을 68운동의 발단이다.

학생들은 무엇에 대해 그토록 격렬하게 저항했을까? 사소한 일상의 규약으로부터 세계정세까지 모든 것이 불만과 저항의 대상이었다고 답할 수 있으리라.

전해인 1967년 3월 21일, 기숙사의 남학생들이 여학생 기숙사 건물로 쳐들어갔다. 그동안 기숙사 통금에다가 남학생들의 여자 기숙사 방문 금지 규정 등 시대에 맞지 않은 낡은 규제가 학생들을 옥죄고 있었다. 어찌 보면 시시해 보이는 이런 일상의 억압 요소들이 자유를 갈망하던 학생들을 분노케 했다. 학생들은 성해방과 권위주의 타파를 외치기 시작했다. 답답한 학교 행정 시스템에 대한 저항은 곧 더 큰 차원으로 확대되어 억압적인 사회·정치 체제에 대한 비판으로 나아갔다.

당시 대학의 참담한 실상도 분노를 불러일으키기에 충분했다. 제2차 세계대전 직후 10만 명이 안 되었던 프랑스의 대학생 수는 베이비붐의 결과 60년대 말에는 65만 명을 넘어섰다. 당시 대학교 사정은 말이 아니었다. 기껏 입학해보니 좁아터진 교실에 수많은 학생들이 밀집한 상태로 수업을 듣는데다가, 강의는 교수들이 일방적으로 떠드는 내용을 받아 적고 시험 보는 천편일률적 방식이었다. 그나마 파리 시내의 대학은 형편이 나은 편이지만, 파리 외곽에 위치한 신생 낭테르 대학은 열악한 환경으로 악명 높았다. 아직 공사가 진행 중인 캠퍼스는 비가 오면 진창으로 변했고, 대학 주변은 가난한 빈민촌으로 둘러싸여 있었다.

68운동 당시 다니엘 콘벤디트

부모 세대와의 갈등도 심각했다. 68세대의 부모들은 대개 1910년대생이다. 이 세대는 제1차 세계대전 중 부모 친척들이 끔찍하게 죽거나 부상당하는 것을 목도했고, 양차 대전 사이의 전간기戰間期에는 극심한 경제 위기와 정치 혼란을 경험했으며, 2차 대전이 발발하자 그들 자신이 대거 희생되는 동시에 나치 체제에 부역하는 비시정권이라는 민족적 수치를 겪어야 했다. 해방을 맞이한 후 폐허에서 출발하여 죽기 살기로 노력한 결과 '영광의 30년Les Trente Glorieuses'(1945~1975) 동안 놀라운 경제 성장을 이루어냈다. 아마도 이 세대는 고난에 찬 한평생을 보내다가, 중년에 들어서 겨우 안정을 찾고 비로소 조금 살 만하게 되었다고 생각했을 것이다. 그런데 이들의 자녀들인 68세대는 부모 세대를 두고 권위주의적이라는 둥 소비자본주의에 길들여지고 물질만능주의에 탐닉한다는 둥 온갖 비난을 퍼붓곤 했다. 부모 세대는 철없는 어린것들이 세상물정 모르고 한심한 소리나 한다고 생각했을 터이고, 자녀 세대는 부모 세대가 더 이상 말이 통하지 않는 장벽 같다고 느꼈을 터이다.

갈등의 극점에 정치 체제가 있다. 68세대는 기성 정치권에 극도의 환멸을 느꼈다. 특히 드골이라는 인물이 권위주의와 가부장적·관료주의적 구질서의 정점으로 여겨졌다. 제2차 세계대전의 영웅인 드골은 전후 4공화정 시기에 프랑스 정치계를 떠났다가 극심한 국내외 정치적 혼란기에 다시 불려나와 권력을 잡고 1958년에 5공화정을 세웠다. 그러므로 1968년은 드골이 권력을 잡은 지 10년이 되는 해였다. 그동안 드골이 혼란한 정치 질서를 바로잡고 경제 성장을 달성하면서 프랑스의 국제적 위상을 높인 것은 분명하다. 그렇지만 그 과정에서 의회보다는 대통령 개인에게 권력을 과도하게 집중시켜 민주주의의 위기를 초래한 측면이 있고, 노동문제와 사회문제에 대해서도 억압적 태도로 일관하여 전반적으로 사회가 보수화하도록 만들었다. 학생들은 이런 상황에 예리하게 반응했다. 때가 되어 억눌렸던 모든 문제들이 한 번에 터져 나오는 듯했다. 식민지와 인종 문제, 저임금 문제, 남녀 문제, 성 문제, 여기에 미국의 베트남 침공 그리고 전제적이고 위선적인 소련 공산주의 체제와 관련된 국제 문제들까지 모든 것이 뒤엉켜 돌아갔다. 젊은 세대는 이 모든 의제들에 문제를 제기하고 근본적인 변화를 요구했다. 그것은 새로운 사회, 새로운 삶의 조건을 요구하는 외침이었다.

5월의 나날들

낭테르 대학이 폐쇄된 후 학생들 시위는 파리 시내의 소르본 대학을 중심으로 이어졌다. 파리의 5월은 뜨겁게 달아올랐다. 격렬한 학생 시위가 노동자 봉기를 초래하고, 결과적으로 정치권을 위기로 몰아넣었다. 68운동은 학생운동 단계, 노동운동 단계, 정치 위기의 발발과 수습 단계라는 세 단계로 나누어볼 수 있다. 각 단계는 대략 열흘 정도 지속되다가 다음 단계를 추동하는 식으로 진행된다.

5월 3일, 카르티에라탱Quartier latin(센강 좌안의 소르본 대학을 중심으로 한 대학가 지역)에서 첫 단계의 위기가 시작되었다. 소르본 대학의 집회에서 콘벤디트를 비롯한 활동가들이 베트남 전쟁 반대 등의 연설을 하자 많은 학생들이 지지를 표명했다. 저녁 무렵, 학생 시위를 진압하기 위해 경찰이 대학에 난입하여 이들을 쫓아내고 많은 학생들을 체포하자 사태가 더 커졌다. 소르본 대학은 폐쇄되었고, 거리로 나간 학생 시위대는 바리케이드를 치고 차량에 방화했다. 생미셸 대로에서 무장 경찰이 학생 시위대를 마구잡이로 구타하는 장면이 고스란히 텔레비전으로 전 국민에게 송출되어 큰 충격을 안겨주었다. 시위는 갈수록 격화했다. 5월 6일 전국프랑스학생연합이 파리 시내에서 시가전을 벌였다. 이때에는 노동자와 고등학생까지 시위에 참가했다. 10일에는 2만 명에 달하는 학생 시위대가 카르티에라탱을 점거하고 곳곳에 바리케이드를 쳤다. 화염병과 최루탄이 난무하는 가운데 경찰 247명과 학생 110명이 부상당했고, 차량 188대가 불타거나 부서졌다.

5월 13일, 사태 수습에 나선 퐁피두 총리는 그동안 체포된 학생들을 석방하고 소르본 대학을 개방하겠다고 약속했다. 경찰도 대학에서 철수하고 이제 학생들은 학교로 돌아왔다. 학생들은 교실에서 교수들과 토론을 벌였다. 온갖 주장이 넘쳐흘렀다. 토론은 이제 대학 문제뿐 아니라 노동 환경, 자본주의 사회의 착취, 사회 문제 등을 폭넓게 건드렸다. 여기에 호응하여 야당과 노조 등은 5월 13일 총파업과 총궐기를 결의했다. 학생 시위가 노동자들의 시위를 촉발한 두 번째 단계로 들어간 것이다.

5월 14일 낭트의 쉬드아비아시옹Sud-Aviation 항공기공장 점거를 계기로 노동운동이 폭발했다. 전국의 많은 공장에서 파업과 시위가 벌어졌다. 특히 비중이 컸던 것은 르노 공장의 파업이다. 공장장과 간부들이 감금되고 붉은 기가 걸렸다. 17일에는 파업 참여자 수가 20만 명에 달했고, 18일이 되니 노동총연맹, 프랑스민주노동연맹, 노동자의힘 같은 단체들이 파업을 이끌었다. 급기야 5월 22일, 천만 명에 달하는 노동자들이 파업이나 공장 점거

파리 시내를 가득 메운 가두 행렬

를 시도하여 혁명 전야를 방불케 했다. 학생과 노동자들은 샤를 드골 대통령의 사임을 촉구했다. '10년이면 충분해Dix ans, ça suffit!', '샤를로(샤를 드골을 지칭한다)는 떠나라 Charlot, dehors!' 같은 구호가 터져 나왔다. 이렇게 해서 68운동은 다음 세 번째 단계로 진입하게 된다.

이때까지 드골 정부는 전혀 사태를 장악하지 못했다. 이 정권은 위기관리 능력도 없고 애초에 개혁 의지도 없어 보였다. 정치 위기가 고조되었다. 24일 드골이 라디오와 텔레비전을 통해 국민투표를 제안했으나 시위는 멈추지 않았다. 국정은 마비 상태였다. 경찰과 학생 간 충돌도 지속되었고, 농민들의 상경 시위까지 이어졌다. 퐁피두 총리가 노조와 대화 의사를 밝히면서 정치적 협상이 시작되었다. 정부의 주재로 경영자단체들과 노동조합들이 만나 대화를 시작했다. 가장 중요한 노조인 노동총동맹Confédération Générale du Travail(약칭 CGT)도 당시에는 위기에서 빨리 벗어나기 위해 퐁피두 수상과 24시간 마라톤 협의 후 그르넬 협정Accords de Grenelle을 체결하고자 했다. 협상 내용은 매우 파격적이었다. 최저 임금은 시간당 2.22프랑에서 3프랑으로 35퍼센트 인상했고, 임금도 6월 1일까지 7퍼센트, 10월까지 7~10퍼센트 인상을 약속했다. 주당 노동시간 또한 1~2시간 단축했다. 만일 임금인상과 노동시간 단축이 목표라면 이것은 실로 중요한 성과였을 것이다. 그러나 파업 중이던 노동자들은 이 타협안을 수용하려 하지 않았다. 이들이 요구하는 것은 다른 종류였다. 그것은 직장 내 안정된 자리, 권위적인 기업 문화 타파, 노동자의 자주 관리 등이었다. 결국 파업은 멈추지 않았다. 르노 공장을 비롯한 여러 공장에서 그르넬 협상안을 거부하고 파업을 지속하기로 결정했다. 사태가 이대로 계속 악화한다면 결국 체제 전복으로 나아갈 것인가?

꽉 막혀 있는 상황을 돌파하기 위해 정치적 결단이 필요한 때다. 28일 아침 야당의 프랑수아 미테랑이 기자회견을 열어 드골 사임이 문제 해결의 첫 단추라고 주장하고, 자신이 대선에 나서겠다고 밝혔다. 29일이 위기의 절정이었다. 그런데 이날 기이한 일이 벌어졌다. 드골이 '사라져버린' 것이다. 드골 대통령이 퐁피두 총리에게 주간 각료회의 일정을 취소한다고 말하고는 헬기를 타고 어디론가 날아갔다. 기자들은 드골이 고향집으로 간다고 생각하고 그곳으로 가서 대기했으나, 드골은 몇 시간이 지나도 나타나지 않았다. 사실 그는 독일 내 프랑스 군 기지로 가서 마쉬Jacques Massu 장군을 만나고 있었다. 장군은 단지 옛 전우로서 용기와 에너지를 북돋았다고 말했지만, 혹시 군 동원을 논의한 건 아닌지 의심되는 대목이다. 이날 정확히 어떤 일이 벌어졌으며, 그것이 어떤 의미였을지는 아직도 불확실한 부분이 있다. 드골은 저녁 6시에 다시 나타나서 다음날 16시 30분에 국민 담화를 발표하겠다는 성명서를 내놓았다. 다음 날 발표한 담화 내용은 짧고 명료했다. 드골 자신은 사퇴하지 않을 것이며, 의회를 해산하고 총선을 실시하겠다는 것이다.

5월 30일의 발표로 출구가 만들어졌다. 놀라운 반전이 아닐 수 없다. 혁명적 열기는 금세 사그라들었다. 학생운동권은 계속 항거를 할지 질서로 복귀할지 주저했으나, 5월과 같은 폭발적인 시위는 이내 잦아들었다. 대통령이 국회를 해산하고 그에 따른 총선이 다가오는데 이에 대한 거부 움직임은 그리 강하지 않았다. 그렇다면 5월의 나날들에 그토록 뜨거웠던 저항의 분위기에도 불구하고 기실 누구도 5공화정 체제를 전복하려는 의도는 없었던 것일까? 결국 6월 30일 총선은 드골주의자들의 압승으로 종료되었다. 우파가 전체 의석의 70퍼센트 이상을 장악한 것이다. 68운동은 단기간의 사건에 그쳤고, 권력 획득이라는 의미의 정치 혁명으로는 실패로 끝나고 말았다.

폭력의 불가능성, 말의 성찬盛饌

전국이 격렬한 시위와 봉기에 휩쓸렸던 5월에는 엄청난 정치적·사회적 혁명이 일어나고 있다는 느낌을 받기에 충분했다. 실제로 5월의 운동이 2차 대전 이후 유럽에서 발생한 가장 큰 규모의 사회운동이었으며, 기존 사회질서를 향한 가장 격한 저항이었음은 부인할 수 없다. 그렇지만 길어야 3~4주에 걸친 폭발적 분출 이후 허망한 느낌이 들 정도로 동력을 잃었다. 그토록 증오의 대상이었던 기존 정치 체제가 총선을 통해 압도적 지지를 받고 오히려 더욱 강고하게 지배력을 강화했다. 그렇다면 5월 한 달 뜨겁게 달아올랐던 짧고도 강렬한 봉기는 어떻게 보아야 할까?

사실 68운동은 다면적이고 복합적이다. 여기에는 노동운동, 환경운동, 여성해방운동, 성해방 등 여러 요소들이 뒤섞여 있어서 단순히 '학생 시위'라는 식으로만 규정할 수는 없다. 이 복잡다기한 흐름에서 학생과 노조, 정당이 단합해 하나의 방향으로 나아간 것도 아니었다. 또 학생 집단만 해도 완벽하게 단일한 대오가 아니어서, 이 안에 이미 두 세대가 혼재해 있었다.

학생 시위대 중 리더 집단은 대체로 23~25세의 학생들로 구성되었는데, 이들은 전체 운동을 극좌로 묶으려는 경향이 있었다. 이들은 이미 정치문화를 경험한 적이 있는 세대였다. 18~20세에 알제리 전쟁에 대한 저항운동을 경험했으며, 공산당 활동을 하다가 뛰쳐나와 트로츠키스트 혹은 마오이스트가 된 사람들도 많았다. 이들은 반자본주의와 반제국주의를 주장하고, 체제 전체의 혁명적 변화를 지향하는 성향이 강했다. 이들의 주장에 프랑스 사회는 공감했을까? 그렇지 않다. 68년 사태는 빈곤과 사회적 절망의 봉기가 결코 아니다. 60년대는 30년에 달하는 번영의 시기 한복판에 있었다. 사회 전체적으로 부富가 쌓여가는 상황에서 시민들이 이들의 무모한 주장에 동조하기를 바라는 건 무리다. 이 시기에는 오히려 사회 연대를 강화하고, 제도의 합법성을 강화하자는 분위기가 강했다. 이런 마당에 모든 질서를 깨부수자는 주장은 상상과 이념 차원에서나 하는 이야기이지, 실제 그런 기획을 실천하자는 것은 어불성설이다.

리더 집단 아래의 참여자들은 더욱이나 그와 같은 아이디어와는 거리가 멀었다. 이들은 전후에 출생하여 당시 18~20세에 달한 베이비부머 세대로서, 이들로서는 68운동이 첫 정치 경험이었다. 이들에게는 애초에 혁명적 열기는 찾을 수 없었다. 단지 그들이 보기에 낡고 경직된 세계에 대해 꺼지라는 말을 외치는 수준이었지, 체제 전복 같은 방향성은 전혀 없었다. 이들의 참여가 폭발적인 힘을 더해 준 것은 분명하나 그렇다고 이들이 어떤 정당이나 노조의 움직임에 동조하지는 않았다. 학생과 노동자,

좌파 정당들이 연합하지 못한 것도 그런 연유다.

프랑스공산당은 체제 전복을 꿈꾸었을까? 그렇지도 않다. 공산당은 50년대의 냉전 맥락에서는 모스크바와 소통하며 자본주의 체제를 무너뜨리려는 혁명을 꿈꾸었다. 그렇지만 60년대에 들어오면서 데탕트(긴장완화)와 평화공존 추세가 고조되자 태도를 바꾸었다. 그들은 혁명의 계획을 버리고 체제에 안주하면서 때로 사회당과 공조하며 권력에 참여하려 했다. 그러니 68운동 당시 학생 리더들의 과격한 주장에 동조하기는커녕 오히려 그와 같은 좌익 활동가들이 자기들의 통제를 벗어나 활약하는 것을 경계했다. 공산당 당수 조르주 마르셰가 콘벤디트를 비난한 것도 그런 맥락이다. 그는 공산당 기관지 『뤼마니테L'Humanité』 지에 "극좌파 학생들의 선동은 학생 대중의 이익을 위한 것이 아니며 파시스트에게 좋은 구실을 제공할 뿐이다. 위선적인 학생 혁명가들의 이런 활동은 드골 정부와 독점 자본가의 이익에 봉사하는 것"이라고 썼다. 노동자 시위에 대해서도 마찬가지 태도였다. 공산당은 모험주의를 거부하고 노동자 계급에 대한 통제를 유지하면서 좌파 세력 간 연합을 중요시했다. 그렇게 보면 우파 드골 정권이나 좌파 공산당이나 정치판을 뒤집기보다는 현상을 유지하고자 하는 점에서 공생 관계에 있었다고 할 수 있다.

노동자 또한 학생들의 주장에 적극 호응하지는 않았다. 노동총연맹 역시 일련의 시위가 분열과 혼란을 부추길 수 있다며 학생들을 비판했다. 독일 출신으로 당시 프랑스 국적이 없었던 콘벤디트에게 추방령이 내려진 후 그를 보호하기 위한 시위가 벌어졌을 때에도 노동총동맹은 참여를 거부했다. 학생운동과 노동운동이 한 방향을 향한 것은 아니다. 사실 노동자들 입장에서도 이 시기에 소비도 늘고 재산도 형성 중이어서 이런 것들을 버리고 혁명에 나설 생각은 없었다. 젊은이들의 마오주의나 트로츠키주의는 사실 헛된 구호로 보였고, 학생들에게 부르주아 자식이면서 혁명의 흉내를 내고 있지 않느냐는 냉소적인 비판을 가하기도 했다.

그러므로 애초에 68운동은 혁명은커녕 정상적인 권력 획득의 가능성도 그리 크지 않았다. 우리가 직시해야 할 점은 이미 오래 전부터 프랑스의 정치문화는 '거리의 재판소'가 아니라 투표가 결정적이었다는 사실이다. 20세기에 들어와서는 길거리투쟁을 통해 민중혁명이 승리한 적이 없다. 프랑스 사회의 심층에서는 지속적인 합의의 도출을 지향하고 있었고, 이것은 곧 공화정 체제의 존속을 원하는 흐름과 일치했다. 5월 30일 드골이 국회 해산을 선언하고 총선을 결정했을 때 이것은 프랑스 정치문화의 주된 감성과 일치하는 방향이었다.

물론 68운동 당시 폭력적 사태가 없지 않았다. 프랑스 정치문화의 심층적인 또 다른 성향 중에 정치 폭력에 우호적인 면도 무시할 수 없다. 1789년 프랑스 혁명 이후 바리케이드, 반란, 독재에 대한 저항 등이 어느 정도 합법성을 누렸고, 특히 좌파에서 그러한 경향성을 유지하고 있었다. 68운동에서도 그런 측면

이 드러났다. 학생 시위대 중 극렬파는 얼굴을 가린 채 거리에서 화염병과 쇠파이프를 휘두르고 돌을 던졌다. 이에 맞서 경찰 또한 최루탄과 물대포를 사용하고 무자비한 구타와 체포를 해서 시민들의 분노를 샀다. 그런데 주의해서 볼 점은 이 폭력 사태가 프랑스 혁명 당시와 같이 극단으로 치닫지는 않았다는 점이다. 폭력을 행사하면서도 양쪽 모두 유혈을 피하려는 의도는 분명했다. 경찰 측에서도 절대 사망자가 있어서는 안 된다는 점을 염두에 두고 있었다. 이러한 자제 분위기에서 폭력은 연극적 요소를 띠어서, 마치 죽이기보다 서로 욕설을 퍼붓는 고대 군대의 전투와 유사했다. 68운동은 정치 폭력이 더 이상 대다수에게 적법하지 않게 된 사회에 들이닥친 사건이었다.

그런 점에서 68운동은 '혁명답지 않은 혁명'이었다. 애초에 혁명적인 전복을 원하지도 않았고 가능성도 없었다. 어쩌면 그처럼 실현 불가능한 '가짜 혁명'이었기에 함성 소리가 더 크고 화려했는지도 모른다. 젊은이들은 새로운 사회, 새로운 삶을 원한다며 격렬한 항의를 했으나, 사실 어떤 구체적 대안도 제시하지 못한 채 다만 막연하게 혁명과 해방을 외치고 있었다. 드골로 대변되는 우파 자유주의든 극좌 소비에트 공산주의든 기성 체제를 넘어서는 그 어떤 해방된 새로운 체제를 원한다고는 하는데 그것이 대체 무엇을 가리키는지는 그들 자신도 명확히 알지 못했다.

진정성 있는 혁명 프로그램이 없는 대신 말의 성찬이 펼쳐졌다. "불가능한 것을 요구하라Demandez l'impossible!", "상상력에 권력을L'imagination au pouvoir!" 같은 열정적 구호들이 터져 나왔다. "금지하는 것을 금지한다", "불손하고 파렴치하다는 것은 새로운 혁명의 무기다", "파괴의 열정은 일종의 희열이다", "세계는 상품이 아니다", "절대로 일하지 말자", 이런 말들은 내면에서 터져 나온 순순한 열정의 표현일 수는 있겠으나, 사실 가능성 없고 무책임한 주장이라는 비판을 피하기 어렵다.

그러다 보니 젊은 시위자들은 위선자라는 비판도 들었다. 점차 부유해지는 부르주아 사회의 수혜자들이 소비사회의 해악을 비난하는 것은 모순 아닌가. 계급 없는 사회를 원한다면서 결국 그들 자신이 조만간 재물에 대한 탐욕으로 빨려 들어가지 않았던가. 물질만능 사회의 소외 현상을 비판한다고 하지만 그들 자신은 현실도피적 향락주의로 도주하려 하지 않았는가. 기성세대의 권위주의와 사회의 위계질서를 거부한다면서 무질서와 파괴를 일삼지 않았는가. 히피와 마약 문화에서 무슨 미래의 청사진을 찾을 것인가.

니콜라 사르코지 전 프랑스 대통령이 주장하듯 68운동은 도덕과 권위, 국가 정체성이 처한 위기의 근원이며 "청산되어야 할 유산"인가? 그것은 반대 방향의 과도한 주장으로 보인다. 68운동은 아무 의미 없는 일시적 폭력 사태와 말장난으로만 그친 것은 아니다. 그렇다면 이 거친 저항과 봉기는 무엇을 남겼는가?

상상력이라는 씨앗

권력 혁명 혹은 정치 혁명의 기준으로 보면 68운동은 실패한 혁명이라고 규정해도 무방하다. 한때 1789년 프랑스 혁명 당시와 같은 체제 변혁régime change의 혁명적 기운이 활활 타올랐으나, 한 달이 채 못 되어 돌연 보수 우파 정권에게 권력을 내주었다. 68운동은 프랑스 5공화정 체제의 작동의 위기를 초래했지만 결과적으로는 체제가 약화되기는커녕 더욱 강화되는 역설적인 결말을 맺었다. 그렇다면 68운동은 정녕 아무것도 이룬 것 없이 흘러가버린 일시적 사건에 불과할까?

그렇지는 않다. 68운동은 비록 새로운 질서를 당장 창출해내지는 못했으나 꽉 막히고 억압적이고 퇴행적인 기성 체제에 균열을 만들어냈다. 어찌 보면 당장의 대안이 없기에 더 근본적인 차원에서 문제제기를 하고 더 심원한 요구를 했다고 할 수 있다. 일시적으로 무질서와 파괴를 겪었으나 그로 인해 만들어진 새로운 변화는 분명 이전 사회보다는 진일보한 면을 보였다. 68운동은 권력 장악이나 대안 체제의 제시보다 오히려 더 넓은 문화 지평에서 새롭고 인간적인 삶을 요구했다는 점에서 의미가 크고, 그렇기에 새로운 사회를 창출한 출발점이 되었다.

68운동은 기존 사회에 실로 큰 충격을 가했다. 이때의 폭발을 해방으로 여긴 사람이든, 도덕적 붕괴와 분열의 재앙으로 보는 사람이든 더 이상 과거와 같은 사회를 그대로 유지하는 것은 불가능하다는 충격적 깨달음을 얻었다. 정치 측면에서도 마찬가지다. 정치가들은 시대의 변화에 적응해야 하고 그들의 발언과 행동을 바꿔서 새로운 흐름을 만들어내야 한다는 것을 깨달았다. 당장 1969년 대선에서 퐁피두가 당선되고, 자크 샤방델마스가 수상이 되었을 때 이들이 내세운 표어는 '신 사회Nouvelle Société'였다. 다음 대통령인 지스카르데스탱 시기에는 이혼 권리, 그리고 특히 시몬 베유의 투쟁적인 노력의 결과로 얻은 임신중절 권리 등 민사 영역에서 혁신이 일어났다. 1981년 미테랑 대통령 당선은 68세대가 이제 40대가 되어 극좌 성향을 버리고 사회당에 간 결과로서, 이들이 1980년대 개혁의 효모가 된다.

이런 변화의 씨앗을 뿌린 것이 68운동이다. '상상력에 권력'을 부여하자는 것이 결국은 들어맞은 셈이다. 삶을 변화시키고 새로운 사회를 만들려는 움직임이 나중에 결실을 맺었다. 당장 대안이 없었기에 무력했지만, 어쩌면 뚜렷한 대안 없이 모호하면서도 강렬한 꿈이었기에 역설적으로 미래에 더 풍성한 결실을 맺었는지 모른다. 68운동은 정치적이기에 앞서 문화적이었고, 새로운 삶의 방식을 요구했다. 이 이후 일상생활은 더 이상 이전과 같지 않았다. 변화는 5월 한 달 동안에 찾아오지는 않았다. 그렇지만 그때의 '상상력의 혁명'이 결국 세상을 바꾸었다.

일요일의 역사가

초판 1쇄 펴낸날 2016년 11월 21일
개정증보판 1쇄 펴낸날 2024년 1월 25일

지은이 주경철
펴낸이 김영정

펴낸곳 ㈜현대문학
등록번호 제1-452호
주소 06532 서울시 서초구 신반포로 321(잠원동, 미래엔)
전화 02-2017-0280
팩스 02-516-5433
홈페이지 www.hdmh.co.kr

ISBN 979-11-6790-242-9 (03900)

* 책값은 뒤표지에 있습니다.
* 파본은 구입처에서 교환해 드립니다